本书系国家社科基金项目
“治理能力现代化视阈下地方政府绩效管理变革与创新研究”
（15BZZ072）最终成果

治理能力现代化视阈下
地方政府绩效管理
变革与创新研究

秦晓蕾　著

上海三联书店

目 录

序一... 001

序二... 001

前言... 001

绪论... 001

第一节　政府绩效管理中的治理能力现代化涵义... 001

一、现代化治理与市场关系转变能力... 002

二、社会治理的整合能力... 004

三、政府自身建设能力... 005

第二节　地方政府绩效管理的变迁与转型... 007

一、我国地方政府绩效评估实践发展与变迁... 007

二、西方政府绩效管理理论研究发展演变... 018

三、我国地方政府绩效管理理论研究发展演变... 022

第三节　研究框架... 034

一、研究内容... 034

二、研究意义... 036

三、研究的理论架构及方法... 037

第一章 地方政府绩效管理的哲学思考... 039
第一节 我国地方政府绩效管理实质正义性思考... 040
一、中西方学者对于地方政府绩效管理价值理性的追求... 041
二、地方政府绩效管理制度实质正义的缺失... 043
三、实质正义变革根本目的是追求利益分配的公平公正... 048
第二节 我国地方政府绩效管理程序正义性思考... 050
一、我国地方政府绩效管理程序正义性缺失的主要表现... 050
二、程序正义变革根本目的是程序建制的公开透明... 053

第二章 地方政府绩效管理的美国经验借鉴... 056
第一节 标杆管理的美国佛罗里达州绩效考核... 057
一、美国佛罗里达州标杆管理项目的组织机构... 058
二、标杆管理的考核指标... 060
三、考核流程及培训... 062
四、经验借鉴与启示... 063
第二节 基于公民参与的美国地方政府绩效评估... 065
一、大获成功的以提升透明度为导向的费郡政府绩效管理... 066
二、陷入停滞的民众导向的蒙镇政府绩效考核... 070
三、美国两案例对我国地方政府绩效考核指标的启示... 075
四、对我国地方政府绩效管理发展的前瞻性思考... 077

第三章 基层政府绩效考核创新路径... 080
第一节 我国乡镇政府绩效考核中的控制与博弈... 080
一、乡镇政府绩效考核的控制与博弈模型... 082
二、乡镇政府绩效考核的控制与博弈案例研究... 086
三、控制与博弈的理想目标与制度变革路径... 092
第二节 基于可承受能力的地方政府债务考核与风险管理... 096
一、文献回顾... 099
二、研究设计... 103
三、基于承受能力的地方政府债务风险管理系统构建... 108

第四章 我国地方政府绩效管理的公民参与... 115

第一节 地方政府绩效管理中的有效公民参与... 116

一、理论基础... 117

二、研究设计... 121

三、结论与讨论... 129

第二节 地方政府绩效考核民主参与的制度化之路... 133

一、问题的提出... 133

二、文献回顾... 136

三、研究设计与发现... 140

四、案例分析... 147

五、结论和讨论... 149

第五章 地方政府绩效考核指标创新研究... 152

第一节 基于高质量发展的地方政府考核指标标准化... 152

一、问题的提出... 152

二、理论回顾和分析框架... 154

三、研究设计... 159

四、案例研究发现... 162

五、结论和讨论... 168

第二节 基于治理能力提升地方政府职能部门绩效指标设计... 171

一、文献回顾... 172

二、研究设计... 175

三、城管绩效考核指标模型构建... 176

四、城管绩效考核模型的治理能力提升分析... 185

第六章 地方政府绩效影响因素及干部考核研究... 190

第一节 高绩效政府机关影响因素研究... 190

一、问题的提出... 190

二、研究的概念架构... 191

三、研究设计... 193

四、分析结果... 195
五、结论... 196
第二节 应急管理条件下干部绩效考核实证研究... 197
一、问题的提出... 197
二、分析框架与文献回顾... 199
三、理论假设与概念架构... 202
四、研究设计... 205
五、研究发现... 208
六、结论与讨论... 215

第七章 地方政府绩效管理的实践探索... 220
第一节 江苏省综合考核指标规范化创新实践... 220
一、江苏省综合考核指标演变历程... 220
二、江苏省综合考核指标管理先进经验... 221
三、江苏省综合考核指标存在问题分析... 224
四、江苏省综合考核优化路径讨论... 225
五、优化路径... 229
六、激励与约束并重的指标体系修正探索... 234
第二节 南京市机关考核评估创新实践探索... 238
一、研究背景... 238
二、南京市机关考核评估调查与分析... 239
三、市级机关考核评估的优化路径... 244
四、重点任务的综合评估方式探索... 247
五、讨论... 253

结语... 256

参考文献... 259

序一

大凡行政管理研究者都认同这样的行政谚语：要么官僚制，要么外行作风。时至今日，政府职责的履行依旧需要行政体制、运行机制和专业技术的支撑，然而，如何对这些支撑因素进行有效整合，让政府职责履行的成效在公共问题的积极解决中呈现出来，则始终是行政管理实践的核心问题。破解这一核心问题是一个复杂系统性工程，而基于目标责任制的绩效管理途径，被实践证明是行之有效的一个选项。

政府绩效管理不是一个新出现的研究领域，但在今天它却是一个认知政府组织运作和促进其改进的基础性研究议题和一个开放性的研究议题，尤其是对于致力于治理能力现代化的中国地方政府而言，政府绩效管理的规范性认知和功能性运作都还处在不断完善的进程之中，需要深入研究、形成共识、优化行动的问题非常多，十分值得公共管理学者面对新的情境，以新的问题意识、新的理论视角和针对新的材料做出体现时代性价值的研究。即将出版的秦晓蕾教授的著作《治理能力现代化视阈下地方政府绩效管理变革与创新研究》，应该就是这样一项研究成果。

秦晓蕾教授的这部学术著作，与其它政府绩效管理研究成果相比较，有其独特之处。首先，置于正义价值视角的研究。该专著贯穿始终的问题意识在于如何识别绩效管理的正义价值，这是该专著的重要创新和特色。因为一般而言，行政管理学对政府绩效管理的价值理解几乎都是倾向于工具理性，而正义价值的嵌入则是一个被长久遗漏的重要维度，绩效评估数字背后的正义价值解释，直接反映出政府治理行动的道义担负状况。尽管要将这一被遗漏的重要维度阐释彻底并非易事，但该专著开宗明义提出对政府绩效管理给予正义价值的讨论，这对推进政府绩效管理的规范性研究，是一个值得肯定的尝试。其次，与西方绩效管理注重目标导向的行动过程优化和追求改进公共问题解决成效比较，中国政府绩效管理实践中实质指向，则是行政组织领导班子的政治注意力和行为驱动力引导和管控，这种将行政组织的绩效衡量整体上还原为对干部责任和行为的考核，具有浓厚的中国特色。该专著正是基于与政府组织中的干部管理部门长期合作研究，阐发了这一特色在中国政府绩效管理研究中的特别价值，这一理解和定位为中国情境下政府绩效管理研究提出了一个初步的科学问题，应该说这也代表了大多数政府绩效管理研究者共同的问题旨趣。再次，该专著聚焦地方政府治理能力现代化引发的绩效管理前沿问题，凭借十多年的经验研究和分析，对政府绩效管理运作中的突出问题展开了完整的探究，涉及绩效考核中的博弈行为、绩效分析对政府部门政策执行的监测和控制、政府绩效评价如何处理公民评价意见等。所涉及的这些具体问题，既是影响政府绩效管理运作的实践性难题，也是激发相关研究推进的突破口，该专著的研究既是解决这些问题的尝试，也是吁求政府绩效管理研究向共识性问题聚焦的过程。

正如该专著立意传达的意图所示，地方政府治理能力现代化的推进日益与政府绩效管理因素之间形成复杂关联，在一定意义上，该专著上述三个特色为我们作出了在这种复杂关联境遇中认识政府绩效管理的提示，可能这样一种角度是对该专著最有价值的理解。当然，地方政府治理能力现代化实践中的政府绩效管理研究，其认识的复杂性和创新艰巨性，均难为一本学术专著所成功解决，但秦晓蕾教授的这本著作还是向我们贡献了她持续十余年的思考结果。

秦晓蕾教授目前就职于南京师范大学公共管理学院，她在南京大学政府管理学院和商学院完成了本科、硕士和博士阶段的学习，后又在美国德州大学奥斯汀分校交流学习，跨学科的知识背景和充分的研究交流，特别是长期致力于地方政府绩效管理经验研究的经历，形成了她自己研究政府绩效管理的优势和特色。我们感谢晓蕾教授出版这部学术专著，让我们分享她的成果，我们也期待早日拜读到晓蕾教授后续更加精彩的学术著述。

孔繁斌

2021年10月5日

序二

政府绩效管理是一个讨论了多年，也是值得进一步研究的议题。

如何组织和安排人类集体生活，是政治学研究的根本问题。英国哲学家和政治思想家霍布斯指出，一个社会如果没有政治权威，就会陷入所有人反对所有人的战争状态。正是为了避免这种无政府的战争状态，人们需要有政治权威和政府。然而，政府也经常缺乏效率甚至滥用权力，造成社会资源的巨大浪费。因此需要约束政府的权力，提高政府的绩效。

上个世纪90年代以来，以提高政府绩效为目标的政府改革席卷全球。这一改革浪潮与我国政府改革的需要相契合。改革开放以来，我国政府大力推进改革，取得了显著的成效。然而目前我国地方政府绩效管理仍然存在着诸多弊端，不利于我国政府改革目标的实现。因此，构建科学的地方政府绩效管理体系，对于转变地方政府职能，促进地方经济、政治、文化、社会和谐发展具有重大的意义。

秦晓蕾教授的专著《治理能力现代化视阈下地方政府绩效管理变革与创新研究》，立足我国治理体系与治理能力现代化的时代背景，从价值理性到技术理性，从宏观到微观，从内部管理到外部监督等多重视角，对地方政府绩效管理进行了研究。

马克思认为，利益关系是人类最基本的社会关系。政府官员由于受到利益的驱动，有时会做出偏离公共利益的行为，使得委托代理关系面临一定的风险。政府中的官员也同样具有追逐自身利益的动机。然而，政府官员又被赋予了“政治代理人”这一角色，是公共权力的行使者。这就带来了政府官员的“双重差异性角色”，即公共权力的行使者和个人利益的追求者。政府官员在行使权力的过程中，一旦出现自身利益目标与代理行为目标不一致的情况，出于自身利益的考虑，就会发生失信行为。如何平衡好公共利益与地方官员政绩私利的关系，成为地方政府绩效考核制度成功实施的关键。秦晓蕾教授的专著以此为切入点，系统讨论了地方政府绩效考核价值追求中的利益博弈、乡镇政府考核中的控制与博弈、公民参与绩效考核的利益均衡、绩效考核指标议程中的利益较量等议题，深刻剖析了地方政府绩效管理的内在运行的逻辑机理。

秦晓蕾老师长期致力于绩效管理实证研究，为了获得一手数据和材料，她不辞辛劳到各地基层政府去调研，访谈记录积累了几十万字，并收集整理了一个绩效考核数据库。同时，她还在我们学院负责量化研究方法工作坊，带着团队师生学习前沿统计软件。扎实的调研基础和她研究方法的专长在本书中得到充分的体现。本书中，她用扎根理论探讨了乡镇政府绩效考核、用 AHP 对政府机关考核指标体系进行设计、用量化的层级回归研究了应急管理条件下干部绩效考核、用企业管理标准化技术对地方政府的指标管理流程进行梳理，运用定性和定量统计方法为读者呈现了基于大量珍贵的数据与材料基础上的实证研究结果。

秦晓蕾老师目前依然孜孜不倦地带领团队拓展数字治理背景下的政府绩效管理创新与变革，研究成果得到省市政府的认可，部分成果转化为已经在全省实施的绩效管理制度。这本专著凝结着秦晓蕾老师心血和汗水的研究成果，丰富了我国公共管理的地方政府绩效管理变革理论研究，还真正对地方政府绩效考核实践提供了很好的决策参考。祝愿秦晓蕾老师在未来的科研道路上硕果累累！

赵　晖

2021 年中秋节于馨瑰园

前言

在一次中组部领导调研江苏综合考核的座谈会上，我作为研究政府绩效管理学者列席，在交流中，中组部领导问我：“秦老师，请问你当初因为什么因素选择研究政府绩效管理?”我一下愣住了，思绪穿越到我刚从商学院企业管理专业博士毕业，分配到南京师范大学公共管理学院任教，从研究私营部门转而研究公共部门，一时不知研究如何切入非常迷茫。当时正值十几年前地方政府绩效管理发展最火热的时代，我大量阅读了清华大学蓝志勇教授、北京大学周志忍教授、兰州大学包国宪教授、厦门大学卓越教授等大咖关于地方政府绩效管理的名家论文后，热血沸腾，仿佛找到了学术研究的美丽花园，自此，立志深耕政府绩效管理研究。十几年来，在我国中国特色社会主义现代化制度不断完善与发展，推进国家治理体系和治理能力现代化的大背景下，我国地方政府绩效管理历经了蓬勃发展的初创阶段、转型升级的发展阶段、科学规范的巩固阶段，努力探索一条不固步自封、开拓创新的“中国之治”的变革之路。我有幸地见证了我国地方政府绩效考核改革的艰难而华丽的蜕变。十几年前，绿色 GDP 考核已经被大多数政府接受，但是造成经济发展与环境保护的冲突，我清晰记得，我和苏北一个贫困村村长蹲在田头探讨乡镇对村里的考核存在问题，村长超着浓重的苏北方言，抨击当时绩效考核中偏重经济指标考核，导致盲目上马项目给乡村带来的环境污染治理难题；一位做了 30 多年的老乡镇党委书记向我情绪激昂地计算，如能完成当年的经济指标，就能在镇上建一所优质小学解决镇上孩子上学难的问题，说到动容处，这位饱经风霜的老书记声音微微颤抖，让我深感基层政府在绩效考核牵引下治理的不易。地方政府绩效管理飞速发展、不断涤故更新。党的十九大以来，地方政府在高质量发展的创新、协调、绿色、开放、共享的新发展理念指导下，探索以满足人民日益增长的美好生活需要为内核的绩效管理体系，并用前沿的信息化系统、智能化设备和大数据挖掘技术对政府绩效管理进行技术全面升级。在抗击疫情的特殊时期，绩效管理吸纳应急管理的考核精髓进行了改革创新。

毋庸置疑，地方政府绩效管理的价值导向、制度规范、指标体系指引着地方政府整个组织和领导班子的行为，是我国领导干部政绩观的标杆性制度，在我国科层制的官僚体制中发挥着举足轻重的驱动作用。本书是笔者积近十几年的理论与实证研究沉淀，对地方政府绩效管理的价值体系、基层政府绩效管理博弈方式、绩效管理中的公民参与、绩效指标标准化创新等多元视角进行的系列研究，具体的章节安排如下：

绪论部分对政府绩效管理的研究背景，以及中西方政府绩效管理实践与学术研究进行了回顾。第一章是对地方政府绩效管理的哲学思考。地方政府绩效管理价值理性变革的根本目的是在实质正义基础上追求利益分配的公平公正，在程序正义基础上追求程序建制的公开透明。第二章是地方政府绩效管理的美国经验借鉴。介绍了美国两个绩效管理模式，即基于标杆管理的美国佛罗里达州绩效考核、基于公民参与的美国地方政府绩效管理模式。第三章是基层政府绩效考核创新路径。研究发现了乡镇政府应对绩效考核主要表现为四种博弈方式，并提出了治理现代化需求下乡镇政府绩效考核变革路径。同时，研究了地方政府债务考核与风险评估。当地方政府债务累积到一定规模时，有可能引发地方政府信用危机及次生性金融风险。本研究在对地方政府债务风险管理情景进行预测的基础上，构建了基于承受能力的地方政府债务风险管理系统。第四章是地方政府绩效管理的公民参与实证研究。公民评议地方政府绩效管理成为公民有序参与地方治理、提升治理效能的群众利益诉求表达机制，地方政府绩效管理的公民参与通过制度结构和角色关系的高度稳定化实现了制度化，不断提升的群众满意度数据验证了制度优势转变为治理效能的结论。

第五章是地方政府绩效考核指标创新研究。本研究以江苏省绩效指标标准化创新为案例，研究发现，基于不成比例信息处理模型的绩效指标议程标准化突破了绩效指标诸多现实困境。同时，本研究运用层次分析法构建了提升治理能力的城管绩效考核指标体系。第六章是地方政府绩效影响因素及干部考核研究。运用 QCA 研究发现，专才型领导与领导更换两因素组合，非经济部门与无领导更换两因素组合对政府部门绩效有显著正影响。同时，本研究在对应急管理中的干部激励约束模式的研究中发现，应急管理中的干部激励模式表现为问责严、问责速度快、回应公众关切的公众导向的强约束模式。第七章是地方政府绩效管理的实践探索。本研究以江苏省综合考核指标规范化实践、南京市机关绩效管理方式创新实践为案例，呈现治理体系现代化视域下地方政府绩效管理的改革和创新实践探索。

本书的完成要衷心感谢我亲爱的家人、朋友、学生，是他们对我的支持让我在研究政府绩效管理的艰难学术道路上坚持前行。笔者在深入地方政府进行实地调研时，感谢江苏省委组织部考评中心、南京市编办考核处、南京市工委工作作风办公室等政府部门提供的珍贵的第一手材料。感谢我的学生周郁在第三章第二节地方政府债务考核和风险管理做的实证研究，感谢我的学生陆登高在第五章第二节政府职能部门绩效指标做的基础工作，感谢我的学生薛惠玲、苏湖菁在第六章第一节应急管理条件下干部绩效考核实证研究中辛苦的数据收集。还要感谢我的老师南京大学政府管理学院孔繁斌教授、我的师姐南京大学政府管理学院魏姝教授、我的领导南师大公共管理学院赵晖教授、我的同事王家峰教授、李延伟副教授等学者对本书提出的宝贵意见，令我有勇气把这几年的成果整理出版。感谢我的学生张籍心、郭维对本书的认真校对，感谢上海三联书店张大伟先生为本书的面世付出了很多心血。

本书是笔者关于公共人力资源管理方面的第二本著作，个人知识依然有限，必有不少偏失之处，若有高明不吝指正，笔者必虚心学习，不断精进。

秦晓蕾

2021 年 8 月于南师仙林

绪 论

第一节　政府绩效管理中的治理能力现代化涵义

2013 年 11 月，党的十八届三中全会提出："全面深化改革的总目标是完善和发展中国特色社会主义制度，推进国家治理体系和治理能力现代化。"第一次从顶层设计层面提出了"治理体系和治理能力现代化"这个概念。将推进国家治理体系和治理能力现代化作为全面深化改革的总目标，对于中国的政治发展，乃至整个中国的社会主义现代化事业来说，具有重大而深远的理论意义和现实意义。党的十九大报告明确提出了"我国物质文明、政治文明、精神文明、社会文明、生态文明将全面提升，实现国家治理体系和治理能力现代化"的愿景目标。党的十九届四中全会审议通过的《中共中央关于坚持和完善中国特色社会主义制度、推进国家治理体系和治理能力现代化若干重大问题的决定》指出，坚持和完善中国特色社会主义制度、推进国家治理体系和治理能力现代化，是全党的一项重大战略任务。中国共产党成立 100 年来，我们党不断探索国家治理体系和治理能力问题并取得重大成果，实践证明实现国家治理体系和治理能力现代化是我国成为综合国力和国际影响力领先国家的实践路径。

国家治理主要是指国家在基本权利安排规定的情况下，如何使国家权力运行合法、通畅、高效与得到社会认同的问题。国家治理体系现代化是党领导下以现代化的手段，科学、绿色、人性化地对国家的政治、经济、文化、社会和生态文明等进行管理，以实现我国政治秩序稳定、经济发展繁荣、社会生活和谐的国家治理目标。治理能力现代化的主体是对国家进行治理并以公共利益为核心的公共部门，治理能力是运用国家制度管理社会各方面事务的能力。从公共管理视角来看，国家治理体系与能力现代化，本质上是国家治理体系与其面临的公共问题性质与特征之间不断契合的过程[1]。在中国治理能力现代化的实践逻辑中，现代化的治理理念转变、治理制度供给、治理技术创新是推动治理体系现代化的有效媒介。李景鹏（2014）认为国家治理能力则是指各个治理主体，特别是政府在治理活动中所显示出的活动质量[2]。国家治理体系和治理能力现代化是要使国家的治理体系和治理能力适应现代社会发展的要求。而要为实现国家治理体系和治理能力的现代化创造条件，最重要的就是要使治理体系的核心——政府，彻底改掉多年积累下来的各种严重的弊病，以全新的面貌来迎接这一艰巨的任务。在笔者看来，国家治理能力是指各个治理主体，特别是政府在治理活动中所显示出来的一种综合能力，或者称之为胜任力，体现为政府治理国家并输出优秀绩效的突出能力。这种胜任力以现代化治理为特征，以体现国泰民安、经济繁荣为绩效，这个治理能力的胜任力主要体现在以下三个方面：

一、现代化治理与市场关系转变能力

1. 现代化治理能力在政府和市场关系中的体现

《国富论》亚当斯密著名论断市场是“看不见的手”，政府是“看得见的手”，市场和政府成为自由经济的二元化结构。青木昌彦在《比较

1 杨冠琼、刘雯雯：《公共问题与治理体系》，《中国行政管理》2014 年 2 期。

2 李景鹏：《关于推进国家治理体系和治理能力现代化》，《天津社会科学》2014 年 2 期。

制度分析》中认为政府通过工业关系法、公司执照发放、农产品补贴、社会福利保障等各种规制可以影响经济的整体产权安排。政府可能通过过度发行货币的"软预算约束"来取悦利益集团，如何能够控制政府的"软预算约束"？青木认为可以通过分权，让地方对其管辖范围内有一定的自主权来解决这个问题[1]。我国政府多年来改革的重点和难点就是理清政府与市场的关系，如何界定市场和政府的边界成为一直困扰我国政府的难题。首先，政府要转变角色，"手伸得太长"不利于市场经济的发展，地方政府的角色要从"管制者"变为"服务者"。政府作为市场经济的管制者，控制着市场竞争的利益关系，不仅会大大地提升市场经济的交易成本，更会干涉市场经济的健康发展。我国是单一制国家，缺乏政府与某些利益集团共谋或者过度发行货币的监督机制，政府为了不断提升民众信任获得绩效合法性，实施严格的内部管理规则制度及对寻租行为的严格审查，有效地遏制了各级政府通过权力介入市场，与某些利益集团勾结而获利的行为。让市场回归自由竞争，让政府转变为服务者与守夜人，实现政府的宏观管理以指导和保证市场经济的自由健康发展是现代化治理能力的核心胜任力。这种现代化治理能力在地方政府绩效管理指标体系中可以得到很好的价值灌输。

2. "放管服"改革是政府理清和市场关系的自我变革

"放管服"改革是在社会变革的背景下政府的自我变革。"深化简政放权、创新监管方式、优化服务"，通过理顺政府与市场的关系，营造良好的营商环境，使得地方政府角色与职能转变，提高政府管理、监督和服务治理能力。具体体现为："放"意味着压缩企业注册时间、"证照分离"改革、破解企业"退出难"问题；"管"便是加强市场监管机制，"服"主要就通过减税减费、帮扶中小企业等为企业提供服务[2]。简化管理流程和手续，通过线上平台办理、手机 APP 等信息化加快审批速度，

1 ［日］青木昌彦著，周黎安译：《比较制度分析》，上海远东出版社 2001 年版第 169 页。

2 郭岳：《发挥部门职能作用　将"放管服"改革推向深入》，《中国行政管理》2017 年 7 期。

提高政府服务效能，坚持行“简约”之道，释放市场活力。李克强总理提出“放管服”改革，推动简政放权向纵深发展，进一步放宽市场准入，大力压减行政许可和整治各类变相审批。二是着力打通企业开办经营和投资建设两大重点建设。三是协同推进更大规模减税降费和“放管服”改革。“放管服”改革是提升政府治理能力的痛苦蜕变。减少对企业和市场的微观管理职能，加强政府监管和服务职能，变管理型政府为服务型政府，变微观管理为宏观管理。由此，“放管服”改革成效成为评价政府治理能力现代化的重要标志。

二、 社会治理的整合能力

在经济领域之外，社会治理能力成为考验政府现代化治理能力的另一个挑战。党的十九大明确提出打造共建共治共享的社会治理格局，共建强调合力合资，共治强调合智合作，共享强调共益共赢[1]。笔者认为社会治理是在地方政府的宏观指导下，社会组织、企业及民众等政府外角色齐心协力，建设或维护社会的精神文明生活、教育医疗服务、弱势群体服务、社区治理等各类社会问题秩序井然、公平公正，让老百姓幸福指数不断提高的各类活动。丁元竹（2016）认为在推进社会治理现代化的过程中，政府首先要认识到，重视公众利益并不意味着要约束政府，但政府必须与其他角色，包括媒体、社会组织、企业组织分享共同利益，在基本的公共问题上协调一致，达成基本的共识，采取一致的行动[2]。

政府的现代化治理能力首先体现在社会资源、社会资本的调动整合上，社会治理的基础设施需要大量资本投入，这要求政府广泛动员社会资本、投入财政补贴推动社会治理。第二，在企业、社会组织、公民共

1 王名：《公共利益决定社会治理的公共性》，《北京日报》2019 年 9 月 9 日，第 014 版。

2 丁元竹：《推进社会治理现代化的基本思路》，《北京师范大学学报（社会科学版）》2016 年第 2 期。

同协作治理时，涉及公共安全、综合治理、生态治理、重大工程项目，要求政府具有以公共利益为核心，协调和平衡各方利益的能力，并对这些社会治理的重要事项作出决策。第三，针对社会反映强烈的教育、就业、医疗、环境等重要民生领域的民众诉求，要求政府具有及时核对问题，查找原因，出台回应民意公共政策的能力。最后是政府建立社会治理的法律法规建设的能力，以公共利益为导向，通过法律法规规范多元治理主体平等参与权利、公平享受社会福利权利等。政府对社会治理能力评价充分体现在地方政府绩效考核制度中。

三、政府自身建设能力

政府现代化治理能力对内体现为政府自身建设的能力。央地政府的机构变革、职能转型以及党纪政纪呈现了从中央到地方不断加强自身建设的能力提升。

1. 机构改革及职能更新是政府自身建设能力的结构性体现

李昌瑞认为要实现国家治理能力现代化，需要做到以下几个方面：一是地方机构改革顺利进行，确保地方与中央能够联动对接；二是各地区各部门坚决落实党中央确定的深化党和国家机构改革任务，形成总体效应；三是党和国家机关职能得到优化，实现机构、职能和人员编制的法制化、制度化和规范化[1]。习近平总书记在党的十九大报告中就深化机构改革作出重要部署，党的十九届三中全会研究深化党和国家机构改革问题并作出决定，明确指出，“深化党和国家机构改革是推进国家治理体系和治理能力现代化的一场深刻变革”。2018 年国家机构第 7 次改革是适应新时期解决新矛盾政府自身结构性调整，是提升党的长期执政能力建设的必要要求。这次机构改革加强了市场监管职能，强化了社会

---

1 李昌瑞：《机构改革的逻辑：从政府自身建设到国家治理体系现代化》，《华南师范大学学报社会科学版》2018 年 6 期。

管理职能如成立退役军人事务部和应急管理部；完善了医疗等关乎民生的健康保障职能；强化环境保护职能。这次机构调整提高了行政效能，进一步满足了老百姓对幸福生活的追求。机构及职能更新调整为地方政府绩效管理制度改革提供了契机。

2. *严格党纪政纪是防范政府执政风险的必然选择*

中共中央政治局于 2012 年 12 月发布《关于改进工作作风、密切联系群众八项规定》，精准针对党风建设中的突出问题，从调研、会风、文风、出访、警卫、宣传、发文、勤俭八个方面加以精准规范。中央八项规定以后，党和政府相继出台了《中国共产党廉洁自律准则》、《中国共产党纪律处分条例》等一系列严明党和干部纪律的规章制度。中央八项规定承载着党的执政理念和民众的政治期待，它是从严治党的“切入口”，为提升国家治理能力奠定基础。中央八项规定是中国共产党以巨大勇气进行“自我革命”所确立的政治纪律与政治规矩，具有净化政治生态、巩固执政合法性、促进公民政治参与、凝聚社会共识的重要作用[1]。

政府自身建设与改革方面，还需要一些制度性变革。汪玉凯[2]（2016）认为政府加强自身建设还有很大的空间，一是废除领导干部特别是高级领导干部的不合理特权；二是推进官邸制的建立，并自上而下实施；三是主要领导干部和将要提拔的干部，财产申报须在一定范围内公开，接受群众监督；四是对领导干部的子女、配偶经商、办企业等进行严格规范，遏制权力滥用、官商勾结。五是打破干部只能上不能下的局面，创造出让广大群众充分参与的选人用人机制。严格党纪政纪，打造一支清正廉洁、纪律严明的干部队伍是政府提升治理能力现代化必须做的内功。对政府的党建、廉政进行考核成为地方政府党建考核的重要内容。

综上所述，国家治理体系和治理能力现代化建设是我国政府实现善

---

1 赵丽涛：《国家治理现代化视域下中央八项规定的政治功能探析》，《江淮论坛》2017 年 4 期。

2 汪玉凯：《对政府自身建设和改革的几点建议》，《领导文萃》2016 年 9 期。

治、深化改革，完善国家治理体系，提升政府治理能力达到现代化水平的过程。实现国家治理体系和治理能力现代化则成为我国地方政府绩效管理改革与创新的基本宗旨。

第二节 地方政府绩效管理的变迁与转型

我国地方政府绩效管理模式一直在转型，耦合了新公共管理的效率、效能、经济（3E）价值导向和新公共服务的公共性、服务性价值导向，转型成了具有中国特色的混合型管理模式。地方政府运用基于新公共管理的目标责任制、效能制推动地方经济和改革开放，运用基于新公共服务的群众满意度评价、民生建设推动地方公共服务和民生建设，努力探索一套效率性和公共性动态平衡的绩效管理制度。实践层面上，我国地方政府绩效管理一直是政府内控型管理制度，考核领域涉及经济、文化、民生、环境、党建等多元领域，并需要动用多个职能部门进行自上而下纵向考核，从上世纪90年代开始，地方政府绩效群众评价开启了地方政府绩效管理的民主监督历程。由此，本节对我国地方政府绩效评估发展的转型与变迁从实践发展与理论研究两方面进行脉络梳理。

一、 我国地方政府绩效评估实践发展与变迁

（一） 第一阶段：岗位目标责任制为核心的地方政府干部考核

改革开放后，受西方公共管理浪潮影响，我国行政管理倡导行政效率和干部实绩，这时地方政府绩效评估主要以干部管理的岗位责任制考核为切入点，组织部和人事部通过对地方政府领导班子考核，考核领导班子工作实绩，旨在改变工作作风，开创机关工作新局面，提高工作效

率。1982年劳动人事部颁布了162号文件《关于建立国家行政机关工作人员岗位责任制的通知》，1984年，中组部、劳动人事部颁布了《关于逐步推行机关工作岗位责任制的通知》，1988年，中组部颁布了《关于试行地方党政领导干部年度工作考核制度的通知》，文件规定领导干部要带头实行岗位责任制，按照各级各类干部的业务分工，规定岗位职责和权限。领导班子考核贯彻注重实绩、鼓励竞争、民主监督、公开监督的原则，以及管人与管事既紧密结合又合理制约的原则，从我国干部管理工作的实际出发，力求于法周严，于事简便，使干部考核工作逐步规范化、制度化，适应干部分类管理的要求。这一时期目标责任制的实施具有自愿性质，中央没有提出统一要求，也没有相应的规范和实践指南[1]。地方政府绩效考核制度还没有进入中央政府的优先事项，交织在干部人事制度改革管理中，还没有形成顶层设计层面的地方政府绩效管理制度。

（二）第二阶段：行政效能监察为核心的地方政府目标管理考核

1. 监察部监督下的政府机关行政效能考核

1989年12月我国第二届全国监察工作会议上，时任监察部部长在报告中首次指出“围绕治理整顿、深化改革加强执法监察。执法监察是行政监察机关的基本职能和主要手段，既包括效能监察，也包括廉政监察”。这是在我国第一次正式提出效能监察的概念。从效能监察入手，目的在于把监督的关口前移，加强事前、事中监督，做到防范在先，使纪检监察工作紧贴改革和经济建设中心，更好地为经济建设服务[2]。行政效能监察是由监察部牵头，各级党委和政府组成的联席会议。在联席会议中，党委、宣传部、人事、监察、法制办等部门分工协作对下级政

1　周志忍：《公共组织绩效评估中国实践的回顾与反思》，《兰州大学学报》2007年1期。

2　蓝志勇、胡税根：《中国政府绩效管理：理论与实践》，《政治学研究》2008年3期。

府进行考核，监察部监督领导联席会议工作。考核的内容依然以岗位目标责任制为主要形式，比如在河北省监察厅强调行政效能的提速提质，对群众关注的重大利益问题、重大建设项目进展情况、群众信访问题的落实、行政审批有无拖延、推诿等四个方面的问题进行考核[1]。效能监察在山东省实施的最为广泛，仅在开始的三年间就提出建议3037项，依据效能监测结果立查案件1412起，处分党员干部1005人[2]。2011年6月10日，国家监察部印发了《关于开展政府绩效管理试点工作的意见》，选择了国土资源部、农业部等国务院部门开展绩效管理试点，同时选取了北京市、深圳市等地方政府进行试点。6月28日，政府绩效管理工作部际联席会议在北京召开政府绩效管理试点工作动员会，正式拉开了我国政府绩效管理试点工作的帷幕[3]。

2. 以GDP指标为中心的目标责任制考核

90年代是我国经济高速发展的时代，带动地方经济发展，实现GDP不断增长，成为各级地方政府的中心任务，GDP增长不仅是体现政府政治合法性的经济基础，也是地方政府领导班子任期内体现政绩的首要衡量标准。周黎安等学者认为，基于GDP考核的地方政府官员晋升锦标赛，成为我国改革开发以来经济高速增长的根源[4]，地方政府领导班子的GDP政绩成为推动“中国经济奇迹”的内在制度驱动。

以GDP为核心的地方政府目标责任制考核，以及基于目标责任制的领导干部晋升激励制度在改革开放初期迅速拉动了我们经济总量和人均收入水平，短期内推动我国社会经济发展跨越了“贫困陷阱”。以GDP以及GDP增长为中心的地方政府目标责任制的产生具有历史渊源，改革开放以来，我国经济和经济发展成为政府发展的优先事项，“文革”十年浩劫以后，我国亟待构建一个以市场经济为主导的资源配置方式，

1 时运生:《论政府效能监察体系的构建》,《河北学刊》2007年11期。
2 尚虎平:《激励与问责并重的政府考核之路》,《中国行政管理》2018年8期。
3 蔡立辉、吴旭红、包国宪:《政府绩效管理理论及其实践研究》,《学术研究》2013年5月。
4 周黎安:《行政发包的组织边界：兼论“官吏分途”与“层级分流”现象》,《社会》2016年1期。

而GDP即国民生产总值或地区经济规模，则是测量一个国家或地区经济规模的国际通用标准，GDP成为打破传统计划经济体制，转向市场经济的权威核算指标，并成为党中央制定国家发展总战略的唯一量化衡量指标。1979年，著名的《坚持四项基本原则》讲话中，邓小平明确提出了“实现中国式的现代化”概念，邓小平作出了解释“我们到本世纪末国民生产总值人均一千美元”。1982年，党的十二大明确宣布了翻两番的奋斗目标，1987年党的十三大明确而系统地阐述了“三步走”的发展战略，即第一步，从1981年到1990年实现国民生产总值比1980年翻一番，解决人民的温饱问题；第二步，从1991年到20世纪末，使国民生产总值再增长一倍，人民生活达到小康水平；第三步，到21世纪中叶，人均国民生产总值达到中等发达国家水平，人民生活比较富裕，基本实现现代化。2002年，党的十六大提出，全国建设小康社会的主要目标是国内生产总值到2020年力争比2000年翻两番，综合实力和国家竞争力明显增强。在党的总战略方针指导下，我国开启了地方政府GDP排名的竞争模式下的目标责任制考核。1994年4月，在总结政府系统实行有限目标管理责任制的基础上，河北省委下发了《关于建立县（市、区）党政主要领导干部激励和约束机制的试行办法》。1999年开始，青岛市委、市政府借鉴发达国家的有益经验和现代企业管理的先进模式确立了督察工作与目标绩效评估相结合、考绩与评人相结合的新的督察模式[1]。以GDP和GDP增长为核心的绩效考核，是我国市场经济发展初期经济核算面向国际市场、实现我国经济与国际接轨的英明决策。因为当时国家经济发展处于贫困阶段，自然资源、环境保护等资源使用矛盾还没有那么尖锐和突出，以GDP为核心的地方政府目标责任制考核在80年代、90年代具有很好的积极意义，极大拉动了我国GDP的飞速增长。1979年改革开放以来，我国政府推动经济体制改革从农村包围城市开始，通过结构方面的调整比如提高城乡居民收入拉动消费需求等来

1 蓝志勇、胡税根：《中国政府绩效管理：理论与实践》，《政治学研究》2008年3期。

促进GDP总量增进。改革开放初期的20年间，我国GDP保持了高速增长的势头。1978—1997年，我国GDP平均每年递增9.9%，其中有一半年份的年增长速度超过10%。这一段时间的经济增长速度在世界各国中名列前茅[1]。我国综合国力不断增强，人民物质生活水平显著提高。这些成就都离不开当时以GDP为核心的地方政府目标责任制考核。

3. 群众评议、社会承诺等民主监督活动蓬勃发展

上个世纪90年代早期，当时我国官僚体制问题迭出：官僚作风严重、服务意识差、工作效率低下，行政成本不断上升，老百姓办事各职能部门踢皮球、“门难进、脸难看”，地方政府核心领导推行政令阻力重重，严重影响行政执行力，亟待整顿官僚作风。这为接下来轰轰烈烈的地方政府群众评议政府活动、政府向社会承诺活动提供了时代契机。

(1) 基于群众回应性的民主评议政府活动

不论地方政府领导者对权力控制的欲望有多强烈，都会想方设法对民众参与需求渠道超载而进行疏导。地方政府绩效民主评议则是民众需求的流动通道之一。

20世纪90年代，一波风起云涌的民主评议政风创新活动迅速席卷全国各地。所谓民主评议是指各级党委和政府的领导下，通过对政府部门和公共服务行业的工作作风进行公开评价，推动政风行风建设的一项民主监督制度。其中具有典型代表的是南京市的万人评议活动和杭州市的满意不满意活动。2001年，南京市政府创新性地开展了“请人民评判”的“万人评议机关”活动[2]。杭州市率先推行的满意单位、不满意单位评选活动，正是为根治机关作风顽症而开出的“药方”。2000年度和2001年度的评选，分别组织了来自各个社会层面、近万单位和个人参加投票。按照统计结果排序，将满意率、不满意率较高的几个单位向群众公布。实行“末位淘汰”制，对连续两年都被列为群众不满意单位

1 庄健：《改革开放以来我国GDP增长因素分析》，《中国工业经济》1998年7期。

2 秦晓蕾：《地方政府绩效评估中的有效公民参与：责任与信任的交换正义》，《中国行政管理》2017年5期。

的，领导班子要调整。这些做法很快在国内产生很大影响，沈阳、南京、西安、福州、深圳等40多个城市先后来杭州交流取经[1]。

2006年，国务院下发了《关于进一步深化和规范民主评议政风行风工作的指导意见》，民主评议有了国家层面政策制度的支撑。2013年，习近平在第十八届中央纪律检查委员会第二次全体会议上讲话中指出，工作作风上的问题绝对不是小事，如果不坚决纠正不良风气，任其发展下去，就会像一座无形的墙把我们党和人民群众隔开，我们党就会失去根基、失去血脉、失去力量。目前，南京市级机关工作作风评议已经被正式纳入南京市综合考核制度，评议作为群众满意度维度在综合考核中占比10%，这意味着民主评议正式被科层制的正式官僚制度吸纳。南京市民主评议政府自上世纪90年代轰轰烈烈的群众评议活动慢慢转变成为常规型的工作作风评议，其制度合法性得到认可，但是囿于官僚体制的约束，社会影响力没有刚启动时大，民主评议制度越来越完善，但是民主评议制度在转为常规化的同时，也在寻求新的发展道路。

（2）基于政府问责的社会服务承诺制度

1994年6月，山东省烟台市针对广大市民反应强烈的城市社会服务质量差的问题，借鉴英国和我国香港地区社会管理部门的做法，率先在烟台市建委试行社会服务承诺制。1996年7月，在总结烟台市社会服务承诺制度经验的基础上，中宣部和国务院纠风办决定把宣传和推广社会服务承诺制度作为加强行业作风和职业道德建设、推进社会主义精神文明建设的一项重点工作。随后，社会服务承诺制度在全国范围和多种行业普遍推开[2]。社会服务承诺制度是指承担社会服务职能的部门和单位把服务内容、服务标准、服务程序和办事时限，公开向用户作出承诺，设立监督机构和举报电话，明确问责或赔偿标准的服务制度。1996年浙江省金华市在市级23个部门中推行了以“公开办事标准、公开承诺

1 人民观察：《杭州市不满意单位是如何评出的?》，《人民网》2002年11月29日。

2 蓝志勇、胡税根：《中国政府绩效管理：理论与实践》，《政治学研究》2008年3期。

自律”为主要内容的社会服务承诺制。2008 年，云南省人民政府决定在全省行政机关推行服务承诺制、首问责任制和限时办结制“三项制度”[1]。2011 年，江苏省全面推行服务承诺制首问负责制和限时办结制；2012 年，四川省通过《四川省人民政府绩效管理过错问责及结果运用办法（试行）》、《四川省人民政府部门绩效管理办法（试行）》进一步规范和明确了政府绩效管理；2011 年，北京市通过《北京市行政问责办法》探索绩效管理与行政问责的有机衔接和制度建设。2013 年，延安市人民政府实施了全面推行限时办结制度。目前，社会服务承诺制的实施更多和政务公开、政府问责等规则制度紧密联系在一起。

（三）第三阶段：绿色 GDP 导向的地方政府绩效考核变革

1. 唯 GDP 的地方政府绩效考核弊端凸显

多年来，随着经济结构由粗放型向精细化发展，产业结构开始不断向经济附加值高的高新技术企业升级，唯 GDP 的地方政府绩效考核弊端逐步凸显，并成为阻碍国家经济结构转型、生态环境变好等经济社会生态可持续发展的障碍。从上世纪 90 年代开始，学术界、政府及民众对以 GDP 考核为中心的地方政府绩效考核弊端的批评从来没有停止过。地方政府唯 GDP 的绩效考核、排名及晋升激励，导致了我国经济发展地方之间恶性竞争，项目一窝蜂重复上马，导致产业产能过剩严重，经济结构粗放，能源消耗大，而且经济附加值低，资源浪费严重。同时，生态环境受到破坏，空气质量、水资源受到污染，全国秋冬季节被雾霾笼罩，曾经的“青山绿水”难以再见，老百姓生活质量下降。过分追求 GDP 发展还带来一系列的社会与城市发展问题，飞速的城镇化让大批人口聚集到城市，城市建设和社会保障没有跟上，造成交通拥堵、房价飞涨，极大的贫富差距让老百姓感觉生活压力巨大。同时，地方政府过分追求 GDP 还会带来更深层次的 GDP 数据严重虚报等弊端，因为经济

1 蔡立辉、吴旭红、包国宪：《政府绩效管理理论及其实践研究》，《学术研究》2013 年 5 期。

增长超过上级政府规定的目标，官员们才能获得升迁或者其他特权。在统计制度不独立的情况下，地方政府出于政绩考虑和强烈的晋升动机，对于GDP数据进行干预的现象时有发生[1]。卢盛峰等（2017）实证研究表明我国GDP注水呈现持续恶化的趋势，四川、湖南、湖北以及江西、福建等省份平均注水嫌疑更加严重。[2] 由此，盲目追求GDP的深层次是GDP虚报让我国中央政府不能根据目前经济状况进行准确科学决策，扰乱我国经济社会的良性健康发展。绿色GDP的概念开始被政府和广大人民群众广泛关注和讨论。

2. 绿色GDP考核概念提上议事日程

绿色GDP定义是由联合国统计署在1993年发布的《综合环境与经济核算手册》（SEEA）中首次正式提出，绿色GDP即把经济活动中对环境的利用部分看作追加投入从原有的经济总量中扣除，这种经环境因素调整后的产出指标即生态国内产出。经济发展、环境污染和生态资源是绿色GDP研究中的核心问题，评价各级政府在这三方面的绩效能够客观反映该地区绿色发展和生态文明建设状况。基于绩效评估视角的绿色GDP绩效评估所定义的算法可以确立为：绿色GDP=该地区国民生产总值－环境污染损耗－生态资源损耗。从上世纪90年代开始，从党中央报告到中央组织部的干部考核制度，开始尝试对地方政府绩效考核进行绿色GDP改革[3]。

1996年，顶层设计层面的中组部出台了《县级党政领导班子政绩考核办法及考评标准体系》，设立了经济发展指标、社会发展指标、精神文明建设和党的建设四大类，在全国16个地级市、50多个县进行了试点，成立了干部考核委员会。中组部的领导干部政绩考核构建了地方政府绩效考核指标的基本架构。2002年，党的十七大提出了科学发展

1　陶然、苏福兵、陆曦、朱昱铭：《经济增长一定带来晋升吗？——对晋升锦标竞赛理论的逻辑挑战与省级实证重估》，《管理世界》2010年12期。

2　卢盛峰、陈思霞、杨子涵：《“官出数字”：官员晋升激励下的GDP失真》，《中国工业经济》2017年7期。

3　欧阳康、刘启航、赵泽林：《关于绿色GDP的多维探讨》，《江汉论坛》2017年5期。

观的概念，即牢牢扭住经济建设中心，基本要求是全面协调可持续发展，根本方法是统筹兼顾，在优化结构、提高效益、降低消耗、保护环境的基础上，实现人均国内生产总值到2020年比2000年翻两番。党的指导方针对只追求GDP考核进行纠偏，提出了可持续发展概念。虽然科学发展观对于地方政府绩效考核唯GDP进行了调整，但是地方政府为了获得地方财政收入最大化的动机和领导班于政绩最大化的动机，依然驱动着地方政府主要关注经济考核指标。于是，行政发包式的压力型地方政府绩效考核指标如经济、环境、生态、党建、民生等从上而下层层下达，通过岗位目标责任制逐级发包。地方政府领导班子针对上级任务分解给各职能部门及下级地方政府，签订政府责任制。指标以量化为主，在逐层分解目标任务时，一般来说，中央政府提出总体目标，地方政府根据上级部署逐级下达具体目标任务，一直到乡镇和村（社区）一级，每一级政府在与下级政府（社区）签订责任书的时候，一般不是将所要完成的目标任务简单地进行分解，而是层层加码，确保超额完成任务[1]。因为目标责任制的完成情况直接与各级地方政府领导班子的考核结果相关，每年进行绩效排名。行政发包的压力型绩效管理体制架构趋于成熟[2]。

3. 地方政府绿色GDP考核体系逐渐成熟

2013年，中组部颁发的《关于改进地方党政领导班子和领导干部政绩考核工作的通知》，明确规定今后对地方党政领导班子和领导干部的各类考核考察，不能仅仅把地区生产总值及增长率作为政绩评价的主要指标，不能搞地区生产总值及增长率排名，中央有关部门不能单纯依此衡量各省（自治区、直辖市）的发展成效，地方各级党委政府不能简单地依此评定下一级领导班子和领导干部的政绩和考核等次，对限制开发区域和生态脆弱的国家扶贫开发工作重点县取消地区生产总值考核。

1 杨宏山：《超越目标管理：地方政府绩效管理展望》，《公共管理与政策评论》2017年1期。
2 荣敬本、崔元之：《从压力型体制向民主合作体制的转变：县乡两级政治体制改革》，中央编译出版社1998年版。

2014 年，习近平率先提出了“新常态”的执政新理念，并进行了阐述，新常态下中国经济速度从高速增长转为中高速增长，经济结构不断优化升级，从要素驱动、投资驱动转向创新驱动。在新常态的指导下，地方政府绩效考核进一步调整了对 GDP 的盲目追求。

在党中央和中央组织部的战略指导下，各级地方政府绩效考核把有质量、有效益、可持续的经济发展和民生改善、社会和谐进步、生态文明建设和党的建设等作为考核评价的基本架构，特别是在一些经济发达地区、环京地区和旅游地区，把 GDP 考核和环境保护等指标并重，由只注重地区的 GDP 发展和排名转变为可持续发展的绿色 GDP 考核。2015 年河北省的 GDP 增长目标下调到 7%左右。西部地区宁夏则下调了两个百分点。东部经济大省广东和山东也分别将增长目标从前一年的 8. 5%和 9%调低至 7. 5%和 8. 5%左右。2015 年，上海市两会率先取消了 GDP 增长的具体目标[1]。上海市政协委员游闽键表示，经济发展只是政府工作的一部分，不是唯一的抓手，更不应唯 GDP 至上，政府应更多地考虑市民在城市生活中的幸福感、舒适感。例如海南省作为旅游大省，2018 年，中央环保督查组通报了对海南的督查情况，指出过度的房地产开发给海南生态环境带来了巨大压力，原生态植被破坏严重、海岸侵蚀加剧、生活污水直排等问题凸显。海南省委省政府立刻印发了新的市县发展综合考核评价办法，对 12 个市县取消 GDP、工业、固定资产投资的考核，而且把生态环境保护列为负面扣分和一票否决事项。海南新的考核办法将该省 19 个市县划分为 5 大类，分两个平台进行差别化的考核，取消了除海口、三亚、洋浦、儋州、文昌、琼海、澄迈之外的 12 个市县 GDP、工业、固定资产投资的考核，不考核 GDP 之后，让地方政府把更多的精力放在生态文明建设、环境保护方面，从而逐步建立起全绿色 GDP 核算体系，把生态环境质量金字招牌守护好[2]。而环京地

1　何欣荣、王淑娟：《淡化 GDP 考核后政府应该抓什么》，《决策探索》2015 年 5 期。
2　胡建兵：《“取消 GDP 考核”是为了更多绿色 GDP》，《中国能源报》2018 年 1 月 8 日第 004 版。

区的地方政府绩效考核对于环境保护指标也执行一票否决，比如河北省廊坊市有些县离北京很近，对于这些地区的环境保护比如空气 PM2.5 值的界限进行严格考核。

总而言之，我国地方政府绩效管理实践是由组织部负责的党政领导干部考核、政府部门目标考核、群众评议三部分组成。一个有趣的现象是我国地方政府绩效考核的管理部门也随之不断演变。改革开放初期地方政府绩效改革管理部门主要和干部考核相关联，领导干部考核和地方政府绩效考核几乎是同一个考核内容，在组织部的牵头下，其他各职能部门对地方政府领导班子进行指标考核。1989 年，行政效能监察会议后，地方政府绩效考核由监察部（纪委）牵头其他政府职能部门考核。2011 年，国务院批复建立政府绩效管理工作部际联席会议制度，专门负责政府绩效管理工作，并在北京市、吉林省、福建省、广西壮族自治区、四川省、新疆维吾尔自治区、杭州市、深圳市等 8 个地区进行地方政府及其部门绩效管理试点，国土资源部、农业部、质检总局进行国务院机构绩效管理试点，国家发改委、环境保护部进行节能减排专项工作绩效管理试点，财政部进行财政预算资金绩效管理试点，为全面推行政府绩效管理制度探索积累经验。2014 年，监察部职能调整后，地方政府考核的任务转交给了各地编制办公室，编制办公室承担着职能部门制定的任务，所以把机关部门考核任务转给编制办公室有其合理性。2017 年开始，部分省份组织部开始负责党建、经济、文化、民生、群众满意度等多元化领域的综合考核，即把政府直属机关考核和地市（区县）政府考核、领导班子考核、干部考核综合构建一个“考事和考人相结合”的闭环绩效管理体系。

4. 从预算绩效考核的初步探索到全面实施预算绩效管理

2012 年，四川、深圳等地政府修订了绩效管理办法，进一步优化考评指标体系，四川省通过《四川省人民政府绩效管理过错问责及结果运用办法（试行）》、《四川省人民政府部门绩效管理办法（试行）》进一步规范和明确了政府绩效管理。2011 年，财政部出台了《关于推进预算绩效管理的指导意见》及配套办法，使预算绩效管理逐步走上制度化、规范化轨道；广西壮族自治区《机关绩效管理》地方标准围绕机关绩效管理关键流程脉络，对政府绩效管理的管理流程、工作标准和绩效管理活动，明确了标准，进行了统一规定。这些规章制度对推动政府绩效管理立法、明确绩效评估结果应用的法律适用及其效力、树立绩效管理工作的权威性和严肃性，具有非常重要的探索性意义。2018 年，为了贯彻"花钱必问效、无效必问责"原则，财政部出台了《关于全面实施预算绩效管理的意见》，提出加快建成全方位、全过程、全覆盖的预算绩效管理体系。全面实施预算绩效管理是优化绩效管理、财政资源配置、提升公共服务质量的关键举措。

二、 西方政府绩效管理理论研究发展演变

"如何有效测量?"一直是西方公共管理讨论的大问题，而绩效管理是这个大问题的制度解决。多年来，从政府绩效管理模式和工具的运用，到绩效管理系统的微观影响因素研究，绩效管理一直占据西方公共管理的热点议题行列。西方公共管理学者们认为地方政府绩效管理在预算制度控制下，通过项目评估的量化指标设计或者大数据评估，对地方政府绩效的公民满意度、预算花费等进行评估。近年来，西方学者主要从绩效信息理论、绩效管理系统有效性、公民与绩效系统互动、大数据对绩效系统的影响等方面对西方绩效管理理论研究进行回顾。

1. 绩效信息对绩效管理系统及政府决策的影响

西方学者们认为绩效信息对绩效管理绩效及政府决策产生影响。Moynihan（2008）认为绩效管理是一个通过战略规划和绩效衡量路径生成绩效信息的系统，它将这些信息与决策场所相连接，一般情况下信息会影响一系列可能的决策。他构建了改善决策和绩效的绩效管理系统，这个系统是基于信息的闭环系统，绩效信息是系统的命脉（lifeblood）。基于信息的绩效管理系统旨在通过与公众、利益相关者、公众代表协

商，在战略规划阶段对外部环境进行分析，从环境中获取信息。由于外部环境如此之大，公职人员需要一些标准来理解它：首先，绩效信息需要传达给员工、公众和特定决策场所（包括战略实施、资源分配、决策、评估、绩效监控、绩效改进、基准测试、能力改进等信息）；然后，基于利益相关者的投入和以往的绩效，政府推进以成果为导向的战略规划，对目标进行明确的分解和沟通。最后，政府参与有效和准确的反映结果进展的绩效衡量并不断沟通[1]。Micheli（2017）认为主动使用绩效信息更能提高政府绩效[2]。Baekgaard（2016）对前人的绩效信息能增加对政府绩效的了解、改善政治决策的假设提出质疑[3]。他认为绩效信息的一个主要原理是，通过向公民提供有关绩效的明确信息，使他们能够做出明智的决策。然而，即使是客观、清晰、明确的绩效信息也会受到有偏见的解释，这取决于这些信息是否与接收信息的人先前持有的信念一致。经过试验研究，他发现与先前信念不一致的绩效信息比信念一致的信息更容易被错误解释，人们往往解释绩效信息的方式符合他们先前的信念。Petersen（2020）对环境因素如何影响一线员工对绩效信息的感知进行了研究，研究结果表明，一线员工更愿意从横向渠道（学习论坛的同事或员工本身）而不是纵向渠道（管理层）接触绩效信息，他们认为绩效信息是相关和有用的，但是不太愿意将这些信息用于学习活动。[4] Moynihan 和 Pandey 对影响地方政府管理人员运用绩效信息的影响因素进行了实证研究发现，公共服务动机、领导角色、信息可用性、

---

1 Donald P. Moynihan. *The Dynamics of Performance Management: Constructing Information and Reform*. Georgetown University Press. Washington, D. C., 2008.

2 P. Micheli, A. Pavlov. What is Performance Measurement for? Multiple Uses of Performance Information within Organizations. *Public Administration*, 2017, Vol. 98, Issue 1, pp. 1-17.

3 Martin Baekgaard, Søren Serritzlew. Interpreting Performance Information: Motivated Reasoning or Unbiased Comprehension. *Public Administration Review*, Jan. /Feb. 2016, Vol. 76, Issue1, pp. 73-82.

4 Niels Bjørn Grund Petersen. How the Source of Performance Information Matters to Learning on the Front-lines: Evidence from a Survey Experiment. *International Public Management Journal*, 2020, Vol. 23, Issue 2, pp. 276-291.

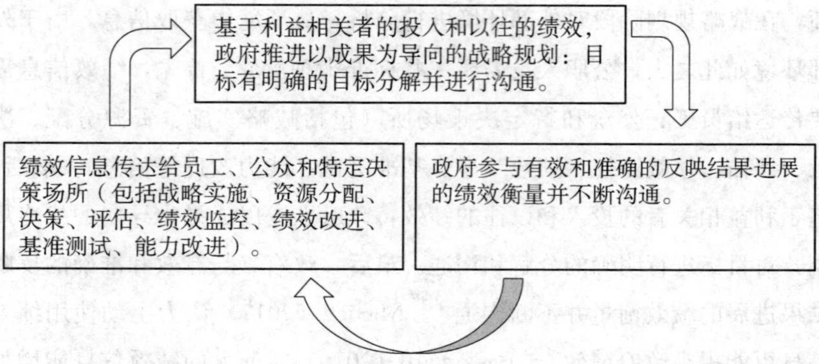
基于利益相关者的投入和以往的绩效，政府推进以成果为导向的战略规划：目标有明确的目标分解并进行沟通。
政府参与有效和准确的反映结果进展的绩效衡量并不断沟通。
绩效信息传达给员工、公众和特定决策场所（包括战略实施、资源分配、决策、评估、绩效监控、绩效改进、基准测试、能力改进）。

图绪-1 绩效管理系统如何改善政府决策和绩效

来源：Moynihan，Donald P. The Dynamics of Performance Management：Constructing Information and Reform. Georgetown University Press. Washington，D. C.，2008.

组织文化和行政灵活性都会影响公共管理人员绩效信息的运用[1]。

2. 绩效测量对公共部门绩效的提升

绩效测量一直是西方公共部门绩效管理研究讨论的焦点。Ho 和 Im（2013）认为政府绩效考核作为新公共管理的核心价值体现，是以结果为导向的管理改革的重要组成部分，它强调对公众负责和透明度，运用项目评估测量项目结果有效性以实现政府的战略目标[2]。美国学者尼古拉斯·亨利（2001）提出公共部门提高效率与有效性的努力必须以绩效测量为基础。绩效测量是不断对项目完成情况进行监督与报告，特别是达到事先设定目标的进展情况，并作为管理者的预警系统检验项目进展顺利程度，提高政府公共责任的方法。结果测量（outcome measures）或者有效性测量（effectiveness measures）是对目标达成程度、需求得到满足程度以及预想效果实现程度的量化，而服务质量测量（service

---

1 Donald P. Moynihan and Sanjay K. Pandey. The Big Question for Performance Management：Why do Managers Use Performance Information? *Journal of Public Administration Research & Theory*：*J - PART*，2010，Vol. 20，Issue 4，pp. 849 - 866.

2 Alfred Tat - Kei Ho，Tobin Im. Challenges in Building Effective and Competitive Government in Developing Countries：An Institutional Logics Perspective. *The American Review of Public Administration*，2015，Vol. 45，Issue 3，pp. 263 - 280.

quality measures）是回应客户需求与期望的评价，公民满意度测试（citizen satisfaction measures）是测量项目在多大程度上满足公民需要[1]。

Kloot 和 Martin（2000）构建了战略平衡的地方政府绩效测量架构。地方政府绩效测量系统和政府的历史性战略选择、目标和责任紧密相联，提升了政府营运的效率、效能。Palmer 认为地方政府绩效测量就是为了让地方政府提供"物有所值"的服务，具体包括内部制定有效的、用于改进政府绩效提升的基准指标；实时、最新的信息监控进度、绩效问责和成果管理；注重财务和非财务指标考核[2]。Sanderson（2001）对构建英国"现代化"地方政府绩效管理体系进行了讨论，他认为绩效管理的兴起为地方政府提供了一个基于绩效结果的问责机制，通过绩效考核来提升政府的公共责任是评估体系发展的最初驱动力[3]。

3. 公民与绩效系统之间的互动

James（2011）用实验方法研究了绩效信息对公民对政府绩效期望的影响，研究发现，提供有关政府优秀绩效的信息会提高公民对政府绩效的正面期望，提供关于政府糟糕绩效的信息会降低正面期望[4]。Boyne 等学者（2009）研究发现，政府认为他们要为公民经济负责，实际上公民只关注影响他们生活的信息，比如提供教育、分配福利和维护环境。公民们越来越关注对他们有效价的东西，很少关注离他们远距离的意识形态。同时，学者们一致认为地方政府服务绩效的好坏成为选民作出决策的重要因素。现任地方政府的绩效差会影响选民对现任政府的支持，但是现任政府的好绩效却没发现选民明显的回报。公民们不关心现任政

1　[美] 尼古拉斯·亨利著：《公共行政与公共事务》，中国人民大学出版社 2001 年版，第 284－285 页。

2　Palmer，A. Performance Measurement in Local Government. *Public Money & Management*，Oct.－Dec. 1993，Vol. 13，Issue 1，pp. 31－36.

3　Lan Sanderson. Performance Management，Evaluation and Learning in "Modern" Local Government. *Public Administration*，2001，Vol. 79，Issue 2，pp. 297－313.

4　James，O. Managing Citizens' Expectations of Public Service Performance：Evidence from Observation and Experimentation in Local Government. *Public Administration*，2011，Vol. 89，Issue 4，pp. 1419－1435.

府对一些就业政策、通货膨胀政策等宏观政策的边际调整，选民们更关心现任地方政府的服务绩效。同时，绩效信息的不对称让选民对现任政府的选举行为有负面影响[1]。

4. 大数据对绩效管理的影响

随着大数据革命的到来，政府和政府外角色收集、分析和传播信息能力的迅速发展正在改变公共行政。这场“大数据”革命为改善绩效管理提供了机遇，但也带来了风险。Lavertu（2015）[2] 认为行政数据和绩效信息的广泛传播，除了可能放大公共部门绩效管理的众所周知的问题（尤其是目标错位问题），越来越多地使外部政治行动者能够窥视和评估公共项目的管理，后一种趋势是必然的。公共行政领域对“大数据”的热情浪潮，是公共决策建立在可衡量的数量基础上、增强透明度和问责制的持续努力的最新表现。但是大数据让绩效考核指标更加精确量化，会加剧本来就有缺陷的绩效考核和激励制度之间的矛盾。因为大数据对绩效结果的更准确更精确的测量，使得给定组织或程序的绩效考核精度差异的增加而使目标替换变得非常困难。因此，尽管从理论上讲，绩效测量系统的设计是对公共目标进行深思熟虑的过程，但是构建高技术的测量过程妨碍了这种深思熟虑[3]。

三、 我国地方政府绩效管理理论研究发展演变

地方政府绩效评估一直是我国公共管理学术界讨论的热点议题，查询中国知网期刊 CSSCI 收录，在篇名输入“政府绩效管理”、“地方政府

---

1 George A. Boyne, Oliver James, Peter John, Nicolai Petrovsky. Democracy and Government Performance: Holding Incumbents Accountable in English Local Governments. *The Journal of Politics*, Oct. 2009, Vol. 71, Issue 4, pp. 1273 - 1284.

2 Lavertu, S. We All Need Help: “Big Data” and the Mismeasure of Public Administration. *Public Administration Review*, 2015, Vol. 76, Issue 6, pp. 864 - 872.

3 P. Mittal. Big Data and Analytics: A Data Management Perspective in Public Administration. *International Journal of Big Data Management*, 2020, Vol. 1, Issue 2, pp. 152 - 165.

绩效管理”、“地方政府绩效评估”关键词，查询到近 300 篇文献，议题集中在地方政府绩效管理价值、地方政府绩效管理演变、地方政府绩效管理模式、地方政府绩效评估工具运用热点话题，从纵向角度看，国内地方政府绩效管理的研究呈现从纯规范研究向实证研究发展的趋势，具体综述如下：

（一）价值层面

价值取向有一股无形的力量，影响和制约着地方政府绩效管理，构成地方政府绩效管理体系和绩效管理行为的深层结构，是地方政府绩效管理之魂，不研究价值取向，就不能把握影响和制约地方政府绩效管理的隐性层面和深层结构[1]。在西方工具理性价值 3E（经济性、效率性和效益性）的倡导下，我国地方政府绩效管理从改革开放以来，囿于我国各级地方政府领导班子追求政绩的动机，学者们关于我国地方政府绩效管理的价值和我国公共管理的价值紧密联系起来进行了广泛的讨论。政府绩效管理价值导向要保证经济增长以及民众物质利益增长的前提下，保证经济增长的公平分配。同时，还要在坚持民主价值标准的前提下，以秩序作为民主的约束[2]。郭庆松（2009）指出我国地方政府绩效管理是工具理性与价值理性的博弈，新公共管理运动的核心价值理念所追求的民主意识以及所关注的公平、服务、责任等执政意识，不断超越工具理性的约束，摆脱工具理性的羁绊，体现了价值理性的复归与工具理性的融合[3]。由于我国地方政府面对的经济、政治、社会、文化及自然环境变化飞快，故而在成本、效率、效益、公共性及公众满意度方面很难实现平衡，政府在追求效率与公共价值之间不断转换角色，通过为公众提供公共物品及公共服务的方式承担起公共利益的管理者角色[4]。包国

1　彭国甫：《价值取向是地方政府绩效评估的深层结构》，《中国行政管理》2004 年 7 期。
2　马宝成：《试论政府绩效评估的价值取向》，《中国行政管理》2001 年 5 期。
3　郭庆松：《多重博弈下的中国政府绩效管理》，《国家行政学院学报》2009 年 1 期。
4　包国宪、文宏、王学军：《基于公共价值的政府绩效管理学科体系构建》，《中国行政管理》2012 年 5 期。

宪等（2012）利用平衡计分卡的基本框架，把地方政府绩效分为适应性学习与领导维度，包括创新和专业化价值，内部管理维度包括稳健性和效率价值，经济发展维度包括公共产品、利他、可持续性、公开、竞争价值，顾客维度包括回应性、利益平衡、合法性、回应性与顾客导向，通过这个价值体系试图实现我国地方政府绩效管理的价值平衡[1]。郭斌（2017）运用哈贝马斯的商谈民主理论提出我国地方政府绩效管理的价值导向应该是以公民参与为载体。绩效管理构建平等协商的对话机制，切实反映民意诉求，成为实现绩效管理理性“共识”的关键。只有当绩效管理能客观反映“所有人都能接受”的理性话语时，绩效评估的价值选择才是合理的，从而确保政府绩效评估在推进地区经济社会可持续发展中发挥应有作用[2]。具体关于国内地方政府绩效管理价值导向学术观点综述如表绪-1所示。

综上所述，我国学者们对地方政府绩效评估的价值讨论和管理实践有很大的区别，如上文所述，在实践层面上，我国地方政府绩效考核改革初期对于3E价值的追求压倒一切，对经济增长的迫切需要让地方政府绩效考核唯GDP，随着科学发展观、可持续发展、生态文明建设等战略方针出台，组织部对地方政府领导班子政绩考核转变为绿色绩效考核，公共性、公平性等价值逐步被关注，但是和效率价值比较还是不能相提并论。然而，在学术界，学者们更愿意对我国地方政府绩效评估的公平、公正、服务等价值导向进行讨论，这和实践层面的主导价值略有不同，却恰恰说明学者们意识到我国目前地方政府绩效管理重效率轻公平价值的弊端。压力型行政管理体制下的锦标赛式官员晋升制度，为自上而下的地方政府绩效管理价值取向定了基调。那么，从国内学者们的讨论可以看出，学者们强烈地表达了希望牵引着我国地方政府行为的绩

1　包国宪、孙斐：《政府绩效管理价值的平衡研究》，《兰州大学学报（社会科学版）》2012年5期。

2　郭斌：《地方政府绩效评估价值偏差及其消解》，《西北大学学报（哲学社会科学版）》2017年5期。

效管理制度能够实现价值导向的平衡与转型。

表绪-1　地方政府绩效管理价值学术观点

文　献	地方政府绩效管理价值	价值导向解释
马宝成（2001）	经济增长和民主	关注经济增长的前提下，保证经济增长的公平分配。坚持民主这个价值标准的前提下，以秩序作为约束。
李静芳（2001）[1]	维护和发展公共利益	绩效考核指标设定应符合民众的实际需要，有利于人民生活水平的提高。
彭国甫（2004）	价值取向是政府绩效评估的深层结构	正确把握评估价值取向变化的方向，根据新的评估价值取向体系建立、调整和整合评估指标体系
臧乃康（2006）[2]	顾客至上、公共责任、投入产出	追求社会公平、提高效率和服务质量、强化公共责任和提高公共的满意度
薄贵利（2007）[3]	科学发展观、履行公共管理和公共服务职能、降低行政成本	以人为本、全面协调和可持续发展；合理定位政府职能；节约利用公共资源、提高政府效能
郭庆松（2009）	工具理性与价值理性的博弈	所追求的民主意识以及所关注的公平、服务、责任等执政意识，不断超越工具理性的约束，摆脱工具理性的羁绊，体现了价值理性的复归与工具理性的融合。
廖晓明、孙莉（2010）[4]	以人为本、效能政府、全面协调可持续发展	以人民群众的根本利益为出发点、政府注重质量降低成本、可持续发展
包国宪、文宏、王学军（2012）	公共性	政府在追求效率与公共价值之间不断转换角色，通过为公众提供公共物品及公共服务的方式承担起公共利益的管理者角色。

1　李静芳：《对地方政府绩效评估的价值取向分析》，《行政论坛》2001 年 9 期。
2　臧乃康：《政府绩效评估价值及其实现》，《武汉大学学报（哲学社会科学版）》2005 年 11 期。
3　薄贵利：《政府绩效评估必须确立正确的价值导向》，《国家行政学院学报》2007 年 3 期。
4　廖晓明、孙莉：《论我国地方政府绩效评估中的价值取向》，《中国行政管理》2010 年 4 期。

续 表

文 献	地方政府绩效管理价值	价值导向解释
包国宪、孙斐（2012）	价值平衡	分为学习与领导、内部管理、经济发展维度、顾客维度四个维度的价值平衡，主要体现效率、竞争、公共性、回应性等价值的平衡
秦晓蕾（2016）	公平性	实质正义上追求利益分配的公平公正，在程序正义上追求程序建制的公开透明
郭斌（2017）	协商民主	以公民参与为载体，构建平等协商的对话机制，切实反映民意诉求
孙洪敏（2014）	公民参与	为群众谋利益是推进政府绩效管理的价值取向

来源：笔者整理

（二）制度及技术层面

1. 地方政府绩效管理模式总结

陈小华、卢志朋（2019）以“控制—参与—治理”作为分析框架，对控制导向的目标责任制、参与导向的参与式绩效考评和治理导向的预算绩效管理三种绩效管理模式进行了比较，研究认为我国地方政府绩效评估模式遵循从压力型体制下的内部评价模式向强调公众参与的外部评估模式转变，并逐渐向注重政府绩效管理中的法治、预算与治理等要素方面迈进的动态演变路径[1]。还有学者通过对政社关系与评估主体定位的思考，结合中国的实际情况，将目前国内存在的地方政府绩效评估实践做法归纳为四种主流模式，即内部独立评估模式、内部主导评估模式、外部主导评估模式和外部独立评估模式[2]。学者们对我国政府绩效

1 陈小华、卢志朋：《地方政府绩效评估模式比较研究：一个分析框架》，《经济社会体制比较》2019 年 3 月。

2 徐阳：《中国地方政府绩效评估的历史、模式与问题》，《哈尔滨工业大学学报（社会科学版）》2018 年 5 期。

管理实践进行提炼后，总结为六种模式：目标责任制的典范青岛模式、综合性效能建设的福建模式、公民导向实践的杭州模式、第三方评价政府绩效的开端甘肃模式[1]、社会服务承诺制的烟台模式、实现绩效标准系统的“江财”模式。

（1）青岛模式

青岛模式的主要特征是构建了突出社会职能和公共服务为核心的政府绩效评估目标指标体系，不仅实现了目标制定流程的科学化和民主化，还建立了严密的目标层次体系和目标网络。

（2）福建模式

福建模式成立了以省长为组长的机关效能建设领导小组，在纪检监察机关设立办公室，负责绩效评估的组织实施，以机关效能建设先进单位为第一轮试点，先进经验全省推广。这类模式是以内部独立评估为主，是在评估的组织和实施中以各级政府作为唯一组织者和评估主体。

（3）杭州模式

杭州绩效管理模式以公民为主要导向，整合了“自上而下”和“自下而上”两种评估模式，体现了公民满意原则。与杭州模式相类似的，还有南京、珠海等城市政府都实行内部评估和外面评议相结合。以公民满意为导向的评估模式兴起于90年代，虽然发展演变到现在已经正式编织进了正式的绩效管理制度，但是政府绩效评估依然以政府为主导，公民评议只占15％的权重，而且面临形式大于内容的困境。

（4）甘肃模式

甘肃省政府开创性地将政府评价自身的工作委托给兰州大学中国政府绩效评价中心，表明政府相信专业的第三方机构能够为政府绩效作出科学公正的评价，政府与第三方机构合作走向成熟。甘肃模式的外部主导评估的典型代表，是在评估的组织和实施中以社会机构为主导，政府和社会机构人员共同参与，这种中国地方政府绩效评估的外部主导评估

---

1 蓝志勇、胡税根：《中国政府绩效评估：理论与实践》，《政治学研究》2008年3期。

模式依然有政府的深度卷入，这与西方完全独立意义上的第三方评估有些不同。

（5）烟台模式

烟台的社会服务承诺制针对广大市民反映强烈的城市社会服务质量差的问题，率先在市建委试行社会服务承诺制。把政府部门对社会的服务以一种契约合同的方式固定下来，在邮电、交通、工商等 12 个部门 70 多个单位推行承诺制，通过新闻媒体向社会公布各自的服务内容、服务标准、投诉程序和投诉电话，并作出保证，达不到承诺将实行自罚并赔偿，同时接受社会各界监督。

（6）江财模式

政府绩效管理实践中的“江财模式”，即南京江宁区财政局文化管理软因素、ISO 标准化管理刚性因素引入绩效管理系统，并将之与绩效评价、绩效信息融为一体，实现了绩效管理中的“软硬结合”和“以人为本”导向[1]。

2. *地方政府绩效管理制度创新*

（1）绩效管理立法

虽然目前我国政府还没有对绩效管理进行立法，但是学术界希望政府出台政府绩效管理法律法规的呼声却很高。美国绩效管理立法为我国绩效管理立法提供了成功经验，1993 年克林顿政府公布实施《政府绩效与结果法案》（GPRA），这项法案致力于帮助联邦政府解决长期的管理问题并强调联邦政府能提供有效和高效的服务。我国地方政府绩效管理本质上涉及的是行政权的运作、监督和公民权的保护，因而必须用法律形式加以规定。加快政府绩效管理立法，有利于提高政府绩效管理的权威性和规范性，促进政府绩效管理健康有序地发展。政府绩效管理立法必须明确立法宗旨，对绩效立法进行整体性建构，确保政府

1 丁圣荣、张远庆：《政府绩效管理实践中的“江财模式”》，《中国行政管理》2010 年 1 期。

绩效管理目标的实现[1]。借鉴美国等西方发达国家的经验，薄贵利（2009）建议将国务院制定的政府绩效评估与管理的法规上升为法律，即制定《政府绩效评估与管理法》，依法明确规定政府绩效评估与管理的指导思想和基本原则、价值导向与主要内容、管理主体与评估主体、评估标准与评估程序、绩效等次与奖惩措施、绩效申述与绩效改进等重大问题[2]。

（2）绩效考核指标

地方政府绩效考核指标研究关注平衡与科学。赵晖（2010）[3]、秦晓蕾（2011）[4] 构建了基于平衡记分卡的江苏省政府绩效考核指标体系；王鲁捷等（2010）构建了苏州、吴江、南京（某区）三个城市所展开的“善治政府绩效评估指标体系”；吴建南等（2009）构建了组织性绩效和系统性绩效组成的三层政府绩效指标设计框架[5]。倪星等（2009）综合运用 BSC、KPI 与绩效棱柱模型构建地方政府绩效考核指标体系。田志峰（2010）提出了基于科学发展观的乡镇政府绩效考核指标体系由乡镇政府业绩、乡镇政府成本、乡镇政府内部管理流程、乡镇政府学习与发展四个维度组成，其中业绩指标再分为体现发展实力的经济发展指标，体现关爱民生的社会指标，体现长远发展的可持续发展指标等三个指标[6]。史传林（2015）对深圳市连续 5 年的政府绩效评估指标体系进行了跟踪研究，研究发现我国地方政府绩效评估还处在初步探索阶段，指标体系还不够成熟稳定；政府领导越来越善于通过设置绩效评估指标来实现领导理念和价值；上级政府的强制性追责指标成为指标体系中最稳

1　潘小娟：《关于我国政府绩效管理立法的思考》，《理论探讨》2009 年 4 期。

2　薄贵利：《建立和推行地方政府绩效管理制度》，《国家行政学院学报》2009 年 3 期。

3　赵晖：《我国地方政府绩效考核指标要素分析》，《南京师大学报（社会科学版）》2010 年 11 月。

4　秦晓蕾：《地方政府绩效考评指标量化设计创新》，《行政论坛》2011 年 6 期。

5　吴建南、章磊、李贵宁：《地方政府绩效指标设计框架及其核心指标体系构建》，《管理评论》2009 年 11 期。

6　田志锋：《基于科学发展观的乡镇政府绩效管理体系的构建》，《理论学刊》2010 年 3 期。

定的要素[1]。秦晓蕾等（2020）运用层次分析法构建了能够提升治理效能的城管部门绩效考核指标体系。

（3）预算绩效管理

我国中央层面相继出台了预算绩效管理的法律法规。2009 年财政部出台了《财政支出绩效评价管理暂行办法》，2011 年，国务院召开了第一次政府绩效管理工作部际联席会议，确定了中国绩效管理两大体系：以监察部为主的政府绩效管理和以财政部为主的预算绩效管理。财政部 2011 年出台了《关于推进预算绩效管理的指导意见》，提出了统一领导、分级管理；积极试点、稳步推进；程序规范、重点突出；客观公正、公开透明的四原则，2012 年财政部出台了《预算绩效管理工作规划》，2018 年国务院颁布了《关于全面实施绩效管理的意见》。这些政策文件为我国政府绩效预算管理研究提供了政策依据。预算绩效管理是我国地方政府绩效考核实现科学化的核心内容，在构建基于绩效预算的绩效评价体系中，马国贤（2014）提出了科学的绩效评价指标体系可以用两个体系，一是基于预算绩效的投入和结果的绩效指标框架，二是基于财政部 2009 年财政支出绩效评价指标体系，形成项目决策、项目管理、项目绩效等三个维度[2]。基于公共价值的政府绩效治理理论为"预算绩效"向"绩效预算"的跨越提供了理论支撑，把公共价值贯彻到预算编制、执行、评价、反馈和应用的各个环节，推动预算和绩效管理一体化运行机制成熟，为"预算绩效"向"绩效预算"的演化奠定良好基础[3]。基于多层次制度主义框架，我国预算绩效管理改革需要完善项目预算绩效管理、重视部门预算绩效管理制度建设、重视绩效预算权力的合理配置、重视完善预算绩效评价报告内容和提高信息质量[4]。绩效预算需要

1 史传林：《地方政府绩效评估指标体系变动的内在逻辑》，《行政论坛》2015 年 3 期。
2 马国贤：《论预算绩效评价与绩效指标》，《地方财政研究》2014 年 3 期。
3 包国宪、张蕊：《从"预算绩效"到"绩效预算"》，《兰州大学学报（社会科学版）》2019 年 5 期。
4 赵早早、何达基：《绩效预算理论新发展与启示》，《中国行政管理》2019 年 3 期。

健全政府会计系统、在绩效考核指标中加入绩效预算指标，并保证预算绩效和绩效评价的一致性[1]。以深化政府会计改革、健全政府内部控制建设和加强国家审计监督为手段，提供预算绩效信息，优化预算管理流程和提高预算监督效果，从而为全面预算绩效管理的实施提供保障[2]。全面实施预算绩效管理作为政府治理方式变革的重大突破口，要与政治体制改革形成良性互动，明确预算绩效相关责任主体的权责，加快基础配套措施改革，全面建立预算绩效管理与政府协同推进机制。

（4）绩效考核民主参与和“第三方评估”

地方政府绩效考核民主参与在实践中发展了 20 年，但是学术上对此讨论得并不多。一派学者认为地方政府绩效考核民主参与促进了我国行政体制改革的发展。绩效考核民主参与的溢出价值在于增进了公民与政府之间基于影响和行为的信任[3]。民主评议等公民参与地方政府绩效评估形式有效增进了地方政府与公民之间的责任和信任的交换[4]。倪星等从代议制的视角分析了绩效考核民主参与，认为绩效考核民主参与是对中国代议制缺陷的一种回应[5]。另一派学者对绩效考核民主参与的有效性提出质疑，认为公民参与的方式和程序不够完善、民主的权重及官民互动不够优化。有些学者认为绩效考核民主参与是第三方评估形式的一种。徐双敏（2011）把第三方评估地方政府绩效分为高校专家评估模式、专业公司评估模式、社会代表评估模式、民众参与评估四种模式。高校专家评估模式和专业公司评估模式具备适用理性、独立性、专业性、权威性等鲜明特征，评估结果公正、客观，但普及实施中制约因素

1 马蔡琛、朱旭阳：《从传统绩效预算走向新绩效预算的路径选择》，《经济与管理研究》2019 年 1 期。

2 袁月、孙光国：《基于国家治理视角的全面预算绩效管理研究》，《财经问题研究》2019 年 4 期。

3 丁建彪：《公民参与推动政府绩效评估探析》，《湖北社会科学》2016 年 11 期。

4 秦晓蕾：《地方政府绩效评估中的有效公民参与：责任与信任的交换正义》，《中国行政管理》2017 年 2 期。

5 倪星、史永跃：《民主评议政风行风的学理逻辑：代议制的视角》，《深圳大学学报（人文社会科学版）》2010 年 9 期。

多。完善第三方评估模式的基本思路是提高第三方的专业性和权威性，同时积极创建有利于第三方独立发展的行政和社会环境[1]。

3. 创新样本及大数据研究

我国学者对政府绩效评估的大数据研究从21世纪开始蓬勃发展。范柏乃等（2005）结合国内外政府绩效的评价指标，以中国政府提出的“科学发展观”和“执政为民”为指导原则，从行政管理、经济发展、社会稳定、教育科技、生活质量和生态环境6个领域，遴选了6个指标，构成了中国地方政府绩效的第一轮评价体系，该评价体系由目标层、领域层和指标层三个层面构成。连维良等（2012）建立了融目标、业绩、过错和样本点“四位一体”的政府绩效管理体系，从多角度全面、系统地对政府绩效进行分类、分级、量化的考核[2]。高小平等（2013）为了避免片面依赖统计数据来评估政府绩效的偏误，认为可以引入反映政务运行关键事项和活力状况的样本点，发挥三角验证作用，比如“克强指数”的三项指标：耗电量、铁路货运量和贷款发放量就可以发挥样本点角色，精确反映中国的经济绩效[3]。孟庆国、刘翔宇（2017）通过对全国208个地级市政府绩效管理工具进行大数据研究，研究发现采纳自主性增强、府间竞争增强都有助于显著提升政府绩效；目标管理类、效能监察类、外部评价类绩效管理工具，分别有助于提升政府绩效的不同方面；保持稳定的压力传导机制，即以立法形式确认绩效管理制度、党政一把手亲自挂帅、绩效管理向区县级政府延伸、重视绩效管理结果的运用等措施有助于提升政府绩效；保障绩效管理的科学性和顾客导向价值，即政府部门自行负责绩效管理工具运用、加入公众评价因素有助于提升政府绩效。李文彬等（2018）运用事件史分析方法，对1999—2016年广东省524个市县政府绩效评价的扩散

1 徐双敏：《政府绩效管理中的第三方评估模式及其完善》，《中国行政管理》2011年1期。
2 连维良、吴建南、杨宇谦：《“四位一体”：地方政府绩效管理体系的案例研究》，《西安交通大学学报（社会科学版）》2013年3期。
3 阎波、高小平：《政府绩效管理创新中的“样本点”》，《中国行政管理》2013年10期。

进行了大数据研究，研究发现，广东省各市县政府绩效评价的扩散在时间上呈现S形，并且可以分为四个阶段——起始阶段、稳定增长阶段、快速增长阶段和下降阶段；政府绩效评价是在以强制机制为主、以学习机制与竞争机制以及模仿机制为辅的共同影响下得以逐步扩散。同时，强制机制、学习机制和模仿机制的时间滞后效应显著[1]。孙斐等（2019）对SSCI（2008—2017）关于绩效管理的文献计量分析发现，国外政府绩效管理的研究热点聚焦于绩效信息使用、公共组织、变革型领导、繁文缛节、公民满意、绩效评估系统和绩效数据等维度。多元视角下的绩效信息、公共服务动机、网络治理绩效、公共服务绩效、绩效评估的有效性、多元文化背景下的公共部门领导和绩效问责等内容构成国外政府绩效管理研究的前沿主题[2]。何文盛等（2019）基于中国15个副省级城市2001—2015年的面板数据，对行政审批制度是否提升地方政府绩效进行了实证研究，认为行政审批制度改革能够在一定程度上改善政府绩效，精简行政审批事项有利于降低政府规模，但长期看精简事项对政府绩效的积极影响并不显著，政务服务中心则成为有效促进政府透明，提升政府管理效益的重要途径[3]。赵云辉等（2019）认为大数据日益成为政府治理创新的新工具，他们对于大数据发展水平对政府治理效率影响机制进行了实证研究，基于中国31个省区2008—2017年的面板数据进行实证分析发现，大数据发展水平有助于政府绩效的提升并能有效抑制腐败行为，而大数据发展水平与制度环境的有效契合是提高政府绩效和抑制腐败的关键[4]。

---

1 李文彬、王佳利：《地方政府绩效评价的扩散：面向广东省的事件史分析》，《行政论坛》2018年6期。

2 孙斐、叶烽：《国际政府绩效管理的研究热点与前沿动态》，《公共管理与政策评论》2019年5期。

3 何文盛、姜雅婷、唐序康：《行政审批制度改革可以提升地方政府绩效吗?》，《公共行政评论》2019年3期。

4 赵云辉、张哲、冯泰文、陶克涛：《大数据发展、制度环境与政府治理效率》，《管理世界》2019年11期。

第三节 研究框架

一、研究内容

地方政府绩效管理议题在我国公共管理学术界一直占据着重要的学术地位，地方政府绩效评估的价值导向、制度规范、指标体系，指引着地方政府整个组织和领导班子的行为，是我国领导干部政绩观的标杆性制度，在我国科层制的行政管理体制中发挥着举足轻重的驱动作用。治理能力现代化视阈下的地方政府绩效管理改革与创新则是以法治、民主、效率、协调为价值导向的协同理性系统，是地方政府全面深化改革、实现国家治理体系现代化的标志性政策。本研究历经近 10 年的理论与实证研究，对地方政府绩效管理的价值体系、基层政府绩效管理博弈方式、地方政府绩效管理中的有效公民参与、地方政府债务考核的风险管理、地方政府绩效指标标准化创新等多元视角进行了研究，具体表现为：

1. *地方政府绩效评估价值体系反思*

地方政府绩效考核制度价值理性变革的根本目的是在实质正义基础上追求利益分配的公平公正，在程序正义基础上追求程序建制的公开透明。公平、公正、参与、开放的符合政治正义性圭臬的地方政府绩效考核制度将促进地方政府实现民众生活质量高、幸福感强的惠民式精细化地区发展。

2. *基层政府绩效评估现状及变革路径*

乡镇政府应对绩效考核主要表现为四种博弈方式，分别是强控制高压力下维稳类指标的严格执行模式、强控制高压力下经济生态类指标的共谋模式、弱控制低压力下精神文明建设类指标的常规执行模式、弱控制低压力下创新类指标的灵活执行模式。由此提出了治理现代化需求下乡镇政府绩效考核变革路径：严格论证乡镇政府权责对等基础上的考核指标设定标准化、加强乡镇政府项目绩效预算审批与绩效审计、实现普通民众对乡镇政府绩效的评价倒逼政府职能转变。

3. 地方政府绩效评估中的有效公民参与

公民评议地方政府绩效考核成为公民有序参与地方治理、提升治理效能的群众利益诉求表达机制，启动之初在短期内迅速扩散，并带来轰轰烈烈的社会效应和政治效应。地方政府绩效管理公民参与的理想发展轨迹是由初级阶段的简单参与、提出意见建议升级为与政府成为战略联盟，公民参与地方政府绩效考核的制度化是地方治理创新获得长期持续性发展的必然选择。研究发现地方政府绩效考核公民参与通过制度结构和角色关系的高度稳定化实现了制度化，不断提升的群众满意度数据验证了制度优势转变为治理效能的结论。

4. 地方政府债务考核与风险评估

我国自上世纪 90 年代分税制改革以来，地方政府债务问题迭出，当债务累积到一定规模时，极有可能引发地方政府信用危机及次生性金融风险。地方政府绩效考核对地方政府债务考核一直比较弱。本研究以江苏省 A 市为例，在深入剖析地方政府债务承受能力的基础上，进行地方政府债务风险管理情景预测，构建了基于承受能力的地方政府债务风险管理系统，提出了三步核心管理路径，实施与核心部分相配套的管理制度需要厘清三项制度。

5. 基于治理能力提升的政府部门绩效考核指标议程标准化

如何对政府部门的绩效考核指标进行精确的标准化设计？本研究以 C 市城管局为案例，运用层次分析法构建了提升治理能力的城管绩效考核指标体系，实现考核指标标准化，提升治理能力，推动治理效能提升。同时，模糊的绩效指标议程让决策者信息处理和决策变得艰难，标准操作程序能够很好地规范政府绩效指标议程的行为规则和角色期待。本研究以江苏省绩效指标标准化创新为案例，研究发现，基于不成比例信息处理模型的绩效指标议程标准化突破了绩效指标诸多现实困境，即通过指标目标依据标准化控制指标数量为基层减负、论证评估标准化平衡各方利益、退出反馈标准化管理指标新问题，提出了解决这项政府创新“执行难”问题的对策。

6. 地方政府绩效影响因素及干部考核研究

什么因素能给地方政府带来高绩效？本研究通过对 J 市 13 个政府部门绩效考核结果的 4 个影响因素：领导更替、领导专业类型、是否直接面对民众、是否是经济建设部门进行实证研究，运用 QCA 模型构建研究发现，专才型领导与领导在 5 年内有更换的两个因素组合，非经济部门与领导在 5 年内没有变化的两个因素组合对政府部门绩效有显著正影响。同时，干部管理是地方政府绩效管理的“最后一公里”。本研究基于激励契约理论，实证研究了应急管理中的干部激励约束模式。结果发现，应急管理中的干部激励模式表现为问责严、问责速度快、回应公众关切的公众导向的强约束模式。

二、研究意义

1. 理论意义

经过理论与实证研究，希望本研究能推动我国地方政府绩效管理在治理能力现代化背景下的理论创新与实践指导，具体表现为：

（1）推动本土化国家治理理论与政府绩效管理理论创新。基于经济社会发展水平、政府管理体制、文化传统的差异，西方政府绩效管理理论难以充分解释我国全面深化改革背景下的地方政府绩效管理改革与创新的迫切性与必要性。本研究尝试搭建治理能力现代化视阈下的地方政府绩效管理理论体系，特别是地方政府绩效管理改革与创新的实证研究，推进我国本土化国家治理理论与政府绩效管理理论发展。

（2）扎根现实的地方政府绩效管理与提升地方政府治理能力实证研究。目前我国关于政府绩效管理的研究以理论推演为主，实证研究尚显不足。本研究试图根据扎根理论，对地方政府进行细致深入的实证研究，在大量实证调研的基础上寻找地方政府通过绩效管理提升治理能力的“实实在在”的现实路径与制度体系，创新性地提出基于前沿技术方法的制度再设计，丰富地方政府绩效管理理论与治理能力现代化理论的实证研究。

2. 应用价值

（1）新思路拓宽中央对地方政府绩效管理改革的制度设计

党的十八届三中全会提出：“全面深化改革的总目标是完善和发展中国特色社会主义制度，推进国家治理体系和治理能力现代化。”2013 年，中组部下发了《关于改进地方党政领导班子和领导干部政绩考核工作的通知》，加强地方政府绩效考核全面科学发展。本研究构建基于治理能力现代化核心价值观基础上的符合地方政府发展实际的绩效管理体系，为顶层设计深化地方政府绩效管理改革提供实证依据。

（2）新体系为地方政府提升治理能力实现“善治”提供政策参考

现实中，由于自上而下的地方政府绩效考核体系指挥，使得一些地方政府对“短平快”的项目兴趣浓厚，大举借债搞形象工程，不惜过度开发资源、污染环境来换取 GDP 等错误现象层出不穷，这导致地方政府治理偏离绿色环保发展的方向，不利于国家治理体系现代化建设的推进。本研究试图构建一个法治、民主、高效、协调的地方政府绩效管理制度与操作体系，为推动地方政府地方经济持续健康发展、推进法治中国建设、让人民群众有更多获得感提供政策参考。

三、研究的理论架构及方法

1. 理论架构

本研究报告遵循“理论研究→实证研究→经验借鉴→政策建议”的研究思路，循序渐进，逐步展开（图绪-2）。

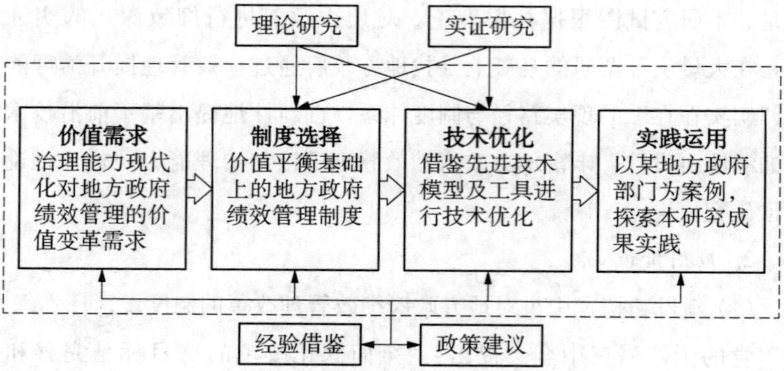

图绪-2 本研究的理论架构

2. *研究方法*

(1) 规范性研究。以治理能力现代化为视角，通过中外文献回顾与剖析，对地方政府绩效管理的价值需求、制度变迁与技术选择进行规范性研究。

(2) 实证研究。以访谈、问卷调查、实地调研等方法对当前我国地方政府绩效管理现状进行调查，并用层次分析（APH）、SPSS、R 等量化研究方法进行统计分析，检验理论假设。

(3) 分类研究。根据我国地区经济社会发展阶段、行政层级差异性分别构建体现治理能力现代化的地方政府绩效管理制度及操作方案。

(4) 比较研究。对中美地方政府绩效管理典型模式展开比较分析，借鉴美国地方政府绩效考核先进经验，规避美国地方政府绩效考核失败经验。

(5) 案例研究。扎根某个地方政府案例或多个案例，探寻我国地方政府绩效管理存在问题、内在冲突的深层次原因，对研究结果进行实践可行性研究。

第一章　地方政府绩效管理的哲学思考

治理能力现代化视域下的地方政府绩效管理制度首先需要体现制度正义性，实现民众福利最大化，体现这项制度公共性价值的张力。然而，地方政府绩效管理实质上是一个内循环的政府管理制度，体现了官僚体系层层控制的压力传导和政绩衡量标准。从这个意义上看，地方政府绩效考核制度似乎又体现了功利主义的基本思想内核。本章从地方政府绩效管理制度实质正义和程序正义两个方面，对地方政府绩效管理改革进行哲学思考。随着现代化治理体系的推进，地方政府绩效考核制度的正义性价值和功利主义偏好将发生冲突，将必然引起各方利益群体的争论、冲突并最后被精英政治团队和普通民众广泛接受，且在一种新的价值理性体系中寻找新的利益平衡，推动我国治理现代化进程的发展。央地关系与府际关系格局随之发生转变，以营造公平正义的政治宏观环境为导向，中央对地方政府的绩效目标控制权将更加苛严以应对向上传递的民意诉求压力，中央在财税分配方面需要保障地方政府有充分的财税来源以回应民众的多元化需求。横向的府际竞争将进入另一种方式的竞争，以分配正义为导向的考核目标，和全程式的公民参与给地方政府带来的巨大压力，让地方政府不得不极力打造民众生活质量高、幸福满意度强的惠民式精细化地区发展模式。

第一节　我国地方政府绩效管理实质正义性思考

地方政府绩效管理制度作为地方政府领导班子带动经济社会发展的核心激励制度，改革开放 40 多年来一直强势推动了我国经济的高速增长。上级政府通过绩效考核制度实现了目标任务的层层下达与垂直的政治控制，下级政府则以实现绩效考核目标为职能导向，虽然有时在目标实现上存在着与上级政府博弈、变通等行为，但以地方政府绩效考核为推手的晋升锦标赛治理模式已成为中国特色的政治生态。然而，随着我国经济结束高速发展进入中高速发展阶段，我国政府致力于现代化治理体系构建，地方政府绩效管理制度在新形势下遇到了发展和转型的瓶颈，由此带来的社会负面效应让地方政府遇到了前所未有的信任危机，并成为许多地方治理困境的重要根源，与政府职能转变存在冲突，与政府为大多数民众谋福祉的宗旨发生着竞争。当一项制度与政策在运作过程中渐渐呈现出负面效应，一项新的政治价值就被关注，并推动着这项制度一系列议程的频繁改革。

李克强总理在 2016 年政府工作报告中提到“以敬民之心，行简政之道，切实转变政府职能、提高效能”。地方政府绩效考核在我国这样一个多元异质性利益社会里，民众的多重价值需要至少包括生存、安全、秩序、效率、公平、公正、平等、民主、自由等多重基本价值，这些价值对于特定的社会群体同等重要，但是彼此却具有一定的相互排斥性。地方政府绩效考核制度的转型升级首先需要以公共利益代表者角色来平衡与协调好社会各种利益关系、政治力量与社会矛盾，采用社会公认的公共伦理的正当性来获得社会认同[1]，并基于互惠合作、理性权衡对各种相互冲突的价值需求进行平衡与制约，这样这项制度才能在全社会范围内建立政治权威，让民众产生服从的心理效应。那么，地方政府

1　王浦劬：《政治学基础》，北京大学出版社，第 55 页。

绩效考核制度目前的现实困境是否因为制度的价值追求出现了偏离或异化？倘若没有政治晋升锦标赛式的绩效考核带动经济发展以获得政治权威与政治认同，这项制度又该如何变革以使政府统治符合道义上的正当性？于是，我国需要重新对地方政府绩效管理制度进行深层次的伦理反思，其制度的实质正义是否代表公共利益、符合政治正当性，本研究试图进一步探索我国地方政府绩效管理制度在一种平等互利的社会合作氛围中，平衡好各方面利益，被大多数民众认为是公平的、正义的制度的价值回归路径，让这项行政管理体制创新不仅能让地方政府为经济社会创造良好的宏观环境，并在更深层次上具有稳定的政治基础促进可持续发展。

一、中西方学者对于地方政府绩效管理价值理性的追求

国内外对于地方政府绩效管理价值理性追求研究似乎淹没于管理主义的精确工具论证文献中，在对政府绩效管理价值理性的研究成果中，虽然基于不同的政府管理实践基础，但是中西方对于政府绩效管理价值理性的追求的研究成果却很相似，效率至上、公平公开、公共责任等价值理性成为中西方学者们对政府绩效管理研究的共同价值目标[1]。

1. 在协同公开中寻求价值理性的平衡

改革后的美国政府绩效管理希望通过跨部门的协同、以绩效为基础的预算，追求更清晰和更紧密的战略和绩效规划，追求预算和财务报告之间的一致性[2]。西方学者们认为美国奥巴马执政时代推行改革后的GPRT反映了这样一个事实：不管机构怎么做评价，政府绩效管理都要

1　卓越、赵蕾：《公共部门绩效管理：工具理性与价值理性的双导效应》，《兰州大学学报（社会科学版）》，2006 年 9 期。

2　Proposals for Improving GPRA Annual Performance Plans. *Public Budgeting & Finance*, Summer 2006.

追求清晰、深入、有力、准确，特别是更加坦率与公开透明[1]。虽然难以觉察的官僚行为使得美国政府GPRT流程和PART的管理嵌入于细化的绩效数据使用上，但是美国的政府绩效考核强调业绩导向，平衡业绩与其它诸价值，在预算中引入业绩信息，以整合政府治理中有效的结果导向，同时还需回应民主的价值观[2]。我国学者提出通过把地方政府的价值类型和价值集合分解到平衡计分卡，并以此为基础构建价值平衡分析框架的四个维度，即适应性学习与领导维度、内部管理流程维度、顾客维度、经济发展维度，实现各维度的价值平衡[3]。追寻地方政府公共事业管理绩效评估工具理性与价值理性的整合，内在要求引导和推动地方政府公共事业管理绩效评估向以民为本、崇德为先、知行合一的方向发展[4]。包国宪等学者提出了以公共价值为基础的政府绩效治理，即认为只有来源于社会的政府绩效才能获得合法性基础，也只有根植于社会的政府绩效才能产生其可持续提升的需要，这是政府绩效管理的根本动力[5]。

2. *在实践创新中不断探索多元价值*

我国地方政府正在努力创新绩效管理实践以改革目前绩效管理缺乏回应性、民主性、效率等诟病，高小平等学者把国内这种模式总结为创效式绩效管理，即追求创新与效益[6]。比较典型的创新模式包括以责任为价值导向的目标责任制青岛模式，以效能为核心的综合效能建设福建

1　Donald P. Moynihan, Stéphane Lavertu. Does Involvement in Performance Management Routines Encourage Performance Information Use? Evaluating GPRA and PART. *Public Administration Review*, 2012, Vol. 72, Issue 4, pp. 592－602.

2　Walker, Richard M. and Andrews, Rhys. Local Government Management and Performance: A Review of Evidence. *Journal of Public Administration Research & Theory*, Jan. 2015, Vol. 25, Issue 1, pp. 101－133.

3　包国宪、孙斐：《政府绩效管理价值的平衡研究》，《兰州大学学报（社会科学版）》2012年5期。

4　彭国甫、张玉亮：《追寻工具理性与价值理性的整合——地方政府公共事业绩效管理的发展方向》，《中国行政管理》2007年6期。

5　包国宪、王学军：《以公共价值为基础的政府绩效治理——源起、架构与研究问题》，《公共管理学报》2012年2期。

6　高小平、盛明科、刘杰：《中国绩效管理的实践与理论》，《中国社会科学》2011年6期。

模式，以服务为核心的满意不满意的杭州模式与南京市万人评议模式[1]。我国地方政府对于绩效管理实践创新的多元价值探索促进了地方政府绩效管理价值理性体系的形成。然而，我国政府正面临着政治经济的多重转型升级，习近平总书记提出要全面提升治理能力，构建完整的治理体系，实现国家治理的现代化，经济发展已经向形态更高级、分工更复杂、结构更合理的新常态阶段转型，政治经济的新形势新变化对地方政府绩效管理提出了新的要求与挑战。目前，实践层面上碎片化的创新与理论研究还没有触及我国地方政府绩效管理诟病深层次根源，更没有根据目前我国经济新常态、政治改革进入纵深发展的时代发展趋势重新思考与构建我国地方政府绩效管理的价值理性体系，无法支撑我国地方政府绩效管理更深入地改革。罗尔斯认为，在一个理性多元化的社会，首要的政治义务便是通过制度与程序维护公平正义的稳定性，离开了这些制度和程序，公共利益的存在就无法实现[2]。地方政府绩效考核制度对于公共伦理关照的必要性体现了国家治理与社会治理范式的根本转换，它是与后工业社会相适应的新型道德形态[3]。本研究将通过对目前我国地方政府绩效管理的政治理性基础的实质正义与形式正义重新剖析，试图提出地方政府绩效管理的价值理性体系变革路径。

二、 地方政府绩效管理制度实质正义的缺失

（一） 地方政府绩效考核制度为地方政府逐利提供了制度合法性

功利主义认为每个实现他自己利益的人肯定都会自动地根据他自己的所得来衡量他自己的所失，个体的利己性原则让个体的行为总是为了

1　蓝志勇、胡税根：《中国政府绩效评估：理论与实践》，《政治学研究》2008 年 3 期。
2　[美] 约翰・罗尔斯著，何怀宏、何包钢、廖申白译：《正义论》，中国社会科学出版社。
3　何历宇：《论我国公共伦理研究的三个向度及其基本范式》，《道德与文明》2009 年 1 期。

达到他自己的最大利益，即使个体有可能在目前做出某种自我牺牲，也是为了得到未来的较大利益，尽可能地接近他的合理目的[1]。一个地方政府可以看作是享有共同权力的个体联合体，个体的原则是尽可能地推进他自己的幸福，满足他自己的欲望体系。同样，政府的原则是尽可能地推进群体的幸福，最大程度地实现包括它所管理的所有成员的总欲望体系。可以肯定的是，我国地方政府绩效管理制度是符合功利主义特征的，但是政府不可能满足所有成员的欲望，只能在不同的群体或个人之间衡量满足和不满足。如果一个地方政府的决策或制度最大程度地满足净余额时，这项决策或制度就是安排恰当的。如何衡量满足的净余额呢？目前我国地方政府绩效考核中满足净余额首先表现为满足地方政府自身的净余额，地方政府的公共财政收入是地方政府领导班子政绩考核的重要指标，如何实现这种满足最大化，政府会通过土地拍买、税收、资产管理等方式获得，这时，地方政府更像是一个利润中心，地方政府官员对公共财政收入的关注度不亚于任何一个股东对公司利润的关注，况且地方政府比任何一家企业在贷款、融资方面享有更多的优先权。地方政府绩效考核经济指标占绝对优势潜在地助长了谋利型地方政府的形成，或者说，上级政府主要对经济考核指标进行考核为地方政府谋利提供了制度合法性。

（二）地方政府绩效考核注重结果而过程监控严重缺位

边沁认为功利主义因为过于注重后果的道德学说，行动在道德上的裨益或祸害完全由它们的后果决定，因而认为不能对损害作出区别——区别作为达到目的的一个手段带来的损害和作为行动之预见到附带结果或次要影响带来的同一损害——有何道德重要性[2]。上一级政府通过绩效考核制度行使目标设置权，然后将所设定目标发包给承包商下一级政

1 徐庆利：《中西方功利主义政治哲学》，大连海事大学出版社 2010 年版。
2 ［英］边沁著，时殷弘译：《道德与立法原理导论》，商务印书馆 2000 年版，第 31 页。

府，并保留对承包商提交货物的检查验收权[1]，上级政府因为高昂的行政成本而关心目标实现结果，不关心目标实现过程。这种结果导向的价值追求容易陷入过于功利主义的泥沼，一方面考核指标的设定完全由上级政府决定，下级政府几乎没有议价空间，目标的设置可能超出了下级政府的发展能力，或者不符合下级政府所辖地区的实际情况；另一方面绩效考核过程是封闭的、模糊的、对上负责的。上一级政府对于承包商完成目标过程的不关注让下一级政府处于监督缺位状态（除非出现了重大群体性事件并被更高级政府或媒体关注），对地方政府行为最有发言权的辖区内民众却并没有实质上的监督权。如在地方经济建设上，我国经济结构失调的主要表现为产能过剩、房产库存，其根本性体制问题归因于功利的地方政府绩效管理制度。为了达到上级政府规定的经济增长目标，实现地区排名靠前，地方政府通过政府投资、扩大产能、上马项目、财政补贴等方法直接干预企业发展，领导班子任期制让地方政府决策不愿过多考虑目前决策对地方长远的经济社会的发展及民众福祉提升的影响，让经济排名靠前以获得晋升的政治资本成为地方政府领导班子考虑的重要因素。换言之，强政府主导下的绩效考核一方面表现为上级对下级的强制权力，形成对目标的强约束，另一方面对实现目标的手段只存在低度的约束，导致上级政府对基层组织权力的监督失控，由此产生了变通行为[2]。

（三）功利主义特征让地方政府绩效考核制度分配正义受到质疑

西季威克称利己主义为纯粹的或量的利己快乐主义。根据这种快乐，在从各种可能的行为中进行选择时，理性行为者把对他自己而言的最终苦乐的量视作唯一重要的，并且始终寻求可获得的快乐对于痛苦的最大余额，我们可以称快乐对于痛苦的最大余额为“最大幸福”。利己

1　周雪光：《权威体制与有效治理：当代中国国家治理的制度逻辑》，《开放时代》2011 年 10 月。
2　陈锋：《分利秩序与基层治理内卷化资源输入背景下的乡村治理逻辑》，《社会》2015 年 3 期。

主义者就是指这种人：“当他面临两个或更多的行为方案时，他尽可能确定每一个行动方案可能导致的快乐与痛苦的量，选择他认为将给他带来快乐对于痛苦的最大余额的行为。[1]”亚当斯密认为自利的本性让人主动追求经济利益，工作的目的是为了得到经济报酬，其行为是为了最大限度满足自己的经济利益。当一项政府措施（这只是一种特殊的行动，由特殊的人去做）之增大共同体幸福的倾向大于它减小这一幸福的倾向时，它就可以说是符合或服从功利原理的[2]。我国地方政府绩效管理制度虽然与功利主义的诸多特征相符，却不能证明是否能满足功利主义“获取最大多数人幸福”原则，功利主义倾向的地方政府绩效管理制度满足了我国地方经济三十年高速发展的欲望，满足了地区经济效率发展的需要。功利主义的最大多数人最大幸福原则受到了罗尔斯的强烈批判。罗尔斯强调所有公民的公平正义，认为任何一项政治制度都要符合正义两原则，这样正义的制度才是稳固的，即在原初状态的人们将选择两个相当不同的原则：第一个原则要求平等分配基本权利和义务；第二个原则认为社会与经济的不平等（例如财富和权力的不平等）只要其结果给每一个人，尤其是那些最少受惠的社会成员带来补偿原则[3]。虽然正义两原则是在人们原初状态下的对权利、义务的分配正义，但是却揭示了一个善的政治制度的基本价值精神[4]。社会基本结构或制度“善”的核心是权利、义务分配的正义性，分配正义是社会基本结构“善”的基本价值要求[5]。

我国政府绩效管理制度作为行政管理内部制度还没有对外公开，但是考核目标却直接决定着地方政府的职能行为，为什么会产生如此大的

---

1 陈江进：《功利主义与实践理性》，人民出版社，2013 年 12 月。

2 ［英］边沁著，时殷弘译：《道德与立法原理导论》，商务印书馆，2000 年版，第 58 页。

3 ［美］约翰·罗尔斯著，何怀宏、何包钢、廖申白：《正义论》，中国社会科学出版社，第 14 页。

4 ［德］奥特弗利德·赫费著，庞学铨、李张林译：《政治的正义性》，上海译文出版社，1998 年，第 227 页

5 高兆明：《制度伦理研究》，商务印书馆，2011 年版，第 153 页。

影响力？究其原因，地方政府绩效管理的考核指标背后隐藏着政府对多元化利益群体的偏好，权力、利益通过政府绩效考核指标的目标设定及权重进行了分配，对各项经济指标达成的硬性要求让政府在利益、话语权分配时不可避免地向具有生产要素的利益集团、企业或个体倾斜，而不能掌握有生产要素的弱势群体的欲望、需求及满足往往被地方政府忽略甚至打压。地方政府绩效考核对上负责不对下负责、对内负责不对外负责的弊端导致了这种权力、利益分配不公平、不平等，很难进入上一级政府视野（引发了恶性群体性事件除外）。因为公权力运行不规范而造成执法不当、拆迁征地等群体性事件则是地方政府忽略弱势群体需求的极端表现。政府绩效管理聚焦于经济发展这个核心目标说明政府在这方面遇到了非同寻常的压力而不得不两害相权取其轻，其负面效应所带来的社会反抗和动荡最终危及统治者的政权稳定，行政发包制所带来的扭曲效应最后都会直接和间接地转化为统治风险[1]。罗尔斯认为判断一个社会结构是否公平、正义，在于不会出现这样的现象：任何一个社会成员因为其在权力、财富、地位上的优越，就可以肆意伤害他者的正当权益而不受到相应的惩罚与纠正；也不会出现另一种现象：任何一个社会成员因为其在权力、财富、地位上的不利，就可以受到来自强者的肆意掠夺而得不到有效保护；既不是绝对无私，也不是绝对自私，而是介乎于两者之间的中道状态[2]。原初状态的公平正义诠释为我们衡量制度的“善”提供了标准。我国目前地方政府绩效考核内容对于经济发展目标的聚焦使得制度偏离了谋求集体福利的合理慎思，还不能做到在一个相对平衡的分配体系内合理引导并控制地方政府协调好各方利益，在多元化的利益格局下做到相对公平。在目前我国政治经济新格局下，这项制度存在的政治正当性受到质疑。

1　周黎安:《行政发包的组织边界：兼论“官吏分途”与“层级分流”现象》,《社会》2016 年 1 期。

2　[美] 约翰·罗尔斯著，何怀宏、何包钢、廖申白:《正义论》，中国社会科学出版社，第 197 页。

三、实质正义变革根本目的是追求利益分配的公平公正

地方政府绩效管理内容的功利主义特征，似乎彰显了目前我国地方政府绩效考核制度作为约束地方政府决策的控制机制，推动了地方政府从“代理型政权经营者”向“谋利型政权经营者”演变[1]，让这项制度渐渐异化而偏离了政治制度存在的核心价值：公平、公正、对较少获利者的补偿，失去了政治存在的民主基础，只能通过全封闭式的内循环来维持。治理能力现代化视域下地方政府绩效管理制度变革本质是对正义价值的回归，是对符合“政府合法性”和“公民满意”绩效的治理[2]，对正义价值的关照体现了国家治理与社会治理范式的根本转换。然而，在制度变革的新旧价值的更迭中，必然引起央地关系、府际关系及官民关系的争论与冲突，并让制度变革出现相当程度的政策徘徊，最后需要建立的权衡价值理性体系便是：在实质正义上追求利益分配的公平公正。

1. 改革重点是推动地方政府角色回归

供给侧经济结构改革背景下，地方政府绩效管理制度改革的在先观念是控制与纠正地方政府职能以满足公众的需要，通过政治控制、升迁激励以界定、纠正与监督地方政府职能转型与合理定位。在市场经济对资源起决定性配置的条件下，生产要素、收入以一种效率的方式来决定利益分配。地方政府则不同，以争取民众最大福祉为正义，职能表现即为市场配置资源的效率创造良好的制度环境，并通过转移支付对一些因为效率引起的弱势群体进行资源补偿，维护公平公正的公共服务和社会管理，弥补市场重效率带来的缺陷。然而，在政府实际履职时，地方政府犹如一个享有公共权力的企业集团，“看得见的手”延伸到地方经济

---

1 胡宁生、戴祥玉：《地方政府治理创新自我推进机制：动力、挑战与重塑》，《中国行政管理》2016 年 2 期。

2 包国宪、周云飞：《政府绩效评价的价值载体模型构建研究》，《公共管理学报》2013 年 2 期。

发展的每个角落，把地方政府视如企业集团一样主要考核经济指标，扭曲了地方政府的职能定位，让地方政府既是裁判员又是运动员。当“市场成为配置资源起决定性作用”时，地方政府政绩考核制度需要强势推动地方政府回归到裁判角色。由此，目前地方政府绩效管理制度变革路径是推动地方政府回归对公共利益、公民满意的追求，纠偏目前地方政府急功近利、大跃进式的追求地区经济发展与政府获利最大化而忽视群众利益的失当行为，逐步为社会提供符合公平公正价值的制度结构。

2. 改革需要重点关照的三个关键问题

地方政府绩效管理回归到裁判角色重点关照三个关键问题：第一是如何通过考核把地方政府的逐利行为控制在合理范围内？首先是对经济指标的考核设置需要更精细化，建立地区经济增长、物价、就业、收入、环保五位一体的考核指标，全面反映地区经济发展指标与老百姓生活质量的均衡综合经济考核指标。其次是中央在分配某个地方税源保证地方政府日常事务正常营运的基础上，通过考核惩诫遏制地方政府把政府私利凌驾于公共利益之上的过分逐利行为。最后是把民众满意作为地方政府的关键考核指标。第二是如何保证辖区的市场竞争在一个公平、规范的契约规则里进行？市场竞争机制必定带来以财富为核心测度的社会分层，资源分配、利益分配的差异性成为市场配置资源的必然结果。地方政府保证分配正义的唯一途径便是在制度上为市场供给完善的、公平公正的制度环境与游戏规则。削弱垄断性企业对某种特定资源的控制权，让企业、个体在一个规则相对公平的制度环境中公平竞争。第三是市场对于利益、财富的分配导致了哪些群体的利益受损，如何补偿？不管这项社会制度如何保证了社会的协调、效率、安全和稳定，如果是通过藐视个体的利益或其他群体的利益达到这种保障，这种社会制度是缺乏合法性的。考核关键点在于地方政府是否保证弱势群体的基本生存需求，尊重市场竞争中受损群体的利益诉求，有没有实现地区的教育机会均等、就业的公平竞争，营造绿化环境满足民众对生活的最基本渴望。通过关照以上三个关键问题的改革，目的是保证地方政府绩效管理制度在引导地方政府在公平公正的游戏规则下适当补偿弱势群体，这样制度的合法性才获得了特殊的正义性意义，才会被认为是正当的、具有合法性的和被民众认同的。

第二节 我国地方政府绩效管理程序正义性思考

制度运行的程序正义是对公平公正的具体制度执行的程序化、规则化，是实现实质正义的手段和保障，是一种对法律和制度正确规范的管理，是管理机构适当的解释及对规范一贯的坚持。如何保证程序的正义？罗尔斯把程序正义分成两个步骤，第一则是平等的自由构成的程序。该标准的基本要求是：整个政治过程确认了平等公民的共同可靠的地位，实现了政治的正义。第二则是正义的程序还体现在公正的机会均等和维持平等自由的条件下，最大程度地提高最少获利者的长远期望。在我国这样一个经济结构面临优化转型、社会多元利益分化的宏观环境中，罗尔斯为我国地方政府绩效管理程序正义提出了两个原则：公民平等参与原则和对最少获利者关照原则。一个善的制度不仅需要具备结构上的开放性，进而富有流动性与生命力，还要具备权力及其运行上的封闭性，进而使其受到严格监督以免枉公为私[1]。这个结构的开放性是指公民能有机会平等参与，运行的封闭性则是指程序的规范严格以保证最少获利者受到关照。

一、 我国地方政府绩效管理程序正义性缺失的主要表现

1. 地方政府绩效管理制度缺乏民主平台上的公共话语权建制

哈贝马斯认为公众公平的话语民主建制可以在程序上实现制度的正

1 高兆明：《制度伦理研究》，商务印书馆，2011 年版，第 323 页。

义，它表现为：在植根于生活世界的市民社会中，社会公众对私人生活领域中引起共鸣的边缘问题自主地加以感受、选择、浓缩，将它们放大而引入公共领域。对它们进行自由讨论、争辩，达成共识，并促使这种共识与其他公共领域中形成的共识相互渗透而形成具有公共性的公众舆论，最终使之汇成一股作为集体意志的交往之流，并在建制化的公共领域中凝结成为一种具有潜在行动力的交往权力，交往权力又通过立法、司法等法律中介被转化为具有强制力的政治权力[1]。目前我国政府绩效评估的程序主要由上级政府的绩效目标设置、不定期的绩效抽查评奖、年底上级的绩效考评三个环节组成，没有通过绩效考核的规范程序建立民众与政府平等的公共话语平台。这种程序中，民众与地方政府话语权的断裂造成了两个后果：一方面，地方政府因为绩效考核的单向对上负责导致决策与民众需求脱节，功利主义特征的绩效目标让地方政府无视部分掌握较少生产要素的民众群体，在绩效行为实施过程中，当涉及利益导向性的职能行为时，比如土地资源分配，其程序一定是在一个仲裁者的主持下，利益双方即冲突各方有可能通过他们实际力量状态和相应威胁的基础上获得一种利益平衡来达成和解——通常情况下采取对不利方进行补偿的方式。但是没有平等的公共话语平台，如果利益各方或一方诉诸的是威胁和许诺，因而将一种谈判力引入互动之中，这种力量能够剥夺共同使用语言的语内约束能量，并把语言的使用局限于以策略方式造成语后行动效果，也就是说，利益一方基于政治强制力迫使另一方做出利益妥协，并达成共识，因为基于政治强制力的利益一方设法让他们的对手相信，那些威胁和许诺是真的会执行的[2]。另一方面，因为地方政府绩效各项任务没有法律法规保障的公共参与环节，绩效数据、绩效任务不公开不透明，除了与地方政府关系密切的利益群体，其他民众群体根本没有办法了解地方政府履职情况，信息严重不对称导致民众的

1　杨礼银：《从罗尔斯到弗雷泽的正义理论的发展逻辑》，《哲学研究》2015 年 8 期。

2　[德] 哈贝马斯著，童世骏译：《在事实与规范之间》，生活 · 读书 · 新知三联书店，2014 年版，第 203 页、376 页。

监督流于形式，只能被动地接受或承受地方政府为完成绩效目标而作的各种决策或行为。缺乏沟通导致民众对地方政府决策的排斥、不理解、积怨加深，民众本能地认为政府只是少数利益阶层的代言人，不为老百姓着想，地方政府与民众不自觉地分化成两个阵营，地方政府公信力下降，合法性基础受到挑战。

2. 目前地方政府绩效管理制度商谈民主的初步萌芽呈现精英化趋势

我国地方政府绩效管理制度的开放性决定了这项制度的政治认同的广度和深度，民主原则是商谈原则和法律形式相互交叠的结果。地方政府绩效管理的公民参与虽然没有进入法律建制的程序，却逐步走向商谈民主的议程，比如我国地方政府以公民为导向的各项政府绩效管理的民主评议创新活动。民主评议作为在全国地方政府绩效评估最具影响力的公民参与模式，虽然没有高校专家评估模式、专业公司评估模式专业权威，但是随着民主评议政风行风工作广泛持续的开展，十余年来创立了中国式“第三方评估”的雏形[1]。但是这些民主评议大多形式意义大于实质意义。进一步地，在刚刚萌芽并发展的地方政府绩效管理商谈民主议程中，各种利益群体竞争激烈，因商谈程序缺位导致了民主参与群体的分化。于是，商谈民主在精英民主与大众民主之间徘徊。我国地方政府绩效管理指标专业性较强，特别是复杂的统计数据及专业术语让大众群体的监督难度加大，而对地方政府考核指标考核前没有公示与质疑，考核时更不公开透明，于是普通民众的冷淡或回避参与则成为必然，冷淡的大众逐步与精英相异化，一些由政府官员、企业家、医生、大学教授等专家组成的精英层往往被地方政府纳入民主评议或其他公民参与的范围，成为对默默无声的普通民众进行家长式照管的利益集团。地方政府绩效管理民主程序精英化偏离了民主的基本原则：把所有相关者都包

1 徐双敏：《政府绩效管理中的第三方评估模式及其完善》，《中国行政管理》2011 年 1 期。

括进来，并让他们可以平等地有实效地参与政治过程[1]。长期以往便会造成普通民众对民主程序的支持度下降或敷衍应付不愿说真话，最后造成评议活动被架空，成为地方政府流于形式的政绩形象工程。这种民主程序精英化趋势不能公平地调节其共同生活的条件，显然违背了公共伦理视角下的程序正义原则。

二、程序正义变革根本目的是程序建制的公开透明

哈贝马斯的商谈民主构建了程序正义的民主概念，不论是政府内部的商谈制度形式，还是政治公共领域交往系统中的商谈制度，都以人民主权为基础。在地方政府绩效管理程序中，程序不仅能平等、参与、自由、开放、包容，强调通过公共讨论与沟通、审慎的推理和判断达成理性的一致而非妥协[2]，还需要建立以社会公正与社群合作为核心的信任伦理的合意与承诺的协作互动[3]。

1. 绩效管理全过程开放的商谈民主程序

地方政府绩效管理的程序正义首先体现在让民众有平等的权力参与进来，让这种内控式政治权力循环模式逐步转型为内部控制与异体监督并重的模式。通过商谈民主程序，在地方政府绩效管理的目标制定、过程监督、结果评价全过程中与民众的各个社群、利益集团进行协商协作，把民众私人利益与公共利益相协调，最终达成集体意志影响绩效目标，让有序的民主参与纳入政府绩效管理全过程中，实现民主评议的全过程监督。让民主评议突破行政决策系统边界，影响政府决策，行使公民参与权力，异体监督倒逼地方政府绩效观转向公民需求、公共性的治理观念，程序的正义性自然地排除掉一些实质中不符合正义规则的

1　[美] 约翰·罗尔斯著，何怀宏、何包钢、廖申白译：《正义论》，中国社会科学出版社，第390页。

2　张娟：《公共领域、商谈民主与政治合法性》，《湖北行政学院学报》2011年4期。

3　张凤阳、李永刚：《契约：交易伦理的政治化及其蔓延》，《文史哲》2008年1期。

内容。

第一步是事前监督：主要表现为地方政府绩效管理目标制定的民主参与，分为两个层面的操作，第一个层面是普通民众的民主参与：民众通过开放性的信息技术平台，广泛参与地方政府绩效目标设定。第二个层面是社群或普通民众代表的民主参与：这个代表群体具有一定的专业技术，熟悉政府职能，可以深度卷入制定地方政府的年度战略目标与绩效计划，整个过程通过公示程序保证普通民众监督代表们的公正性；第二步是事中监督：对于一些与民众利益密切相关的政策议程以听证会的形式走民主决议流程，让评议代表们对决策进行投票，并作为决策能否正式实施的实质性环节而不仅仅是走过场式的形象工程，这样可以杜绝一些决策引起民怨沸腾的现象。对地方政府的服务质量、工作作风进行窗口评价、第三方评价等，定期统计评议数据并公开发布，实现事中监督。第三步是事后监督：年底民众对各政府部门对照绩效目标，评价地方政府的民生事项满意、公共服务态度、政策议程满意等考核指标，提供质询、回应等民主互动环节。

2. 法律建制化让考核程序精确规范

商谈政治作为一种规范的程序民主概念，用技术、伦理、道德约束无法起到一种规范绩效考核精确度、整合民主程序的作用，只有为民主政治的程序性构架提供法律解决的建制形式，才能通过法律为社会整合所面对的异议风险提供一个降低复杂性程序的解决方案[1]。商谈原则作为民主原则想实施平等交往权力与参与权利，必须运用法律，发挥法律媒介的作用。只有把商谈民主下的地方绩效考核民主协作程序用法律固定下来，绩效考核的民主程序才能转换为具有约束性、合法性与稳定性的政治权威。对于公民参与地方政府绩效评估内容及程序的法律建制更深层次地以国家暴力工具为后盾破坏了地方官员晋升的竞争规则，瓦解

1　陈伟：《商谈民主与现实政治》，《湖北社会科学》2011 年 4 期。

了地方政府“合法伤害”民众的保护伞[1]。只有当商谈原则与法律媒介重叠，并形成一个使私人自主和公共自主建立起互为前提关系的权利体系时，以协商为形式的民主意志才能越过商谈的边界，把利益平衡的问题也包括进来[2]。换言之，地方政府绩效管理要实现程序正义，必须开放性地让民众享有与地方政府平等的协商权力，并以法律的形式加以固定，即协商民主与法律建制化的统一。

地方政府绩效管理程序的法律建制作为具有普遍约束力的理性工具，更对地方政府绩效考核程序精确、专业、公平、公开提出更高的要求。指标的严格论证让指标更加精细自然过滤掉一些功利主义倾向严重、与民争利的考核指标，考核指标的公示、公民参与让地方政府绩效考核不得不面对利益多元化民众群体的赞同、质疑甚至抗议压力，建立地方政府绩效考核平台上的多中心沟通与协作的程序正义。设立专门的信息收集部门对地方政府考核进行统一数据收集、考核与公布，民众们通过信息平台可以随时查阅到地方政府的战略计划与考核目标以及评估结果。

---

1 周黎安：《行政发包制》，《社会》2014年6期。

2 ［德］哈贝马斯著，童世骏译：《在事实与规范之间》，生活·读书·新知三联书店，2014年版，第148页。

第二章　地方政府绩效管理的美国经验借鉴

美国 Behn（1995）提出公共管理的一个大问题就是如何测量政府绩效以培育更好的绩效，也就是“公共管理者如何通过测量公共部门的绩效推动更好的政府绩效”[1]。在西方国家中，美国政府绩效管理的绩效法规、绩效战略工具、绩效测量技术、绩效预算、第三方评估等政府绩效评估模式一直是中西方国家行政管理的典范。美国政府绩效管理始于新公共管理时期，克林顿政府把政府绩效评估提升到了法律的地位，1993 年《政府绩效与结果法案》（简称 GPRA 法案）的颁布是美国联邦政府绩效管理发展的一个里程碑，也成为中西方地方政府绩效管理的标杆性法律文件。克林顿政府的 GPRA 的宗旨是“最好的工作最低的成本”，并寻求构建一个对客户负责和良好的绩效。GPRA 在小布什时代被进一步改进，小布什政府突出项目预算导向的项目绩效评级工具（简称 PART 工具），这个绩效工具对每个项目的服务情况特别是对预算的支持情况进行评级考核，以利于政府根据项目向议会申请预算。奥巴马就任总统后，以结果为导向，对绩效目标进一步提炼，推出了优先绩效目标工具。2010 年，国会通过了《政府绩效与结果现代化法案》（简称 GPRAM），优先绩效目标被纳入法案，成为奥巴马政府的核心绩效工

1　Behn，Robert D. The Big Questions of Public Management. *Public Administration Review*，1995，Vol. 55，pp. 313 – 324.

具[1]。总之，美国联邦政府层面上的绩效管理以目标、结果、效率、预算和服务为导向，不断改进完善绩效评估工具，并通过法案对改进成果进行规范。在美国各州层面上，地方政府则结合联邦政府的绩效工具的优点，进行了各具特色的制度设计，本章主要以美国佛罗里达州政府的绩效标杆管理模式、两个美国郡的案例比较：以提升透明度为导向的费尔法克斯郡政府绩效考核的成功案例，和以民众参与为导向的蒙镇政府绩效考核的失败案例进行比较，来深入细致地剖析美国地方政府绩效考核的实际运行。这三个鲜活生动的案例把绩效管理营运模式、绩效服务对象满意度、输出、效率和结果构建成理性结构，却因为实际运行的管理细节导致了不同的结果，其成功经验抑或失败教训对我国地方政府绩效管理改革有很好的启示和借鉴意义。

第一节　标杆管理的美国佛罗里达州绩效考核[2]

美国佛罗里达州政府的标杆管理（FBC）绩效考核项目是美国最大的州政府标杆绩效管理联盟，同时也是佛罗里达州最大的政府绩效改善计划，是美国通过 NGO 进行地方政府考核的典型成功范例。佛罗里达州政府的标杆管理绩效考核项目是一个松散的学习型组织，项目源于 2004 年，由一帮志同道合的专业人士代表全州进行业绩和预算编制。目前，秉持着“有关政府效率、质量和效能的项目和服务具体信息的定期收集”的价值观，有 50 多个佛罗里达州的城市、郡县等地方政府加入 FBC 项目。项目的组织支持包括佛罗里达政府研究院、Ideagen 公司、FCCMA、佛罗里达水资源协会、佛罗里达市政促进会。加入 FBC 的会员福利主要有交流学习的机会、同行支持系统构建、使用先进的绩效管

1　胡业飞、敬乂嘉：《优先绩效目标：美国联邦政府绩效管理的新工具》，《山东社会科学》2013 年 10 期。

2　根据 https：//www. flbenchmark. org/提供基本信息进行案例研究。

理软件、低价的会员费和培训费（每年3000美元的会员费）、帮助制定行业标准、按照自身步骤参与项目等。由此，美国佛罗里达州的标杆管理绩效考核项目和我国地方政府内控型绩效管理制度差别很大。FBC项目是一个由研究机构的学者、软件公司和NGO组织的第三方绩效考核项目，究其原因，美国地方政府的各项预算、公民反馈满意度等数据都是公开的，这为第三方评估创造了极大的便利和条件。借助于FBC，地方政府不仅能享受到专业的测评工具和技术，考核结果相对公平公正，对选民有信服力，还能在同行之间进行交流学习，不断改进绩效。

一、 美国佛罗里达州标杆管理项目组织机构

1. 治理结构

FBC项目的治理结构由董事会、常务委员会、服务领域领导小组构成。其中董事会负责项目的总指导，常务委员会负责战略计划、培训绩效测量、政府间关系、会议等日常管理事务，服务领域领导小组负责服务各个领域协调数据输入。

FBC董事会的管理政策最初于2010年1月被FBC董事会通过，并定期更新。目前正在修订管理政策。除了会员代表的志愿者时间和FBC执行董事的工作外，FBC还得到UCF工作人员和研究生的支持。在佛罗里达大学佛罗里达政府学院（IOG）的管理下，FBC的财务管理、会员处理以及FBC会议、研讨会和培训活动的注册都由UCF的IOG员工管理。FBC的绩效数据管理工作和支持技术的管理由FBC的执行董事与Ideagen Software的领导者合作提供。

2. 会议委员会

FBC设置了跨职能的委员会推动每年常规型的各种会议、研讨、培训等业务，推广项目价值观、交流项目成果、提升项目技术，具体有：

(1) 董事会

FBC董事会每季度在奥兰多市中心的佛罗里达中心大学（University of Central Florida，UCF）政府学院（IOG）办公室举行会议，并通过网络会议和会员交流。

(2) 业绩委员会

这个委员会主要职能是：协助服务领域领导履行职责；确定每年审查的三个服务领域；审查服务领域领导每年向三个服务领域提交的建议变更；参与新服务领域的进程；提供与FBC业绩计量有关的质量保证和最佳做法审查；与会议和培训委员会合作，帮助FBC成员使用绩效测量、标杆制定、管理工具。

(3) 战略规划委员会

主要职能有：制定和管理组织目标、管理战略规划过程，包括年度更新，并与FBC其他委员会密切合作，制定和监测关键的组织绩效指标。

(4) 培训委员会

为FBC会员设计和开发培训项目，包括在线培训和课堂培训，为会员开发内部使用手册、与会议委员会和公共/政府间关系委员会密切合作，推广和传播FBC培训项目。

(5) 公共/政府间关系委员会

开展对外公共关系方面的工作，酌情为报纸撰写报道/文章，与国家高等教育机构建立联系，进一步推进FBC的使命和愿景，发挥大学提供研究、分析和报告撰写的能力；在制订拨款建议方面提供指引和协助，继续努力加强财经事务及库务局与其他专业机构的关系，并制订策略，以取得适当的资助，以继续维持工作伙伴关系或赞助关系。

3. FBC项目的赞助商及附属机构

(1) FBC寻求赞助商合作

FBC寻求与具有创新精神的企业建立赞助关系，以帮助项目实现愿景、使命和价值观。FBC与一些优秀的企业商业伙伴在这方面进行了很好的合作，项目在地方政府测评、比较和改进绩效方面的合作在全国范围内得到了认可。FBC与赞助商的合作通过培训、建立网络和广泛的学习，改善了地方政府服务绩效、政府雇员的知识、技能和能力，并促进跨组织学习，FBC还向每一家赞助企业承诺，所有的服务都是最低价。

(2) FBC寻求技术合作伙伴

FBC的领导者从成立之初就一直与技术公司合作，旨在协作解决问题、开发解决方案并提高地方政府绩效。FBC的技术合作伙伴最具代表性的是Ideagen软件公司。Ideagen是英国领先的性能测量软件供应商。作为FBC的战略合作伙伴，Ideagen向FBC及其成员地方政府免费提供其软件和网络托管服务。这对FBC的工作非常重要，并为FBC及其每一位地方政府成员提供了急需的技术，以便在业绩衡量、比较分析和基准设定方面采取真正最重要的下一步措施，推动组织以独特的系统方式提高绩效。奥兰多市等城市是FBC成员的地方政府，同时也是Ideagen软件公司客户。

二、 标杆管理的考核指标

FBC项目目前收集了会员政府20个服务领域的年度当地政府绩效数据。在2010财年，又加入了3个服务领域的绩效考核，即动物服务(AS)、风险管理（RM)、固体废物收集（SC）和固体废物处理（SD)。在2015财年加入了市民参与（CV)，这20个指标具体是：动物服务(AS)、建筑和发展审查（BD)、市民参与（CV)、法律执行（CE)、环境管理（EM)、消防和救援（FR)、车队管理（FM)、人力资源管理(HR)、信息技术（IT)、风险管理（RM)、公园及娱乐（PR)、警察服务（PO)、采购（PU)、道路维修（RR)、雨水及排水系统维修（SD)、固体废物（收集）(SC)、固体废物（处置）(SW)、交通工程（TE)、水和废水（WW)、通用措施（GE)，每个考核领域都有明确的概念界定，本研究选了一些对我国地方政府有参考价值的指标进行了对比。

表 2-1　FBC 绩效考核的一级考核维度（部分指标）

考核的服务领域	指标界定
建筑和发展审查（BD）	一系列与成员组织实施佛罗里达建筑规范相关的输出和结果措施。收集的数据集中在建筑计划审查、建筑许可和建筑检查方面。关键产出指标包括员工数量、员工成本和工作量。通过结果度量对这个领域的效能和效率进行分析，分析指标包括客户满意度，服务及时性、每项活动的成本和每名员工的工作量。这一服务领域的回应率每年都在不断提高。
执法服务领域（CE）	这些考核测评指标主要关注现有已发展的住房和商业领域，并衡量执法人员反应速度、执法遵守率等。
环境管理（EM）	环境管理服务区相对较新。它最初是在 2010/2011 财年的数据收集中引入的。这些措施包括空气质量、地面和地表水质量、环境污染和实验室分析的基准。该服务领域的测量旨在获取可在不同规模和不同资源的县市之间进行比较的关键指标。测量办法考虑了有助于计算结果的原始数据，并根据具体的环境需要，促进了具有不同项目类型的县和市之间的可比性。它包含了投入、产出、结果和质量衡量的综合组合。
人力资源（HR）	人力资源（HR）有一套相对成熟的衡量标准，包括投入、产出和结果衡量标准。由于雇员薪酬通常是政府组织的最大支出，或在某些情况下是第二大支出，人力资源营运部门通常会接受所提供服务的效能和效率等业绩考核指标的仔细审查。
公园和娱乐（PC）	这部分考核测评指标帮助会员组织提高服务效能和效率。利用绩效信息，管理者可以确定他们的公园和娱乐部门的绩效与全州其他部门相比而言绩效好坏。测量指标还提供了一个信息工具，即通过教育行政当局、民选官员、赞助人等了解公园和娱乐对各个组织和整个社区的好处，弥补与他们之间的沟通不足。
警务服务（PO）	警务处的数据于 2004 年首次收集，由广泛的执法测量组成，包括大量“原始”数据和少量“计算”数据。多年来，项目组征求了该州许多同行意见，微调每项警务测量的定义，以确保测量措施不仅是参与联邦调查委员会机构收集的数据，而且对其效率和效力也至关重要。2007 年考核指标调整为，所有提交的犯罪数据都将来自佛罗里达州执法部门编制的表格，该部门负责每年向联邦调查局提交之前验证全州的犯罪数据。2011 财年，对警务类别进行了审查，重点是进行精简，消除了某些投入，更加注重成果和效率。通过这些改革，市政当局能够审查警务部门的财政资源，并与效率联系起来，作为规划合理性和储蓄的替代方法。

续 表

考核的服务领域	指标界定
水或废水服务（WW）	水或废水服务区提供水和废水公用设施运营和管理关键领域的标杆数据分析。利用这些数据，公用事业管理者可以确定其公用事业的绩效与其他佛罗里达州供水和废水公用事业的绩效相比的情况。该服务领域的主要目标是建立一个针对水和废水公用设施运营的绩效测量系统。这些措施旨在帮助参与组织提高其业务效率和效力。水或废水绩效指标侧重于水处理和配水以及废水处理和废水收集（包括再生水）的业务运营。

三、考核流程及培训

1. 数据搜集与报告发布

FBC 年度绩效考核流程开始于 12 月份，到第二年 8 月份发布年度数据报告，具体流程见表 3-2。所有参加 FBC 项目的地方政府都可以获得免费的数据搜集与软件培训，以及免费的模板、样本、资源、示例、文章、工具和图表、测试和测验等资料。FBC 成员可以通过大数据软件公司网站共享数据，查看各自的年度业绩数据报告，还可以下载 FBC 的年度报告，实现绩效数据的共享。

表 2-2 FBC 年度绩效考核流程

时间安排	工作内容
12 月—3 月	数据的收集与录入
4 月—6 月	数据的检查和整理
6 月—7 月	分析数据并撰写每年的发展报告
8 月	发布年度数据报告
夏末/秋季	准备下一轮的数据收集

2. FBC 培训

FBC 全年提供多个培训机会，所有即将到来的培训机会都发布在 FBC 的主页上。以下是所提供训练的简要说明：

（1）每年春季会：为期两天的会议每年 10 月举行，在这次会议之前，先举办半天的讲习班。

（2）培训讲习班：FBC 每年最少提供 2 个培训讲习班。

（3）精益六西格玛培训：FBC 提供一个全面的 4 年渐进精益六西格玛培训项目，从黄带培训开始，以黑带认证结束。

（4）会员要求的培训：FBC 将根据会员要求设计并提供具体培训。

（5）年度研讨会：FBC 每年 11 月举办一次联合主办的研讨会。

四、 经验借鉴与启示

美国佛罗里达州的标杆管理绩效考核项目之所以成功并扩散到其他州，其先进经验最为突出的是构建依托于先进专业技术的第三方评估网络，让地方政府不光享受专业的绩效考核培训、数据分析、权威的研究报告发布和专家同行研讨，还能在同行数据共享中不断学习先进，提升效能、效率和质量。当然，正如前文提到的，这个项目成功的前提是数据公开透明。结合我国目前地方政府绩效考核制度改革实际，有几点值得我国地方政府借鉴：

1. 专业的第三方评估机构对政府考核数据分析研究

FBC 会员制的第三方评估模式值得我国政府借鉴，参与项目的 50 多个地方政府在一个专业平台上交流学习能很好提升政府绩效考核的实际治理效能。我国第三方评估模式以甘肃省兰州市最为有名，兰州大学为地方政府制定了科学完备的绩效考核方案。第三方评估最大的优点在于专业、客观、有信服力，但是对评估机构的专业性要求也很高。但是我国行政管理体制和美国不同，各行政层级的绩效考核指标是自上而下地方政府下达的目标责任，而且有些地方政府数据不公开透明，数据获取性难度大，这些对第三方评估地方政府绩效考核实行设置了障碍，可行性降低。

2. 专业的计算机软件分析数据

FBC成功的另一个经验是和一些技术先进的计算机软件公司合作，把50多个会员政府每年20多个维度的各类数据输入系统进行分析，运用先进的计算机软件进行大数据处理，让数据分析结果专业、权威、有公信力，并让会员感受到专业的数据服务，便利了负责数据输入和分析的工作人员。计算机软件公司的技术支持还可以实现历史数据比较、数据共享，大数据比较等功能，现代化的技术手段成为美国佛罗里达州标杆管理绩效考核项目成功的必要条件。运用先进的计算机软件对地方政府绩效考核的各项指标进行数据分析与比较非常值得我国地方政府学习，使用先进的技术手段对政府绩效指标数据进行精确分析，将有利于提升地方政府绩效考核的治理效能。

3. 研究型的正式组织与临时组织组成的治理结构

FBC项目虽然是NGO的管理模式，由专家、技术公司、捐助人等组成董事会，再设立一些常设机构和一些跨职能组织进行项目的日常事务管理和定期的研讨会、培训和发布会。我国目前还没有一个统一的机构专门管理地方政府绩效考核，目前由编办、发改委、作风办等政府部门负责，由组织部牵头，但是没有一个常设性的部门统一管理绩效考核。笔者建议部分借鉴FBC的治理机构，在组织部设置一个办公室（目前有些省份如江苏省就已经设置了考核办），专门管理各个地方政府的同级政府职能部门考核、下级地方政府考核、地方政府公民满意度评议等工作，整合职能并进行数据分享和比较，和一些研究机构或大学专家进行合作，对地方政府绩效考核进行从制度到流程的系统设计与管理，让地方政府绩效考核管理作为政府提升治理效能的导向与指挥棒。

第二节　基于公民参与的美国地方政府绩效评估

美国学者 Holzer 和 Kloby 认为民众参与对于制度本身就是一种挑战，比如民众经常是愤世嫉俗的、不信任政府的，总是和政府保持一种他们认为舒服的距离，所以当民众参与到绩效中，就可能出现冲突，特别对专业的、有路径依赖的、层级化和非人格化的官僚制度是很大的冲击[1]。事实上，美国地方政府绩效考核自主性较强，这让民众导向型绩效管理体制有了更加肥沃的土壤。

民众参与是民众在公共服务和资源分配中的深度卷入和管理决策。只有当民众与政府对民众参与都有需求而且确实构建了参与机制，民众参与才能发挥作用。美国地方政府绩效管理民众参与发展相对成熟，但是依然在探索一个精细化、科学化的绩效考核民众参与过程，在失败中不断探索更好的发展模式，这些宝贵经验推动着美国地方政府绩效管理民众参与发展。国内关于美国绩效管理国家战略层面上的文献已经汗牛充栋，但是对于美国地方政府绩效管理体系更深入的运行管理研究却很薄弱。笔者引用美国政府绩效管理《Elements of Effective Governance》中的一个成功案例和一个失败案例来深入细致的剖析美国地方政府绩效考核指标的设计与运行[2]，这两个鲜活生动的美国地方政府绩效考核案例把服务对象满意度、输出、效率和结果构建成理性结构，却因为实际运行的管理细节导致了不同的结果，其成功经验抑或失败教训对我国地方政府绩效管理的民众参与有很好的启示和借鉴意义。

1　Marc Holzer, Kathryn Kloby. Public Performance Measurement: An Assessment of the State of - the - art and Models for Citizen Participation. *International Journal of Productivity and Performance Management*, 2005, Vol. 54, Issue 7, pp. 517 - 532.

2　Kathe Callahan. *Elements of Effective Governance: Measurement, Accountability and Participation*. Taylor & Francis Group, LLC, 2007: 281 - 308; 327 - 337.

一、大获成功的以提升透明度为导向的费郡政府绩效管理

（一）项目背景

弗吉尼亚州费尔法克斯郡政府绩效管理项目，被专业协会誉为绩效测量成功的典范。在2005年，国际城市（郡）评比中授予费尔法克斯郡最高绩效测量荣誉证书，奖励费郡绩效测量项目把数据成功应用于决策中。费尔法克斯郡政府绩效管理的绩效测量系统致力于决策公开，通过提高透明度来提升政府责任、构建民众信任，通过培训维持项目和流程的改善并实现分享。该项目有3个重点：不断提升地方政府问责、确保政府绩效持续的改善、提高用作资源分配决策的数据质量。费尔法克斯郡绩效考核项目的成功是和郡环境分不开的：费尔法克斯郡不仅是弗吉尼亚州第三富郡，还在福布斯美国排行榜上位列前几名，它也是该州人口最多的郡，居民超过100万。这个人口众多的大郡中等家庭年收入平均超过10万美元。因为靠近华盛顿特区，美国中央情报局总部、国家反恐中心和国家情报总监办公室都设在费尔法克斯。此外，许多福布斯500强企业总部也在费尔法克斯郡。

（二）透明度高的费郡政府绩效管理结构

费郡的绩效测量系统把战略计划、绩效指标和预算紧密相连，鼓励各部门把考核指标和外部环境相联系，比如和社区加强战略联盟、为客户不断改善访问服务、给社区提供身体和心理健康安全教育、培养和支持高绩效和多元化的雇员队伍，创建一个具有历史存续性的透明度高的服务型绩效考核体系。费郡政府绩效测量架构和平衡计分卡相似，由四个维度组成，一级维度分别为输出、效率成本、服务质量、结果。“输出”指标是要报告在某一个特定时间内提供给服务人群产品或者服务的数量。输出指标一般只测量花了多少钱或多少量，不考核干得好不好。

“效率成本”指标测量实际花费或提供劳动花了多少美元，如测量收集一吨垃圾的成本。“服务质量”是指通过居民满意度调查和顾客满意度调查测量服务满意度。社区居民每年都会收到包括对警察和消防保护、停车、娱乐休闲的调查满意度，比如询问犯罪受害人第一个接案子的警察对这个案子的回应性；询问在公立大学排队注册上课和交学费的学生对服务的满意度。结果变量测量事情干得怎么样了。结果指标包括项目或组织的全部任务以及任务取得的成果，通常包括和取得成果紧密相连的事件、条件变化、行为或者态度。

本章以政府“服务之家”部门绩效考核为例，深入剖析以公开透明为基础的费郡政府绩效考核指标结构。“服务之家”持续通过七国语言进行客户服务满意度调查，来评估客户满意度。部门的绩效目标包括维持客户满意度、满足地区办公室服务计划和目标。输出指标解释为测量民众服务的数量。效率指标表明每个客户需要的服务工作人员和每个人的成本。服务质量指标表明客户满意度。最后，绩效考核结果表明提升价值即每一个项目目标实现的程度。四维度指标之间相互关联，指向服务战略。表 2－3 呈现了“服务之家”预算与绩效数据对比情况。例如当分析家在考核中发现服务成本超支，他们可以选择把目标降低到 98％到 95％，以使成本降下来。在预算定下来之前，他们在测算服务和成本之间的关系。当他们在实行这个绩效指标时，同时还在用同样的数据试验更精确更高级的指标，但是任何指标的修改都是很谨慎的，没有试运行就修改指标会让数据变得毫无意义。从表 2－3 中可以看出，“服务之家”的成本控制很好，客户满意度较高，2004—2006 年客户满意度一直高达 95％～96％。

表 2-3 “服务之家”绩效考核指标及数据

一级指标	二级指标	2004 财年（估计/实际完成）	2005 财年（实际完成）	2006 财年（估值完成）
输出	在5个服务之家分点服务的客户数量	100，000/97，270	97，500	97，500
	经残疾人服务项目服务的头部受伤人数量	2，800/2，871	2，900	2，900
效率	每服务一个客户的项目和网点的员工人数	3，703/3，603	3，611	3，611
	服务一位头脑受伤人的成本	\$419/\$409	\$405	\$405
服务质量	服务之家提供服务的客户满意度	95%/96%	95%	95%
	头部残疾客户的服务满意度	87%/94%	90%	90%
结果	服务之家客户满意度的百分比变化点	0.0/1.0	1.0	0.0
	服务计划让脑部残疾客户满意的满意度变化点。	80%/86%	86%	86%

资料来源：Kathe Callahan. Elements of effective governance：Measurement，Accountability and Participation. Taylor&Francis Group，LLC，2007：337.

（三）费郡绩效考核系统成功运作的关键要素

一个地方政府领导班子重视、民众参与意识强烈、数据公开信息沟通流畅的绩效考核项目没有理由不成功。

1. 负责的政府和参与意识强烈的民众

费郡政府权力来源于一个选举产生的监督委员会，这个委员会有权任命郡长，郡长是郡政府的行政首领，对监督委员会负责。郡领导班子致力于推动绩效管理体系的价值，鼓励广泛的民众参与。同时，领导班子与政府雇员之间一直保持畅通的交流。费郡绩效测量项目的问责和透明度的压力来源于费郡独特的居民特征，费郡居民大多受过良好的教育，很多都在联邦政府工作或者从公共服务部门退休后，寻找参与政府管理的机会。项目组成员们认为这个外部压力逼着项目一定要接地气。

2. 提供安全开放的数据支持

项目组为居民提供用户容易掌握并安全的技术数据管理系统。预算以非常简单的形式公布在网站上，每个民众通过网站指导就能看懂。这激发了民众参与的热情，也给项目组压力，让他们形成“最合适的预算”。绩效考核数据同样公布，与预算设定数据相比较，评估绩效水平，寻求绩效改善。

3. 核心领导和项目组、民众充分沟通

郡核心领导认为绩效测量的影响力、目标和有用性特别重要，所以郡长激励雇员们经常问这样几个问题：

（1）我们要收集什么样的数据？

（2）我们怎么用这些数据？

（3）我们将向哪个方向前进？

（4）我们在做一项好的工作吗？

每年的绩效项目战略计划会议上，郡长和部门主任们会因为资金和人口变动而导致的服务清单变化、部门预期绩效、和绩效因素相关联的部门战略计划，进行充分讨论，并达成共识。

为了表明领导班子对绩效测量项目一线员工的支持，项目实施了健全的倾听渠道，让雇员们发泄他们的愤怒。焦点小组、培训讨论、和市长一对一的面谈等各个层次活动的组织让信息充分交流和互动，并成功检修故障、促进知识交流。这些机制让雇员觉得郡领导班子对绩效项目的支持不是拍脑袋，而是把项目作为资源分配和决策的辅助管理工具。

二、陷入停滞的民众导向的蒙镇政府绩效考核

由斯隆基金投资的民众驱动的政府绩效项目开始于1997年，蒙镇政府是议会-经理式管理，专家组、市长、议会、四选区各两名执政代表组成一个项目组负责启动政府绩效评估项目。蒙特克莱尔镇是一个大多为中产阶级的多元化社区的新泽西州小城市，蒙镇社区有悠久的民众参与史，特别是底层民众的广泛参与，因为这个原因斯隆基金愿意投资民众导向政府绩效评估投资项目。镇上有10个正式的社区组织，其中有些已经存在了40多年，还有几十个非正式的组织。

（一）设立绩效目标

1997年，蒙镇政府开始把预算以绩效考核的形式进行编制，明确长期目标和短期目标。把绩效目标和“蒙镇2020远景”活动捆绑，组织“目标提议周末集会”，激励各方力量，最重要的是以前没有参加过任何组织的民众也参与进来，并通过广告、报纸、其他途径进行宣传。结果大家提了大约100个目标，项目组把它们分为6个小组，形成“激励目标草案”，这6个目标分别是：

1. 为所有的纳税人提供一个高质量的、有价值、平等的、付得起的公共服务；
2. 让关心蒙镇像关心家一样的民众能充分知情和参与；
3. 发展社区和经济来支持居民们享有付得起的、高质量的生活；
4. 让镇上孩子成长为优秀民众，不论是在家、社区、工作场所还是在多元化的世界；
5. 让镇在多元化性背景下成长为一个统一的共同体；
6. 维护一个有魅力的、健康的、安全的和合理的环境。

（二）动员民众参与

刚开始实施绩效项目困难重重，为了在政府内部及外部发展一个高水平的社区信任关系，项目组在蒙镇最大的报纸上刊登广告召开公开会议，让民众们广泛参与。项目组实施了一系列的推动民众参与项目计划，包括文件回顾、面谈、焦点小组讨论、非代表性的民众问卷调查，对 7 个代表委员会、7 个部门主管、城市办事员、镇管理助理进行了一对一的面谈。6 个焦点讨论小组有超过 100 个民众参与，在焦点小组中民众被询问他们是怎么和城市管理政府主体进行互动的；他们对于和政府互动的不满意和满意度的程度；他们是怎么知道镇政府的工作好与不好，焦点小组对委员会的面谈和对普通民众的面谈分头进行。

（三）民众讨论确定的考核指标体系

项目组通过民众广泛参与，以刺激“城市对话”、发展民众与管理者的一致性为宗旨制定了绩效主题和指标。

表 2-4　蒙镇政府绩效考核指标（部分）

一级指标	二级指标	三级指标
提高蒙镇老人和残疾人的生活	老人人口的规模和生存状况	镇上超过 65 岁人口比例
		住在长期养老院的老人比例
		住在家里老人比例
	残疾人人数（指标可测量）	镇上有生理缺陷的人口
		镇可以提供给残疾人的租赁物业和项目
	老人的服务，他们的参与以及满意度	分类型和地点的娱乐项目（公共和私人的，包括非盈利的）
		老人参加娱乐活动的数量
		老人坐老人大巴的数量
		老人巴士使用者对交通服务的满意度比例

续 表

一级指标	二级指标	三级指标
保护一个健康的城市树林和维护良好的公园	蒙镇树木的数量及健康程度	树木的数量：街道遮阳树的数量、公园树、新种的树、生病或濒临灭绝的树
		健康树木的比例
	镇上公园的条件	居民（公园使用者）身体健康条件满意度
		公园和健身设施的满意度（使用者样本）
		公园设施（分类型）考虑残疾人可以使用的比例
		一年中具体公园拥挤的天数
		公园和公园设施安全的天数
		公园活动的费用和财政收入
蒙镇城市美丽的维护	住房和私人房产条件	不符合住房标准的住房单元数和比例（多人口家庭和单亲家庭）
		有显著暴力区域的数量
		空置住房的数量
提升和保护蒙镇商业环境	商业稳定性和增长	在蒙镇5年以上和10年以上的零售商的比例和数量
		每年在蒙镇新商业的数量
		每年关闭或离开蒙镇的生意数量
	蒙镇商业区域的活力程度	空下来的（零售或其他）的商业广场的英尺数量
		在每一个商业区域零售商服务（分类型）的数量
		潜在的零售商（考虑或选择落户蒙镇）的数量和比例
公共设施保护	身体条件和觉察条件	民众对社区街道和人行坡道的满意程度
		民众对社区人行道的满意度
		民众对街道清洁的满意度
		民众对街道和路的满意度

续 表

一级指标	二级指标	三级指标
民众满意度和服务质量	这些服务怎么满足民众的优先事项	认为镇政府服务能合理针对重要的公共需求和优先事项的民众比例
		使用满意-回复系统感觉满意的民众
		服务评价积分卡：反映政府服务满意或更好的比例
服务便捷时间访问	在下班时间可以提供的服务、或其他替代访问方式	在非工作日事项处理服务程序（清单）和服务点：a. 非工作日的开放时间 b. 其他替代访问方式（家、工作、公共计算机、传真）
		访问服务人数：a. 非工作日的开放时间 b. 其他替代访问方式
		非工作日完成的服务事项数量：a. 非工作日的开放时间 b. 其他替代访问方式

资料来源：Kathe Callahan. Elements of effective governance：Measurement，Accountability and Participation. Taylor&Francis Group，LLC，2007：293－296.

（四）项目管理实际运行出现困境

轰轰烈烈的蒙镇民众导向政府绩效管理项目在实际运行时却问题迭出，究其原因，主要有以下几点：

1. 项目主导权不在镇政府手里

在斯隆基金投资下，由外部一帮学者和顾问主导着项目。这就存在两个问题：一是基金的钱是到学者和顾问那里而不是到镇政府，所以学者和顾问希望实施和维持这项计划，而镇政府积极性不高；二是项目由外部人员主导，镇政府的市长和议会没有实质上的主导权，这严重挫伤了政府领导班子的积极性，于是项目缺乏镇核心领导层的支持，只有部分镇领导和政府管理者支持，其他人却认为这是给他们额外增加工作量。同时，过多强调民众导向让政府市长和议会感觉到了压力，镇政府领导班子认为，当斯隆基金不投资这个项目，谁又会去努力维持这个项目呢？

2. 民众和镇政府相互抱怨扯皮

项目在实施过程中，一些被任命到镇议会的民众代表反映他们被官员看不起，他们的意见不被重视，他们在整个流程中根本没有话语权。当民众频繁参与到民众委员会，并把他们的专业建议写到正式的报告中，他们发现政府不重视。而另一方面，政府官员抱怨民众委员会低效，认为这些民众委员会的目标以及执行的具体任务和行为并没有清晰地表达出来。

3. 民众委员会实际成效太差

民众建议委员会成立后几乎没有取得什么成效。一些成员经常缺席使得委员会主席每次开会时不断重复以前的内容，这让每次出席的成员非常生气，觉得委员会没有能力取得任何成绩，并愤而辞职。民众委员会缺乏退出机制，对于那些经常不出席会议的，或者干一些毫无意义事情的人没有退出流程。虽然镇长和管理者做了一些努力，但委员会最终还是解散了。

4. 项目组内部管理问题导致与民众沟通受阻

民众和部门经理经常被淹没在海量的数据里，而整整 37 页和激励目标相连的潜在测量指标让项目组成员疲于应付，项目团队成员频繁流动，不停地需要培训新进员工。过大的工作量和不稳定的团队让项目组频繁推迟和民众沟通调查结果，正式的报告也没能在社区公布。当镇政务会公布结果时，当地报纸会把调查和数据分析的关键部分公布出来。

蒙镇政府绩效项目并不如计划的那般成功，几年后镇上最有影响力的年代最久的民众建议委员会解散后，市长和镇议会认为不需要“外部组织”来调查镇政府的财政和花费，市长、议会和部门管理者一致认为他们有能力管理好镇的资金花费，项目陷入停滞。

三、美国两案例对我国地方政府绩效考核指标的启示

与美国国情不同，我国地方政府绩效管理是自上而下的纵向管理体制，绩效考核从指标到流程都是沿着科层制的权力流向把上级政府的目标层层分解。然而随着我国政府管理模式逐步向治理型、服务型转变，政府权力开始向下和向外流动，有些地方政府如杭州市、南京市等尝试推进基于社会评议的民众导向绩效评估绩效考核体系。实际上，我国地方政府绩效评估在如何实现民众满意度方面一直处于徘徊的状态，有些地方政府有决心通过民众参与绩效评价给地方政府各部门加压，但是苦于没有科学的评价体系，只能让民众根据宏观印象打分，时间长了群众参与度不高，评价流于形式。另是有一些地方政府虽然把民众参与绩效做得科学量化，但是评价结果并没有对外公开，担心评价结果公开会给地方政府各部门造成太大压力，因此不能起到群众监督的实际意义。这些问题让起步阶段的我国地方政府绩效考核民众参与发展步履艰难，所以我们需要借鉴美国民众导向的地方政府绩效考核的成功经验，规避失败。

（一）美国民众导向型地方政府绩效考核的成功经验借鉴

1. 考核指标体系关切城市治理和社会服务

我国地方政府绩效考核以对上一级政府负责为核心，着重经济发展兼顾社会服务。美国地方政府绩效考核以为纳税人服务为宗旨[1]，着重城市治理和社会服务兼顾商业发展，整个结构呈一种开放式系统，对城市治理和社会服务有客观的量化考核标准，特别关注民众满意度和各项

1　Xiaohu Wang. Assessing Public Participation in U.S. Cities. *Public Performance & Management Review*, Jun. 2001, Vol. 24, Issue4, pp. 322 - 336.

成本核算[1]，精准的量化考核标准几乎关切了民众的各项需求，项目组在开放民主的环境中通过调查获取民众满意度等客观数据，如案例中费城对于“服务之家”的考核，蒙镇对城市公园条件的考核。

2. 指标体系产生路径是自上而下和自下而上相结合

与我国地方政府绩效考核指标体系产生路径是严格的从上而下不同，美国地方政府绩效评估指标产生路径则是自上而下和自下而上相结合。如蒙镇政府绩效评估项目组不惜时间成本让民众委员会广泛参与，通过制定战略、指标、量化标准等尽全力获得民众支持与信任。这种双向式的指标体系产生路径为考核指标奠定了坚实的权力基础和民主基础，并为考核流程中的调查数据收集、财务数据的公开扫清了障碍。

3. 指标体系成本核算基于地方政府的财政预算体系

美国地方政府预算数据对民众开放。在费郡，预算数据在网络上以通俗易懂的形式让民众参与、评价、了解。每个财年的预算经过各方政治利益团体的争论妥协后达成一致，成为该地方政府绩效考核成本核算的核心。对地方政府效率成本的考核就是在预算刚性范围内，让公共服务质量和城市治理质量得到提升的前提是行政成本的不断降低。

（二）美国民众导向型地方政府绩效考核指标的失败经验教训

1. 项目的成功运行都需要核心领导层的强势推动

蒙镇政府绩效评估有良好的开端、充足的资金帮助、完美的战略，但是经过多年努力，最终没有得到成功，其原因是缺乏一把手的强势推动。政府绩效评估项目并不是由镇政府领导班子动议，而由外力斯隆基金会投资并推动，这是蒙镇政府绩效评估项目的致命弱点，即项目内在驱动力不够，蒙镇政府市长和议会觉得不需要对项目负责，仅仅依靠外部咨询顾问和学者推动力量是非常有限的。

---

1 Arie Halachmi and Marc Holzer. Citizen Participation and Performance Measurement: Operationalizing Democracy through Better Accountability. *Public Administration Quarterly*, Fall 2010, Vol. 34, Issue 3, pp. 378-399.

2. 只有规范精细管理才能实现让民众委员会影响政府绩效

虽然美国有良好的民主体制及法律制度作支撑，但是民众参与到地方政府绩效评估项目依然需要规范精细的管理。蒙镇民众导向地方政府绩效评估项目有前瞻性的战略、科学量化的指标体系、民众参与的悠久传统，但民众委员会松散低效却让民众导向的战略变得苍白无力，如对民众建议委员会疏于管理而导致民众和地方政府沟通不畅、冲突频发，最终导致项目失败。

四、 对我国地方政府绩效管理发展的前瞻性思考

总体而言，美国地方政府绩效考核指标体系是一个开放式的指标体系，有良好的民主参与政治基础，精确细致的预算审核体系，开放的政府数据资源，还有绩效评估法案作法律支撑。我国政府绩效治理是具有核心权威的蛛网式网络，即政府主导绩效管理的全过程，其他社会主体围绕政府核心存在、被限定在绩效管理网络的外围，其结果往往导致公众、媒体、社会组织等缺乏对政府绩效评价的话语权[1]。虽然中美有诸多差异，但是美国地方政府绩效评估项目中的民众满意、增加透明度导向的指标体系设计却可以给我国地方政府绩效评估指标创新有很好的启迪，由此本书对我国地方政府绩效考核将来发展作几点前瞻性的思考。

1. 在预算范围内引入服务对象评价指标

十九大报告提出“明确新时代我国社会主要矛盾是人民日益增长的美好生活需要和不平衡不充分发展之间的矛盾，必须坚持以人民为中心的发展思想”，对地方政府公共部门管理过程中所反映的绩效进行核定和裁量并提出自己的建议和要求，是人民主权的内在要求和具体表现。美国地方政府绩效评估指标鲜活呈现了如何引入服务对象评价指标，针对每个服务事项的效果进行对象满意度打分。比如房产局让办理房产事

1　包国宪、曹西安：《地方政府绩效评价中的“三权”问题探析》，《中州学刊》2006 年第 6 期。

项的群众打分、社保局让办理社保的企业或个人打分，让人民充分行使评价权。虽然我国有些城市已经借助第三方机构引入社会评价机制，但依然是“犹抱琵琶半遮面”。换言之，由于种种原因，公众对地方政府绩效及使用资源节约性通常持不信任和怀疑的态度。如果我国地方政府实施像美国地方政府那样的细致量化的社会评价指标，一方面需要上一级政府强势推动社会评价指标考核，希翼通过压力传导机制提升下一级政府公共服务质量，另一方面更需要地方政府下决心面对社会评价指标可能带来的民众对地方政府绩效的不满、质疑等外部压力。

2. 城市治理社会服务指标考核逐步强化

虽然目前我国地方政府考核经济指标依然是重头戏，但是经济指标并不能全面衡量“人民日益增长的美好生活需要”。一些经济发展较快的地方政府已经探索考核指标体系的转型。比如在环境污染严重的环北京地带，环境指标和经济指标考核给地方政府带来的压力几乎同等重要，而这种趋势将会推进到我国一些经济发展良好转而发展社区服务、城市治理的其他地方政府。如美国地方政府对于涉足老百姓生活的公园树木、垃圾收集、街道清洁、老人社区服务等城市治理、社会服务等精确的量化考核，同样适用于我国地方政府绩效考核指标体系，强化城市治理、社会服务指标考核能让老百姓体验到实实在在的生活质量的提高。

3. 逐步开放的政府治理数据将成为绩效考核的量化基础

美国开放政府数据核心的价值观就是实现并创造公共价值，通过开放政府数据强化民主政治，保证民众获得政府数据、防止行政腐败、实现数据对于经济发展及实际生活的效用[1]。美国预算是每财年行政首长、议会等各方政治利益竞争妥协并达成共识的产物，在争论议程中数据公开成为必要流程，以确保各方政治力量参与到整个决策的议程中，而预算则成为考核地方政府行政成本的刚性架构。我国地方政府预算由上一

1 赵润娣:《美国开放政府数据范围研究》,《中国行政管理》2018 年第 3 期。

级政府审核监控，各地方政府在两会期间报告《上一年度执行预算情况和本年度预算草案》，但是考核地方政府的行政成本没有民主公开的流程。随着民众对纳税人权利的争取，对政府各项决策、重大市政工程项目等各项数据公开透明需求逐渐增强，地方政府迫于外部压力逐步公布各项数据。虽然我国地方政府短时期内做不到财务数据像美国那样公开透明，但是期待将来随着政务公开的推进，政府财务预算、政府项目数据公开将成为必然，并通过地方政府绩效考核严格控制行政成本。

第三章 基层政府绩效考核创新路径

地方政府绩效考核指标一直是地方政府绩效管理的核心内容。地方政府绩效考核指标是上级政府对下级政府进行绩效管理的指挥棒，指标权重则为下级地方政府的工作重点和发展重心指明方向。地方政府常规性绩效考核指标主要覆盖地方政府的经济建设、民生、党建等常规性工作，还要考虑一些非常规性重大任务，比如举办世博会、创建全国卫生城市等这些具有国际国内重大影响力，并带来政绩的重大专项任务。“一票否决”考核指标是我国地方政府绩效考核的中国特色，“一票否决”指标以一种强烈的结果导向突出了政府在某一个时期内的原则和底线，比如安全生产事故和伤亡一票否决指标。同时，还有些绩效考核指标关系着地方政府经济建设和发展，比如困扰地方政府的债务管理与风险评估问题，属于风险管控范畴，也备受地方政府关注。由此，本章将通过对基层政府绩效考核指标分析、地方政府职能部门绩效考核指标与设计、地方政府债务考核和风险评估三个方面对地方政府绩效考核指标进行实证研究。

第一节 我国乡镇政府绩效考核中的控制与博弈

根据 2013 年中组部颁发的《关于改进地方党政领导班子和领导干

部政绩考核工作的通知》，乡镇政府绩效考核制度是在特定时间范围内，发挥乡镇政府的职能作用，为辖区范围内广大民众创造稳定、公平、可持续发展的社会环境，提供优质高效的公共产品和公共服务，建立更有回应性、更有责任心、更富有效率的民本型政府过程的有效输出[1]。我国乡镇政府作为最基层的政权组织，直接面向农村及广大人民群众。目前，县市级政府通过量化考核、绩效排名与择优提拔这种政治锦标赛式的激励范式与政治生态[2]控制着乡镇政府职能管理。为了使乡镇政府绩效考核更切合乡镇发展实际，县市政府对乡镇政府推行绩效考核分类，通过绩效考核分类引导乡镇政府的发展定位。这种分类别的乡镇政府绩效考核模式主要包括生产发展、生活改善、社会发展、生态环境、民主治理和自身建设六块内容[3]。事实上，在我国经济社会急剧转变时期，乡镇政府面临着前所未有的治理困境，农村税费体制改革让乡镇政府对乡镇经济发展财政依赖加大，出现权力“悬浮”、与民争利的治理弊端[4]。城镇化进程的迅速推进，让大批的农民涌入乡镇，乡镇成为我国城镇化的连接点与中转站，镇级财政负担急剧加重，而县市政府缺乏相应的财政转移支付政策；农村土地征用及流转的利益分配成为乡镇政府与农民产生矛盾的焦点，让乡镇政府的社会管理面临着前所未有的挑战。由此，直接面对广大农村的乡镇政府成为自上而下政府内控体制最末端的承载主体，这决定了一方面乡镇政府对上要完成“上面千条线，下面一根针”琐碎繁杂的经济建设、社会管理与公共服务等方面目标考核，另一方面还需应对我国大规模的城乡一体化改革带来的各种经济矛盾和社会冲突。乡镇政府迫切需要为乡镇经济发展创造环境、为乡镇居民及村民提供更多的公共服务，职能转变为经济发展、社会管理、维护农村稳定、推进基层民主、促进农村和谐五项职能[5]。

1　田志锋：《基于科学发展观的乡镇政府绩效管理体系的构建》，《理论学刊》2010 年第 3 期。
2　陈潭、刘兴云：《锦标赛体制、晋升博弈与地方剧场政治》，《公共管理学报》2011 年第 5 期。
3　闰丙金：《新农村建设中乡镇政府绩效体系框架》，《中国行政管理》2009 年第 12 期。
4　于建嵘：《我国农村基层政权建设亟需解决的几个问题》，《行政管理改革》2013 年第 9 期。
5　张新光：《乡镇政府职能转变：文本制度比较与实践反思》，《长白学刊》2007 年第 2 期。

然而，乡镇政府是一级权力残缺的政府，不仅对于垂直单位缺乏财权和人事权，对于单位内部的人事权也只局限在乡镇范围内部[1]。乡镇政府权力小、人手少、财力弱、管辖范围小、可支配资源有限，处于权力系统最末端却承载着来自县市政府以及方方面面的压力，这让乡镇政府不堪重负，乡镇政府存在着行为主体的角色行为与角色期望之间的冲突与矛盾[2]。在我国强政府主导下的内控式行政管理体制下，乡镇政府的绩效考核体系反映了县市政府领导对乡镇政府的职能界定与任务要求。对于乡镇政府来说，绩效评定权握于上级之手，晋升或淘汰全由上级定夺，因此，努力完成绩效博得上级青睐就成为其优先考虑的目标任务。绩效考核、绩效排名等政绩因素对乡镇政府领导班子晋升的决定作用注定了乡镇政府面临对上负责与对下负责冲突的决策选择，但这种行为选择的连带后果，却是基层政府对下负责或为民服务的机制被大大弱化[3]。周黎安、周飞舟认为类似于大跃进式的晋升锦标赛治理模式成为中国经济高速发展与许多地方治理困境的重要根源[4;5]。那么，在绩效考核中上级政府控制权运行与乡镇政府的博弈到底是怎么样的？一个合理引导乡镇政府职能转变的治理现代化需求下的绩效考核可能存在哪些现实困境？又将如何变革？本研究试图通过理论模型与案例研究来分析县市级政府在绩效考核中的控制与乡镇政府对绩效考核博弈的互动，深入剖析并寻找这些命题的结论。

一、 乡镇政府绩效考核的控制与博弈模型

博弈论分为合作博弈与非合作博弈，当个体、组织意识到某种合作

1 李晗：《城市郊区化背景下乡镇治理的制度困境》，《人民论坛》2014 年 32 期。
2 何精华：《乡镇政府的角色冲突：分析框架与表征诊断》，《上海师范大学学报（哲学社会科学版）》2009 年 3 期。
3 张凤阳：《政府职能转变的三重梗阻及其疏通》，《上海行政学院学报》2015 年 3 期。
4 周黎安：《中国地方官员的晋升锦标赛模式研究》，《经济研究》2007 年 7 期。
5 周飞舟：《锦标赛体制》，《社会学研究》2009 年 3 期。

符合自身利益时，他们才能承诺彼此制定合理的决策。博弈双方是理性的，并考虑了双方相互依存的情况，即游戏中的福利至少部分地取决于其他玩家在游戏中的互动[1]。诺斯认为财富最大化行为与社会合作结果的不一致，是博弈理论发展过程中的关键要素。博弈论的主要依据是所谓的“囚犯困境”，当博弈游戏只进行一次时，表明了在人类合作与协作问题上令人沮丧的前景[2]。而当游戏不断重复时，信息与制度成为关键因素。当制度不只是具有交易成本的社会有效制度，还包含具有政权控制性的制度时，博弈双方的策略选择就变得捉摸不定。县市级政府与乡镇政府在绩效考核的博弈游戏中，上一级县市政府与乡镇政府是委托-代理关系，县市政府是委托方，把经济、政治、社会、精神文明等各项任务以承包制的方式下放给代理方乡镇政府，并根据乡镇政府的实际情况分类别进行考核，县市级政府对乡镇政府的控制权主要表现为考核目标设置权、绩效排名、评优相对应的政治激励权[3]。县市级政府只关心目标实现情况并不关注乡镇政府实现考核目标的过程，主要基于两个原因：其一是考核目标实现过程的监控繁琐细致，乡镇情况千差万别，委托方县市级政府对过程的监控需要耗费大量的人力物力财力，行政成本过高；其二是我国绩效考核体系是单一的对上负责的封闭型行政管理体制，民众满意度对政府考核的结果几乎没有实质性的影响，所以代理方乡镇政府只要按照约定时间提供委托方要求的考核任务，以利于县市政府完成更上一级省地市级政府的考核目标，县市级政府不愿过多关注其它。

县市级政府与乡镇政府的博弈游戏不断重复，让博弈双方在关键点上寻求合作，形成利益联盟。乡镇政府作为行政级别最低的政府，与县市政府在目标设定权中的议价资本较弱，考核目标的设定有时并不完全

1 Romp, G. Game. *Theory*: *Introduction and Applications*. Oxford [England]: Oxford UniversityPress, 1997: 1 - 4.

2 ［美］道格拉斯·C. 诺斯著，刘守英译：《制度、制度变迁与经济绩效》，上海三联书店，1994年版，第16页。

3 周雪光、练宏：《中国政府的治理模式一个控制权理论》，《社会学研究》2012年5期。

与乡镇实际情况相符，而县市政府对乡镇政府考核的过程缺失为乡镇政府在完成绩效考核目标时采取博弈与变通行为提供了空间。县市级政府与乡镇政府在绩效考核中的控制与博弈主要分为四种模式：模式一是强控制、高压力下维稳类指标的严格执行模式；模式二是强控制、高压力下经济生态类指标的共谋模式；模式三是弱控制、低压力下创新类指标的灵活执行模式；模式四是弱控制、低压力下精神文明建设类指标的常规执行模式。

强控制（高压力）	弱控制（低压力）
维稳类指标 严格执行	创新类指标 灵活执行
经济生态类指标 共谋执行	精神文明类指标 常规执行

图 3-1　乡镇政府绩效考核的控制与博弈架构图

模式一：强控制高压力下严格执行模式。强控制高压力下的维稳类指标关系到国家基层政府的稳定。乡镇政府考核中的安全、上访等一票否决指标是每年乡镇政府必须完成的指标。这类指标涉及政治安全与稳定，乡镇政府管理或控制不好不仅会引起上级政府的强烈不满，更会造成社会负面效应与恶劣影响。为了完成上级规定指标，乡镇政府有时不得不采取一些非常规的方式严格执行。根本原因在于权利上移、责任下压的纵向政府关系，通过任务指标的“层层加码”向下级施加更大的任务压力。上级政府通过绩效考核指标把压力与矛盾下放到乡镇政府，也就是把责任与任务下降到乡镇政府，却没有赋予与这些责任和任务相对等的财权与事权。乡镇政府直接面对群众各种利益诉求与矛盾，却又没有权责解决，于是，乡镇政府成为群众矛盾的承载者。

模式二：强控制低压力下共谋执行模式。乡镇政府考核中的招商引资、财政收入、科技创新等经济类指标在完成过程中因本身与生态文明、社会管理指标存在冲突，或者具体经济形势不确定而存在与上级政府讨价还价甚至共谋空间。农业税取消后，乡镇政府的财政收入主要来源包括土地经营、项目建设、企业缴纳税源、土地整改等。经济发展是乡镇政府的头等大事，乡镇政府从完成上级考核指标及自身利益考量都会竭尽全力地发展本地经济。然而，经济发展与生态文明、节能减排、环境保护等指标本身存在冲突。目前乡镇房地产市场低迷，招商引资成为乡镇政府经济发展的主要来源。为了 GDP 指标，乡镇政府有时不得不牺牲部分生态文明、环境保护指标以保增长，这时乡镇政府可以与县市级政府进行讨价还价并得到一定程度的默许。经济指标与社会管理指标同样存在冲突，乡镇政府从谋利性角度会把利益分配倾向于拥有生产要素的企业或个人，与房地产商、企业主形成利益关联网，弱化村民利益和环境保护，通过政府强制力推动项目启动或土地拆迁，压制拆迁户的诉求与上访。这时，政府经济指标与以服务为核心的社会管理职能发生着冲突。乡镇政府在与县市级政府进行讨价还价式的博弈时，在以经济建设为第一要务的前提下，县市级政府会默许这些行为的发生。另一种情况是因为整体国家经济大形势的波动，当乡镇政府年初的经济指标明显超出实际范围，县市级政府会适当放宽或默许乡镇政府的一些非常规性变通行为来保证经济指标的完成。

模式三：弱控制低压力下灵活执行模式。委托方县市级政府与代理方乡镇政府存在着信息不对称，创新类考核指标如果与乡镇情况相匹配，乡镇政府将顺利推行，但是县市级政府在目标设定时，缺乏充分论述与调研，基于整体县市发展而忽视乡镇的某些实际资源禀赋。乡镇政府在目标设定上的议价空间缺乏导致某些考核目标不符合乡镇的实际情况时，乡镇政府一方面不能得罪上级政府，另一方面又实际推行不下去，只能采取拖延的方式，拖延的结果便是不了了之。这类指标往往是由县市级政府或者更高行政级别政府下达的创新指标，或者其他乡镇或县市的创新做法。当层层分解到乡镇时，已经与实际情况不相符合，或者根本不适用于某个乡镇，乡镇政府实在推行不下去，只能拖延等待，并与上级政府谈判，寻求县市政府发现考核指标的失当后进行调整，以避免因指标拖延所带来的政治负面影响。

模式四：弱控制低压力下常规执行模式。精神文明类指标如文化建设、工作作风建设等是弱控制低压力类指标。这些目标任务虽然有明确的量化考核，但属于常规性行政事务，是绩效考核中的软指标。按照上级要求组织学习，宣传到位，形式规范，就能完成县市级政府考核任务，其形式意义大于实质意义。

二、乡镇政府绩效考核的控制与博弈案例研究

（一）乡镇政府绩效考核的实际运行与博弈

2015—2016 年，笔者对苏南 D 镇与苏北 J 镇进行了长期的田野调查。之所以选择这两个乡镇政府作为案例，是基于这两个乡镇政府虽然都地处江苏省，但因地域和资源禀赋差异而导致政治、经济、文化、社会发展水平迥异。本研究想通过案例比较验证以上的理论模型，并探索在不同乡镇政府中的绩效考核的控制与博弈模式。

1. 苏南 D 镇与苏北 J 镇政府绩效目标基本结构

两乡镇政府绩效考核指标都涵盖了上级下达的经济、民生、社会、文化、党建五大块目标任务。苏南 D 镇的绩效考核一级指标分为三块，分别是物质文明及生态文明建设（占权重 60%）、精神文明建设（占权重 30%）、社会评价绩效（占比 10%）；苏北 J 镇政府绩效考核一级指标分为二块：一是核心指标与重要指标（占比 50%），二是基础工作（占比 50%），其中核心指标与重要指标包括招商引资、地区生产总值等经济指标，基础工作包括群众路线教育实践活动、基层组织和领导班子建设等 11 个指标（见表 3-1）。从两个乡镇政府的绩效考核指标结构看，苏南 D 镇政府绩效考核指标中突出科技创新、生态文明等评价指标；苏北 J 镇政府绩效考核指标则对经济发展指标考核更为细致、注重地方债务化解。县市政府为了强化与巩固这些目标任务，配套下发了经济发展

“创先争优”考核、“安定杯”竞赛、目标任务综合考核单项工作先进与先进个人考核等激励制度。根据县市的绩效考核指标，乡镇政府对下一级行政村委员会、村党总支制定了村级目标责任责任制（苏南D镇）和农村工作考核意见（苏北J镇），把县市政府的考核目标进行了层层分解。

表3-1　D乡镇与J乡镇绩效考核指标结构比较表

<table>
<tr><th colspan="2">苏南D镇政府绩效考核指标结构</th><th>权重</th><th colspan="2">苏北J镇绩效考核指标结构</th><th>权重</th></tr>
<tr><td rowspan="5">物质文明及生态文明建设</td><td>经济发展</td><td rowspan="5">60%</td><td rowspan="5">核心指标</td><td>招商引资</td><td rowspan="5">40%</td></tr>
<tr><td>统筹发展</td><td>工业经济</td></tr>
<tr><td>科技创新</td><td>财政收入</td></tr>
<tr><td>生态文明建设</td><td>固定资产投资</td></tr>
<tr><td>社会管理</td><td>“四上”企业考核</td></tr>
<tr><td rowspan="4">精神文明建设</td><td>党建</td><td rowspan="4">30%</td><td rowspan="4">重要指标</td><td>地区生产总值</td><td rowspan="4">10%</td></tr>
<tr><td>精神文明</td><td>现代农业</td></tr>
<tr><td>民主法制</td><td>民生改善</td></tr>
<tr><td>统一战线</td><td>生态文明</td></tr>
<tr><td rowspan="4">绩效社会评价</td><td>市领导评议</td><td rowspan="11">10%</td><td rowspan="11">基础工作</td><td>群众路线教育实践活动</td><td>5%</td></tr>
<tr><td>镇人大代表、政协委员评议</td><td>基层组织和领导班子建设</td><td>5%</td></tr>
<tr><td rowspan="2">镇服务对象和社会公众评议</td><td>反腐倡廉和作风建设</td><td>5%</td></tr>
<tr><td>思想和文化建设</td><td>5%</td></tr>
<tr><td rowspan="7">效能办评议</td><td rowspan="7">工作作风效能</td><td>平安建设和社会治理创新</td><td>5.5%</td></tr>
<tr><td>法治政府与效能建设</td><td>5%</td></tr>
<tr><td>信访稳定</td><td>5%</td></tr>
<tr><td>安全生产</td><td>5%</td></tr>
<tr><td>计划生育</td><td>5%</td></tr>
<tr><td>人武和双拥</td><td>2.5%</td></tr>
<tr><td>地方政府债务化解</td><td>2.5%</td></tr>
</table>

注：根据2015年苏南D镇与苏北J镇调研数据整理

2. 苏南D镇与苏北J镇政府绩效考核的控制和博弈

从考核制度上看，县市政府掌握着对乡镇政府行政目标与行政行为的直接控制权。然而，面对两个乡镇复杂的情况，乡镇政府与县市级政府在绩效考核中展开了博弈。

（1）共谋执行让乡镇政府完成经济考核任务存在暗箱操作

每年完成县里规定的经济指标成为从乡镇政府到村委会的头等大事。苏北J镇作为农业生态特色的乡镇，经济欠发达，资源禀赋较差，从乡镇政府领导班子到村书记都在努力通过各种渠道吸引项目投资。为了完成县里规定的招商引资实际投入、新开工项目等经济指标，J镇党委书记以身作则奋战在最前线。实在完不成经济指标县里会让镇政府写个情况说明，这不仅会影响镇政府的年底评优，最严重地是会影响镇领导班子中青年干部的晋升。在调研中了解到，有些乡镇政府为了完成县里规定的引进外资、项目上马等经济指标有一些隐性的变通方式，比如有些乡镇为了完成外资项目引进，政府与外籍人士（通常是外籍华人）共谋在辖区内设立空头外资企业，实际没有任何产业或实体，只是完成上级规定任务，乡镇政府会返回给这些外资人士一定数额的补贴，有人因此而一夜暴富。这种暗箱操作的结果虽然让乡镇政府考核交上了漂亮的成绩单，却无形中损失了国家财产。新开工项目考核是按照项目是否签约来考核，不按项目实际到账金额考核，这就给乡镇政府应对上级考核很大的变通空间。虽然乡镇政府通过这些变通方式完成了经济考核指标，却无形中浪费了行政成本，让行政行为扭曲于应付上级而实际没有创造任何经济效益。

（2）严格执行让乡镇政府对维稳类任务严防死守

苏北J镇政府从镇领导到村干部最怕的就是非正常上访的村民重复上访，特别是“两会期间”、“大阅兵”等敏感时期不能出现非正常越级上访。为了防止老访民们上访，村干部24小时轮班监视老访民动向，不能让他越级上访。村干部直言一旦访民跑到南京上访，考核就被“一票否决”了[1]，说实话有些上访问题乡镇政府根本解决不了，特别是在

1　现在，大多基层政府取消了越级上访作为考核的“一票否决”指标，改为考核减分项。

执行政策法规问题上，乡镇政府只能照章办事没有自由裁量权。村民不理解上访，乡镇政府干部除了解释劝说、看住访民、截访，没有其他解决办法。对于苏南D镇的镇干部来说，压力最大的就是安全指标。从人员配备到安全管理成为乡镇政府干部们的工作重点，每个行政村每个企业都配备了安全员，每个月乡镇政府领导都要组织安全检查，最怕就是出事故出人命。如果被"一票否决"，一年的工作就被全盘否定。

(3) 创新类指标推行困境与拖延策略

与J镇同一个地级市的某县某乡镇推行现代农业经营创新得到市、县领导认可，J镇也在领导要求下推行此项任务考核。J镇的村委会们为了动员村民们合作，挨家挨户地跑，2014年勉强完成考核任务。事实上，J镇农田地形与邻县农田地形差异性较大。当农民发现这个农业经营方式并没有带来实际效益时，很多种植户2015年便不再愿意合作，任凭村干部磨破嘴皮，村民们都不愿合作，到年底这项考核就要扣分。用H村书记的话：政府觉得好的，群众不接受，为难的是我们。乡镇政府的对策是拖延等待上级批示。县政府当年考核发现这些指标存在问题没有对乡镇进行强制扣分，于第二年要求乡镇把农田整改，进行了平田，让土地符合联耕联种的条件，才进行实质性考核，村干部们总算松了一口气。

(4) 精神文明类指标是考核的软指标

苏南D镇精神文明建设工作很丰富，组织锡剧名家·名票·戏迷联袂登台、亲子趣味运动会等，定期根据上级要求进行基层党建工作创新创优、作风效能建设、基层民主生活会专题活动等。这块工作是考核中的软指标，是常规性事务性工作，不仅丰富了老百姓文化生活，又加强了自身建设，压力不大，上级考核时对照考核任务要求把汇报材料做得规范、漂亮就行。

以上案例可见，县市级政府作为委托人牢牢掌握着绩效考核目标设定权、对绩效考核结果进行奖惩与挂钩的激励分配权，却不关注乡镇政府绩效目标实现的具体细节。那么，在强控制高压力下的严格执行和共谋执行模式中，县市政府为什么不对乡镇政府的变通行为甚至违规行为进行严惩而是默许这些行为呢？因为县市级政府同样承载着完成省市级规定的绩效考核指标压力，维稳指标、经济指标是最能说明领导班子政绩的硬指标，县级政府的默许是为了有一张漂亮的成绩单。

（二）乡镇政府绩效考核制度控制与博弈中的异化

毋庸置疑，我国乡镇政府绩效考核中的控制与博弈互动强势推动着乡镇经济的发展，保障了乡镇政权的统治安全，让乡镇政府与上级政府在与绩效考核相挂钩的评奖评优、政治晋升的政治交易中实现基层政权的稳定性与互动。但是强控制下的功利性考核目标导向却给乡镇政府与县市级政府进行变通、共谋与讨价还价提供了空间，其中的暗箱操作、非常规谋利行为不仅导致乡镇政府绩效考核的价值偏离分配正义，错误引导乡镇政府职能转变，更深层次的导致政府与民众的民主话语平台的断裂，部分偏离制度的内容正义与程序正义。

1. 乡镇政府绩效考核的功利主义特征导致制度偏离分配正义

虽然农业税取消后，国家资源大量输入农村，但作为基层治理的最末端，依然在上级政府控制与激励权中淹没于强控制高压力下的“争资跑项”与“维稳”两大中心工作中。从乡镇政府绩效考核的应对逻辑来看，乡镇政府在完成经济指标、维稳指标的过程中通过变通或非常规的做法应对了上级，更实现了自身的谋利性需求。究其原因，绩效考核制度功利主义的价值追求让乡镇绩效考核陷入复杂的暗箱操作、潜规则与共谋的周旋中，导致制度偏离分配正义。乡镇的信访大多因为土地、钱物等分配不均或明显偏向于某些乡镇利益集团，乡镇政府一方面是权限小管不了，另一方面可能是涉及自身利益不愿管。乡镇底层村民的上访诉求是因为他们意识到了这种制度导致的分配不公，强烈的被剥夺感促使他们逐渐将上访的矛头指向上层精英，而这些上层精英与乡镇政府早已结成利益联盟[1]，而信访稳定的考核更为乡镇政府利用收买、压制、利用等方式提供了合法性制度依据。由此，乡镇政府绩效考核的价值异化导致的各种变通或非常规行为不仅错误引导乡镇政府偏离正确的公共管理、公共服务职能，耗费了珍贵的行政成本，更让诸多经济隐患、社会矛盾在基层不断积累，进而影响基层整体经济的良性发展与政权稳定。

2. 乡镇政府绩效考核控制与应对更深层次上导致民主话语平台断裂

哈贝马斯在《事实与规范之间》中提出民主过程仅仅是以利益妥协的方式实现的，只要信息的流动和对这种信息的恰当处理没有受到阻塞，就可以得到合理或公平的结果[2]。绩效考核指标本质上是上级政府对多元化利益群体的偏好，利益通过政府绩效考核指标的目标设定及权重进行了分配，对各项经济指标达成的硬性要求让政府在利益、话语权分配时不可避免地向具有生产要素的利益集团、企业或个体倾斜，而不能掌握生产要素的弱势群体的欲望、需求及满足往往被忽略甚至打压。在乡镇政府绩效考核实施中，利益的妥协往往以政府的强制力为后盾，并使得乡镇民主过程阻塞。而此时，随着我国城乡一体化的迅速推进，农村人口大量流向城市，农村格局发生了颠覆性的变迁，被费孝通称为乡土中国核心特征的、以血缘关系的远近而形成的差序格局式人际关系为特征的“熟人社会”已经发生了深刻的变化。比如经济欠发达地区的苏北 J 镇农村大量青壮年长期在城市打工，经济较为发达的苏南 D 镇虽然因为产业发展较好吸引了一批青年人愿意在家乡发展，但农村留守人口依然以老人和妇女为主，村民只关心自身利益，对公共事务冷漠，农村结构的分散、空心化使得乡村治理呈现无主体性、个体化的特征，在县市级政府考核控制下的乡镇政府没有内部驱动力去适应乡村社会个体化转型，乡镇政府只能消极应付，这种被学者称之为乡村治理的内卷化

1　田先红：《阶层政治与农民上访的逻辑——基于浙北 C 镇的案例研究》，《政治学研究》2015 年 6 期。

2　[德] 哈贝马斯著．童世骏译：《在事实与规范之间》，生活·读书·新知三联书店，2014 年版，第 367 页。

导致乡镇居民和村民缺乏凝聚力，乡镇及农村里的谋利型上访户、钉子户、灰黑势力只为了谋取自身利益、获得眼前利益[1]，无法成为代表村民整体利益的领导型农民，一盘散沙、个体化的村民群体根本无法形成群体性共同话语与乡镇政府进行对话，而乡镇一些企业家、土地所有者、与乡镇政府有利益共谋的富人则成为群众代言人而参与乡镇民主评议。这不仅使得乡镇政府在绩效考核中的控制与博弈中的各种不规范应对行为失去了民主监督的基础，更深层次导致了乡镇政府与普通民众进行对话的话语平台的断裂。

三、 控制与博弈的理想目标与制度变革路径

（一） 控制与博弈的理想目标

上级政府与乡镇政府绩效考核控制与博弈的最理想目标是实现社会福利最大化与社会合作结果的一致，完善乡镇政府绩效考核制度利益的分配正义性，提升公共服务效能，让老百姓切切实实过上好日子。亨廷顿认为如果农民默认和认同现存的政治体系，那么就为政治体系提供了稳定的基石[2]。从这个角度看，目前乡镇政府绩效考核需要进行制度性改革。作为自上而下的绩效考核制度以经济发展与社会稳定为两条主线实现对乡镇政府职能的控制，但乡镇政府却因为自身经济利益驱使、权责分配不对等、乡镇领导班子理念、民众实际诉求等因素使得乡镇政府实际履职存在着严格执行、变通执行、拖延等待整改等应对方式。究其原因，目前乡镇政府绩效考核的行政任务发包制，从指标体系到程序逻辑以一种粗放而又简单的意志表达体现了上级政府对乡镇政府目标要求，缺乏一个充分论证与评定的使之更加严谨规范的过程，不是一个融

1 贺雪峰：《论乡村治理内卷化》，《开放时代》2011 年 2 期。

2 ［美］亨廷顿著，王冠华、刘为译：《变化社会中的政治秩序》，上海人民出版社，2008 年版，第 242 页。

合上级政府意志、市场需求、民众意愿的理性系统，甚至有时成为乡镇政府职能转变的阻碍。在村民利益群体维权意识不断复苏、社会矛盾与冲突层出不穷的今天，如果乡镇绩效考核不进行变革，乡镇治理不仅是空谈，还会带来因忽略民意表达、民怨积累带来的威胁农村政治稳定的因素，所以乡镇政府绩效考核已到了非改不可的地步。

（二）乡镇政府绩效考核制度变革路径

本研究认为在治理体系现代化需求下，乡镇政府绩效考核变革需以标准化、法治化、民主化为导向，通过绩效考核引导乡镇政府职能转变为建立在法治与责任基础上的服务型政府[1]，实现控制与博弈的良性互动。通过推进乡镇政府绩效考核关键环节如考核指标、考核程序、行政问责等法治化提升绩效考核的法治化与公正性；通过加强乡镇政府绩效审计推进经营型政府角色转变；通过绩效考核民主参与法治化提升民众对乡镇政府治理自下而上监督。由此，以治理体系现代化的乡镇政府绩效管理需在法治化的平台上协调各方利益，由内部控制转型为更加严谨精细并体现法治民主的以内部管理为主、民主监督为辅的战略工具，成为推进乡镇政府、市场、社会、村民良性互动，理顺政府职能的导向性政策法规与管理制度（见图3-2）。

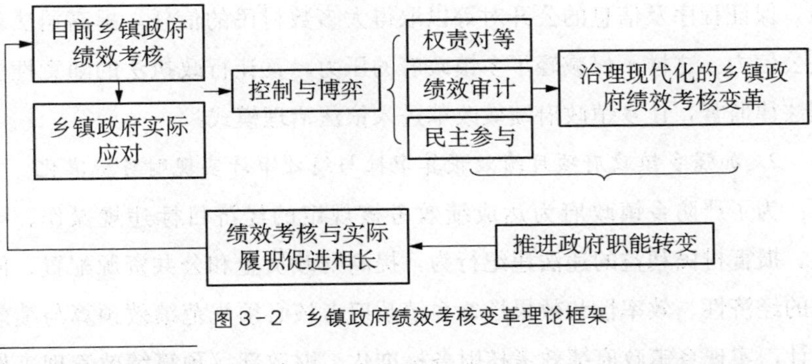

图3-2　乡镇政府绩效考核变革理论框架

1　薛澜、李宇环：《走向国家治理现代化的政府职能转变：系统思维与改革取向》，《政治学研究》2014年5期。

1. 严格论证乡镇政府权责对等基础上的考核指标设定标准化

以标准化、精细化为目标，绩效考核变革首先需要讨论不仅是绩效考核怎么考，还有乡镇政府的职能边界如何划分与界定。虽然乡镇政府有“三定”方案，但远没有达到作为上级政府绩效考核制定依据的标准。这项工作推进的关键是县市政府对乡镇政府的简政放权。县市级政府需以规章制度的形式严格规范乡镇政府在权责对等基础上的职能边界并实现动态更新，主要是界定乡镇政府具有的事权、财权内容，与权力对等的责任边界，以此为标准设定乡镇政府绩效考核指标。考核指标制定由上级政府设定后需经人大代表、政协、专家团队及村民代表严格论证乡镇政府考核指标是否权责对等，论证乡镇政府需承担哪些行政问责、一票否决的事项，是否赋予乡镇政府同样的权力。绩效考核程序、考核指标体系网络公示公布，整个考核程序公开透明，公布与群众利益相关的事项得分并接受群众监督。

但是，随着农民中一些谋利型的上访户、钉子户等边缘群体迅速崛起，让乡镇治理“无理上访”陷入困境。目前可行的解决办法是通过法律法规规定司法救济的对接渠道，强化司法的权威与独立地位。乡镇政府绩效考核规定部分事项完成与县市级司法救济相对接，乡镇政府解决不了的纠纷通过规范程序进入司法救济，用司法程序解决民主诉求，保证司法权力独立及司法程序透明公开，并设置渠道让边缘群体释放民怨，保证程序及信息的公开对等以取得大多数村民的信任，提高司法裁决公信力。这样不仅减轻了乡镇政府的压力，又让行政执法的随意性受到法律监督，让乡镇政府绩效改革进入依法治理模式。

2. 加强乡镇政府项目绩效预算审批与绩效审计实现财务标准化

为了严防乡镇政府为达成绩效考核规定的经济目标违规操作、寻租、损害村民利益的违法违纪行为，提高财政资金和公共资源配置、使用的经济性、效率性和效果性，乡镇政府考核必须规范绩效预算与绩效审计，实现乡镇政府绩效考核财务标准化。财政部《预算绩效管理工作规划（2012—2015 年）》明确规定对县市支出管理绩效评价进行综合评价，评价指标包括医疗、卫生、社会保障与就业等四项重点支出保障程度，财务供养人员、债务风险等财务管理水平。这项制度在试行中，还没有深入到乡镇政府层面。只有通过乡镇政府的绩效预算与绩效审计才能防范乡镇政府债务风险、监督乡镇政府合法合理对公共财政收入进行使用。借鉴美国项目绩效评价体系的项目管理与考核的基本内核[1]，年初乡镇政府编制专项项目预算、基本支出预算为重点的绩效预算，年底由县人大主持、县市级财务部门协同第三方审计机构根据年初的绩效预算，对乡镇政府的绩效进行审计，重点对“三农”、教育、医疗卫生、社会保障和就业、节能环保、保障性安居工程等重大支出项目，尤其是上级对下级转移支付项目进行绩效审计[2]。健全绩效审计结果的公告制度，绩效审计结果要通过媒体向社会公开。绩效审计结果要与乡镇政府领导班子的行政问责相挂钩，审计发现有违规违纪的经济行为应立即追究责任。领导干部任期经济责任审计结果要载入干部档案和廉政卷宗，作为领导干部选拔、任用、调整的重要依据[3]。

3. 实现普通民众对乡镇政府绩效的评价倒逼政府职能转变

罗尔斯认为符合诉讼程序正义原则要求所有的当事人都有公平的机会来阐述自己的立场[4]。乡镇政府直接面对广大群众的访谈中，一位村民说得很直接：“政府只要让我们农民日子越过越好，就是好政府”，日子过得好不好，村民最有发言权。由此，在绩效考核中实质性纳入普通民众监督评价指标才能把单一对上负责的绩效考核机制和以公共服务为中心的现代化乡镇治理糅合起来，保证考核制度的程序正义，倒逼乡镇政府履职充分考虑民意，尤其是保护弱势群体利益。

1　Metzenbaum, S. H. Commentary: Performance Management: The Real Research Challenge. *Public Administration Review*, 2013, Vol. 73, Issue 6, pp. 857 - 858.

2　马国贤：《论预算绩效评价与绩效指标》，《地方政府研究》2014 年 3 期。

3　温美琴、徐卫华：《政府绩效审计助推政府绩效评估和行政问责制》，《南京社会科学》2009 年 5 期。

4　［德］奥特弗利德著，庞学铨、李张林译：《政治的正义性》，上海译文出版社，1998 年版，第 33 页。

绩效评估民主评价的程序公平公正是真正保证这项民主制度公信力的关键。这就要求：第一有民主评议主体。把政协、人大代表、企业代表、群众代表作为民主评价主体，与上级政府一起作为考核主体，设置上级政府与民主评价按一定权重纳入考核结果计分。第二有民主评价打分。民众与企业对乡镇政府绩效打分是建立在财务数据、审计结果或第三方机构评估报告等理性信息基础上的判断，考核结果打分过高或过低都需附说明。考核结果统计公示确保民主评议的公信力，遏制民主评价形象工程或黑灰势力当道的现象，让群众看到民主评价的真正价值体现。第三有公示及质疑程序。由于参与的民众理所当然地期望他们提出的意见表达会对最终决定产生影响，所以如果他们的期望不能实现，政府就要冒被民众疏远甚至反对的风险[1]。乡镇政府绩效考核结果需有公示、接受群众质疑的环节，对群众质疑做出公开答复。这种考虑群众满意度原则的绩效考核，不仅提高了群众的民主参与意识与民主监督，又通过民情民意表达渠道的制度化建设，提升了乡镇政府绩效考核的公信度，倒逼乡镇政府由单一对上负责向对上负责与对群众负责并重的态度转变，推动乡镇政府由管理型向服务型职能转变。

第二节　基于可承受能力的地方政府债务考核与风险管理

党的十九大和中央经济工作会议把防范化解重大风险摆在全面建成小康社会“三大攻坚战”之首，习近平主席在 2017 年全国金融工作会议上强调“要严控地方政府债务增量”。地方政府债务风险管理，迅速成为政府部门、公共财政、公共管理学术界的热点议题。地方政府债务是地方政府的强势推动与地方经济增长发展博弈中的必然产物，地方政府领导班子通过带动辖区内经济发展获得漂亮的政绩单，积累晋升资

1　[美] 托马斯著，孙柏瑛等译：《公共决策中的公民参与》，中国人民大学出版社，2010 年版，第 110 页。

本，以及丰沛的地方财政收入。同时，地方经济发展则为老百姓带来了经济、文化和生活水平提高等社会福祉，这样地方政府和地区经济发展博弈产生报酬分配结果似乎使双方都达到了收益最大化。这种博弈的双赢需要内在的中央政府与地方政府的财权与事权的均衡分工来支撑。然而，自上世纪90年代分税制改革以来，因为GDP增长带来的高回报让地方政府领导班子内在驱动力强劲，可是拉动经济需要大量资金投入，分税制改革导致地方财政收入比重下降，地方财政收支矛盾持续加剧。为弥补因事权扩大而导致的财政资金缺口，对外融资逐渐成为各地方政府缓解财政收支困境的主要手段。

然而，地方政府债务管理却问题迭出。西方公共政策著名学者西蒙和琼斯教授的有限理性理论可以很好地解释地方政府债务管理问题对我们顶层设计决策带来的压力和挑战。西蒙和琼斯认为在复杂的环境系统中，信息流动的不畅或信息不对称造成决策者理性决策变得有限度(Bounded Rationality)[1;2]。地级市及以下行政层级的政府债务具体数据与政府外民众、利益集团等处于信息不对称，地方政府债务数据对外不透明不公开，民众无法获知所在地区政府的债务情况。即使在政府系统内部，中央、地方各个行政层级，依然存在严重信息不对称，地方政府违规举债让地方政府隐形债务增加。于是，地方政府债务对外缺乏政府外的民主监督，对内又存在隐形债务隐患，当债务累积到一定规模时，地方政府偿债压力剧增，地方财政承压较重，加之缺乏有效的风险应对能力和手段，导致地方政府债务风险不断积聚。据《中国债务报告（2017）》显示，截至2017年末，贵州、内蒙古、云南、辽宁、湖南、陕西的债务率均超过100%的安全警戒线，青海、宁夏、广西的债务率也处于90%～100%的区间[3]。

1 H. A. Simon. Human Nature in Politics：The Dialogue of Psychology with Political Science. *American Political Science Review*，1985，Vol. 79，pp. 293－304.

2 Jones，B. D. *Politics and the Architecture of Choice*. London：The University of Chicago Press，2001：24－54.

3 http：//finance.ifeng.com/a/20180903/16483786_0.shtml 中国负债真相2017：苏、鲁债务超万亿，六省债务率超警戒线，2018－09－03。

从2014年《预算法》到2018年习近平的中央金融工作讲话，中央相继出台一系列政策法规部署积极稳妥化解地方政府债务风险。财政部发布的《关于做好2018年地方政府债务管理工作的通知》，提出要落实全面实施绩效管理的要求，建立健全“举债必问效、无效必问责”的政府债务资金绩效管理机制，推进实施地方政府债务项目滚动管理和绩效管理。在本研究调研中发现，有些地方政府成立了政府债务办公室，每年对地方政府债务进行考核，不符合要求倒扣分。实际上，地方政府隐形债务使得地方政府实际债务余额远超预算内债务限额，偿债风险较高。上级政府对下级政府的债务考核也没有明确的标准，考核的实际操作难度较大。

公共政策、公共财政学领域的学者们竞相从管理体制转型、地方债券市场化等视角研讨如何化解地方政府债务风险。其中，可承受能力（affordability）视角下的政府债务政策在西方政界和学界于上世纪90年代慢慢兴起。1993—2002年，美国政府财政官员协会（GFOA）在推荐化解政府债务风险政策的20项政策中，承受能力成为GFOA关注的焦点。紧接着，基于承受能力的政府债务管理政策在美国多个州以正式或非正式的方式开始实施。西方学者们相继对承受能力的政府债务管理影响因素、测量及值域进行了讨论[1; 2; 3]。由此，中西方学者在从政策层面、金融工具等视角讨论如何管理地方政府债务时，基于承受能力的地方政府债务管理视角广受西方政界和学者青睐，但是我国学术界关于这个视角的理论研究还很欠缺，加上我国地方政府债务数据相对封闭，数据获取难度大，导致基于承受能力的政府债务风险管理的实证研究成果尤其缺乏，国内没有查到地方政府债务绩效考核的相关文献。本研究的

---

1 Hildreth W. B., Gerald J. M. Debt and the Local Economy: Problems in Benchmarking Local Government Debt Affordability. *Public Budgeting & Finance*, Winter 2002, Vol. 22, Issue 4, pp. 99-113.

2 Charles Brecher, Kurt Richwerger, Marcia Van Wagner. An Approach to Measuring the Affordability of State Debt. *Public Budgeting & Finance*, Vol. 23, Issue 4, Dec. 2003, pp. 65-85.

3 Larkin, Richard, James C. Joseph. Developing Formal Debt Policies. *Handbook of Debt Management*, 2017, p. 277.

创新之处是通过一个鲜活的案例，从地方政府债务承受能力视角来探讨地方政府债务考核的可操作性指标系统；通过测算地方政府债务风险评估指数，分析及预测地方政府债务最大偿债能力；不仅关注短期的流动性风险，还关注长期演变后的偿债能力，构建动态的基于承受能力的地方政府债务风险管理系统。

一、文献回顾

（一）化解地方政府债务风险的积极政策

1. 公共管理视角下的地方政府债务管理“好”政策

公共管理学者们认为防范化解债务风险要求明晰政府承债能力，依据承债能力合理借债，做好债务规划，降低债务风险水平，提倡预算责任制，地方政府根据自身的财务能力调整投资政策，评估每个投资项目的成本和收益，创新地方政府债务可持续管理模式[1;2;3]。从地方政府债务管理相配套的管理机制视角来看，学者们认为改革央地财政关系缓解地方财政压力，改革地方政府 GDP 考核和任期制度有利于地方政府债务良性发展[4;5]。学者们还认为可以通过规范地方政府和国有企业的界限、在发展中防范和化解 PPP 风险、转变地方政府职能，让地方政府不再包揽过多的事务，遏制地方政府投资冲动来管理地方政府债务[6]。

---

1 Shi Jinchuan, Wang Zhikai, Wang Xiaojiang. Innovations in the Sustainable Management Of Local Government Liabilities in China. *Singapore Economic Review*, Sept. 2018, Vol. 63, Issue 4, pp. 819 - 837.

2 李青：《经济发达地区地方政府债务的风险防范》，《改革》2017 年 12 期。

3 Bernard Dafflon, Krisztina Beer - Tóth. Managing Local Public Debt in Transition Countries: An Issue of Self - Control. *Financial Accountability & Management*, Aug. 2009, Vol. 25, Issue 3, pp. 305 - 333.

4 洪源、张玉灶、王群群：《财政压力、转移支付与地方政府债务风险》，《中国软科学》2018 年 9 期。

5 刘伟、李连发：《地方政府债务、任期与考核》，《江淮论坛》2018 年 1 期。

6 朱文蔚：《稳增长与防风险双重目标下的地方政府债务风险评估研究》，《当代经济管理》2019 年 2 期。

2. 地方政府债务风险管理的积极金融政策

国内外学者认为新兴市场国家高公共债务水平伴随较高的通胀率，不利于经济的可持续发展[1]，并对如何通过金融政策化解地方政府债务进行广泛讨论。熊琛等（2018）构建了一个金融部门持有具有违约风险的地方政府债券并受到杠杆约束的DSGE模型，认为应当尽量减少对超长期地方政府债务的依赖以免强化金融风险对地方政府债务风险的敏感性，且应当推行投资主体多元化以分散积聚在金融部门的风险[2]。我国国有企业一级杠杆率的快速上升和非国有企业杠杆率的下降，共同加剧了我国的信贷错配问题，加大了地方政府债务风险[3]，经济刺激导致地方政府债务增加，地方政府越来越依赖土地抵押贷款和土地租赁收入[4]。梁帅（2017）认为只有通过供给侧改革促进经济增长，才能缓解财政收支不平衡、地方债务风险，解决财政政策进退两难的困境[5]。通过清理城市融资工具债务，培育和管理地方债券市场来防范地方政府债务[6]。

（二）基于承受能力的地方政府风险管理研究

学者们在研究地方政府债务管理“好”政策基础上发现，承受能力（Affordability）是被地方政府决策者和民众广泛接受并且衡量政府债务

---

1 Rogoff, K. S. and Reinhart, C. M. Growth in a Time of Debt. *American Economic Review*, 2010, Vol. 100, Issue 2, pp. 573－578.

2 熊琛、金昊：《地方政府债务风险与金融部门风险的“双螺旋”结构》，《中国工业经济》2018年12期。

3 Liang Yousha, Shi Kang, Wang Lisheng, Xu Juanyi. Local Government Debt and Firm Leverage: Evidence from China. *Asian Economic Policy Review*, Jul. 2017, Vol. 12, Issue 2, pp. 210－232.

4 Huang Zhonghua, Du Xuejun. Holding the Market under the Stimulus Plan: Local Government Financing Vehicles' Land Purchasing Behavior in China. *China Economic Review*, Aug. 2018, Vol. 50, pp. 85－100.

5 梁帅：《地方政府债务管理、财政政策转向与经济增长》，《管理世界》2017年4期。

6 Shi Jinchuan, Wang Zhikai, Wang Xiaojiang. Innovations in the Sustainable Management Of Local Government Liabilities in China. *Singapore Economic Review*, Sept. 2018, Vol. 63, Issue 4, pp. 819－837.

管理的非常重要的指标。对承受能力分析是任何地方政府债务预测和规划的首要项目[1]。债务承受能力是指偿还与债务相关的一切负担。承受能力的概念包括：(1) 不能提高地方税率来偿还债务，导致地方失去竞争优势；(2) 不能削减其他公共服务来偿还债务，导致地方竞争力下降。地方政府债务承受能力主要用于衡量地方政府所能承受的债务率水平，若地方政府债务率超过限定额度，债务的可持续或者违约风险将加大，则该地经济社会发展将进入"危险区"。承受能力最好以债务水平与偿还债务所需资源之间的比率来衡量[2]。Denison 等（2006）讨论了通过制定国家多重债务限额政策来控制政府债务在可承受能力之内[3]。Weiner（2013）提出了通过对投资项目的成本效益分析后发行债券来控制地方政府债务在可承受范围之内[4]。

进而，学者们对地方政府承受能力的负债率警戒值进行了探讨。Kumar and Woo（2010）探讨了高国债对经济长期增长的影响，发现发达国家和新兴经济体当负债率高于 90%时，将对经济增长产生负影响；国债与 GDP 的比率上升 10%，就会伴随着每年人均 GDP 增长率下降 0.2 个百分点[5]。刘金林和李晓晨（2013）认为政府负债率、政府内债率、政府外债率的临界值分别为 80%、47%、35%[6]。王学凯（2016）选取 2000—2014 年的 29 个新兴经济体国家的面板数据算出我国政府负债率理论上限为 130.5%，历年实际负债率上限处于 84.81%～93.04%

1　Larkin, Richard, James C. Joseph. Developing Formal Debt Policies. *Handbook of Debt Management*, 2017, p. 277.

2　Charles Brecher, Kurt Richwerger, Marcia Van Wagner. An Approach to Measuring the Affordability of State Debt. *Public Budgeting & Finance*, Dec. 2003, Vol. 23, Issue 4, pp. 65－85.

3　Dwight V. Denison, Merl Hackbart, Michael Moody. State Debt Limits: How Many are Enough? *Public Budgeting & Finance*, *Winter* 2006, Vol. 26, Issue 4, pp. 22－39.

4　J Weiner. *IDEAS Working Paper Series*. New England Public Policy Center, Nov. 2013: Research Report 13－2.

5　Manmohan Kumar and Jaejoon Woo. Public Debt and Growth. *IMF Working Paper*, Aug. 2010, Vol. 47, Issue 10, p. 174.

6　刘金林、王春明、黄刚：《优化我国政府债务管理的政策建议》，《管理世界》2014 年 1 期。

之间[1]。刁伟涛和徐匡迪（2016）认为地方政府的负债率主要取决于基本赤字率、债券利率水平和经济增长速度三个指标。经过估算，在相对乐观的情况下，地方政府负债率到2020年可降低至21.76%；在相对悲观的情况下，可升高至25.19%，而这一区间基本是可持续和可控的[2]。

（三）我国地方政府债务风险管理政策对于承受能力的关注

承受能力一直是我国政府债务风险管理政策的关注点之一。2014年地方政府性债务管理政策陆续出台，地方政府债务管理逐步进入人们视野。十二届全国人大常委会审议通过的《预算法》提出将地方政府债务纳入预算管理。2014年10月国务院发布了《关于加强地方政府性债务管理的意见》（国务院〔2014〕34号文），明确指示地方政府债务规模实行限额管理，地方政府举债不得突破批准的限额。财政部等部委关于加强地方政府性债务的举债、偿还、风险管理等规章制度陆续出台，尤其是《财政部关于进一步规范地方政府举债融资行为的通知》（财预〔2017〕50号）和《财政部关于坚决制止地方以政府购买服务名义违法违规融资的通知》（财预〔2017〕87号）对政府违规对外担保、政府购买服务等变相融资行为进行了规范，明确了地方政府根据实际需求合理控制节奏和规模，这些措施在一定程度上遏制了地方政府债务的无序发展，但未能从根本上解决当前地方政府债务管理中面临的突出问题。中央政治局会议、全国金融工作会议、国务院常务会议均对防范化解地方政府债务风险做出专门部署。党的十九大提出，特别是要坚决打好防范化解重大风险等攻坚战。2018年，财政部印发了《关于规范金融企业对地方政府和国有企业投融资行为有关问题的通知》（财金〔2018〕23号），把“还款能力评估”作为重要部分，指出国有金融企业参与地方

1 王学凯：《中国政府债务可持续性研究——基于E29的财政反应函数》，《国际金融研究》2016年8期。

2 刁伟涛、徐匡迪：《我国地方政府存量债务化解与债务可持续性分析》，《地方财政研究》2016年3期。

建设融资，应审慎评估融资主体的还款能力和还款来源，确保其自有经营性现金流能够覆盖应还债务本息。

综上所述，中英文学术文献和中央政府财政政策，从制度规范、管理对策、财政工具等视角对防范地方政府债务风险进行了刚性规定或学术讨论，并在此基础上对如何把地方政府债务控制在可承受能力内进行了广泛的讨论。但是目前国内却还没有学者研究基于我国情境下承受能力的地方政府债务风险考核与管理研究，更没有文献对基于承受能力的地方政府债务风险管理进行深入的案例实证研究。

二、研究设计

（一）样本背景

A 市是江苏省经济发达的地级市，政府在地方经济发展中扮演着非常重要的角色。在缺乏其他市场主体参与的情况下，地方政府往往就是城市基础设施建设、营商环境打造、民生设施投入等方面的投资人。为了获得足够的财力支撑，A 市政府不得不通过举债的方式进行融资，具体渠道包括发行各类债券（包括企业债、公司债、银行间市场债券等）、银行贷款、向社会募集资金、通过企事业单位向金融机构筹资等等。但由于在举债过程中缺乏计划性和限额化管理，其债务风险呈现上升态势。据不完全统计，截至 2017 年末，A 市及其辖内各级政府的各类负债（含隐性负债）余额 3021. 58 亿元。其中，通过银行信贷体系融资 1749. 52 亿元[1]，债券发行余额 888. 75 亿元，异地银行融资 174. 4 亿元，信托贷款 208. 91 亿元[2]。A 市地方政府目前存在着以下融资问题：政府融资渠道单一导致融资平台对“土地收入”等财政收入依赖度高；地方政府债务融资还款集中到期但持续性融资难度越来越大；地方政府债务

1　该数据由 A 市银保监分局提供，银行体系融资包括表内贷款、表外授信、结构化融资等。

2　数据来源于 A 市统计局。

融资平台负债率高且存在平台互保等隐性债务的债务管理风险。

（二）A 市地方政府债务风险指数测算

本研究首先运用模糊层次分析法，在判断不同风险判别指标优先序及权重的前提下，对 A 市政府债务风险指数进行了测算。地方政府债务风险主要体现在两个方面，一是总量（规模）方面的风险；二是结构性失衡的风险。总量方面的指标包括：(1) 负债率。欧盟认定负债率的警戒线指标为 60%。(2) 地方政府债务增速/地区生产总值增速。2013 年《审计署关于 36 个地方政府本级政府性债务审计结果》中确定地方政府债务增速/地区生产总值增速警戒参考值设定为 2.5。(3) 借新还旧债务占比：2013 年《审计署关于 36 个地方政府本级政府性债务审计结果》中确定的借新还旧债务占比的警戒值为 20%。(4) 债务依存度。根据许争（2013）基于东北某市研究认定债务依存度的警戒参考值为 35%[1]。结构方面的指标包括：(1) 负债集中度。选取地市层级的负债作为主体负债，可以测量市级层面的负债集中度，即市级层面的负债/地方政府的全部负债。(2) 负债加权平均利率。根据中国人民银行发布的《2017 年第四季度货币政策执行报告》，把 5.74%作为 2017 年融资加权平均利率的警戒参考值。(3) 负债违约比例。债务违约率参与不良贷款的监管指标，可设定警戒参考值为 5%。(4) 低收益负债占比。参考财政部 2017 年度全国决算报告警戒参考值为 62.77%。通过 A 市财政局、人民银行、金融办等部门人员分发问卷共 30 份，运用 matlab 软件，得到各指标的权重，测算出 A 市债务风险指数为 0.7582，说明 A 市地方政府债务风险仍处于较高水平，大部分指标均突破了警戒参考值，如负债率、借新还旧债务占比、债务依存度、负债集中度等指标（表 3－2）。

1　债务依存度目前没有官方权威指标，我们在此根据许争（2013）对地方政府债务相关的债务依存度警戒指标的研究进行界定。

表 3-2　地方政府债务风险指标测算

一级指标	二级指标	权重	实际值	警戒参考值	得分	合计
债务总量 0.5212	负债率	0.1485	63.69%	60%	0.1485	0.7582
	地方政府债务增速/地区生产总值增速	0.1162	1.27	2.5	0.0590	
	借新还旧债务占比	0.1363	29.29%	20%	0.1363	
	债务依存度	0.1202	39.94%	35%	0.1202	
债务结构 0.4788	负债集中度	0.1278	27.44%	25%	0.1278	
	负债加权平均利率	0.1215	5.7%	5.74%	0.1206	
	负债违约比例	0.1173	0	5%	0	
	低收益负债占比	0.1122	58.65%	62.77%	0.0458	

（三）A市地方政府债务承受能力分析

A市债务风险指数较高，说明了对A市政府债务承受能力进行分析的必要性和迫切性。当前研究政府债务问题，主要关注地方债务总体规模，学界和业界普遍使用“债务率”、“负债率”、“偿债率”等债务指标[1]及其“国际警戒线”来衡量地方政府债务承受能力。但是，简单使用“三率”及其警戒线衡量我国地方政府债务风险是不客观的。主要是因为债务率和偿债率的计算都是以财政预算收入作为分母，这里忽略了我国与大多数成熟市场国家财政收入的不同。从实际可支配的综合财力来看，我国各级地方政府的偿债能力不仅取决于一般意义上的财政预算收入，还包括相当规模的预算外收入和大量国有经营性资产可供支配，这导致该方法低估了我国地方政府的偿债能力。因此，在分析

1　负债率反映经济总规模对债务的容忍度，等于政府债务年末余额除以当年GDP；债务率反映政府通过动用当期财政预算收入来满足偿债需求的能力，等于当年末政府债务余额与当年财政预算收入之比；偿债率反映债务主体每年的偿债负担比率，等于年度还本付息额除以当年财政预算收入。

A市地方政府债务风险的基础上，应全面评估A市地方债务承受能力。

1. A市地方政府债务可支配收入构成

从表3-3可以看出，A市政府2017年可支配财政总收入761.74亿元中，公共财政预算收入约占五成，转移性支付约占三成，土地出让收入约占两成。除了可支配财政总收入外，A市各级政府还拥有相当规模的国有经营性资产可供支配。从表3-3可以看出，2017年，A市地方政府国有企业净资产382.21亿元，极大提高了A市地方政府偿还债务的承受能力。

表3-3 2017年A市地方政府承受能力构成一览表

A市地方政府可支配财政总收入构成					
公共财政预算收入（亿元）	转移性收入（亿元）	土地出让收入（亿元）	可支配财政总收入（亿元）	可支配财政总收入增速（%）	公共财政预算收入占可支配财政总收入比重（%）
335.51	250.82	175.41	761.74	10.14	45.16

A市地方政府国有经营性资产收入			
A市国有企业净资产（亿元）	A市国有企业净资产增速（%）	A市国有企业流动性资产（亿元）	A市国有企业流动性资产增速（%）
382.21	16.41	327.12	10.35

2. A市地方政府债务承受能力警戒线测算

在全面考虑可供地方政府支配的综合财力及地方国有经营性资产的基础上，参照100%的债务率警戒参考值，对A市地方政府的债务承受能力进行测算，并试图将这一结果与使用国际通行方法的测算值（即仅考虑地方公共财政预算收入作为地方政府偿债来源估算）进行比较。根据国际通行的计算方法，仅考虑地方财政预算收入作为偿债来源测算得到的 A 市最大债务承受能力在 2017 年为 335.51 亿元；而根据政府可支配综合财力测算的 A 市最大债务承受能力在 2017 年为 1143.95 亿元，是前者的 3.8 倍和 3.4 倍（表 4－4）。国际通行方法大大低估了 A 市地方政府的最大债务承受力。

同样的，运用偿债率指标，根据国际通行的 20%的标准对 A 市每年的偿债能力进行评估。与评估总体债务规模时所不同的是，由于偿债率指标主要测算的是短期变现能力，因此测算国有经营性资产时，应运用的是流动性资产而非净资产。根据国际通行的计算方法，仅考虑地方财政预算收入作为偿债来源测算的 A 市最大可偿债额在 2017 年为 67.1 亿元；而根据政府可支配综合财力测算的 A 市最大可偿债额在 2017 年为 217.77 亿元，是前者的 3.24 倍（表 3－4）。根据国际通行方法的计算结果，同样明显低估了 A 市地方政府的实际偿债能力。

表 3－4　根据不同标准计算的 2017 年 A 市债务警戒线

根据不同标准计算的 2017 年 A 市债务警戒线	
根据公共财政预算收入测算的债务承受能力（亿元）	根据政府可支配综合财力测算的债务承受能力（亿元）
335.51	1143.95
根据不同标准计算的 2017 年 A 市每年偿债警戒线	
根据公共财政预算收入测算的每年偿债能力（亿元）	根据政府可支配综合财力测算的每年偿债能力（亿元）
67.1	217.77

（四）基于承受能力的 A 市地方政府债务未来潜在风险

1.“土地财政”的现状不具有可持续性

一方面，A 市财政收入过度依赖房地产税收和土地出让收入，蕴含着较大的风险，2017 年 A 市土地出让收入合计占地方可支配财政总收入的23%。另一方面，地方政府还依赖土地抵押借款以筹集基础设施建设等资金，土地成为地方政府举债进行公共投资的还款来源和抵押担保。但目前有两个关键问题制约了土地财政模式的运转：一是前几年地方可支配财力的高增长是建立在房价、地价不断上涨基础上的，而目前A市商品房价格上涨趋势已有所放缓，财政增收压力加大。二是土地出让收入、绝大部分的房地产税收属于一次性收入。随着土地资源逐步减少，相关财政收入的增长潜力也呈递减趋势。同时，可抵押的土地也日益稀缺，政府通过土地进行融资的操作空间也越来越小，成为A市地方政府债务潜在风险。

2. 减税降费政策将进一步降低地方可用财力

近年来，随着财税改革深入推进，结构性减税力度不断加大。这些减税政策为企业减轻了负担，但也给地方财政增收带来不小的压力。特别是今年加大对小微企业、民营企业的支持力度，要求进一步优化营商环境。2019年李克强总理在两会的《政府工作报告》中公布了近2万亿元的一揽子大规模减税降费的系列举措，比去年大规模的减税降费又增长了50%以上；单就减税而言，规模相当于今年预算安排的税务部门组织收入的10%以上，地方财税收入也会呈现进一步下降态势。

3. 部分国有经营性资产的变现难度较大

在地方政府拥有的国有经营性资产中，货币资金和相对容易变现的应收账款等流动资产仅占43%，而厂房设备、土地等固定资产以及知识产权等无形资产相对而言变现难度较大，实际上只有部分国有资产是可以减持变现的，再加上地方国有企业的资产运营风险、不良资产变化等等因素，地方国有经营性资产的实际规模可能进一步缩减，成为A市地方政府偿债能力的另一潜在风险。

三、 基于承受能力的地方政府债务风险管理系统构建

A市地方政府债务风险评估分析只是我国地方政府一个缩影，却用

数据鲜活地呈现了我国地方政府普遍存在的偿债压力大、风险高的症结，解释了在党的十九大报告中提出的要坚决打好防范化解重大风险攻坚战的深刻涵义。地方政府债务风险，若处置不当，极有可能引发地方政府信用危机及次生性金融风险。

由此，为了实现地方政府债务的可持续管理，防范债务风险，增强地方经济社会竞争力，本研究认为构建基于承受能力的地方政府债务风险管理系统核心部分分为三步，第一步建立地方政府债务统计及信息公开制度；第二步建立超出承受能力的预警机制，开发基于地方政府债务风险的绩效考核指标；第三步在适度控制地方政府债务规模上优化债务结构。与核心部分相配套的管理制度需要厘清三项制度，第一是明晰央地及地方各级政府的财权与事权；第二是中央层级上完善地方政府干部晋升考核机制；第三是地方各级政府层级上平衡财税收支管理（见图3-3）。

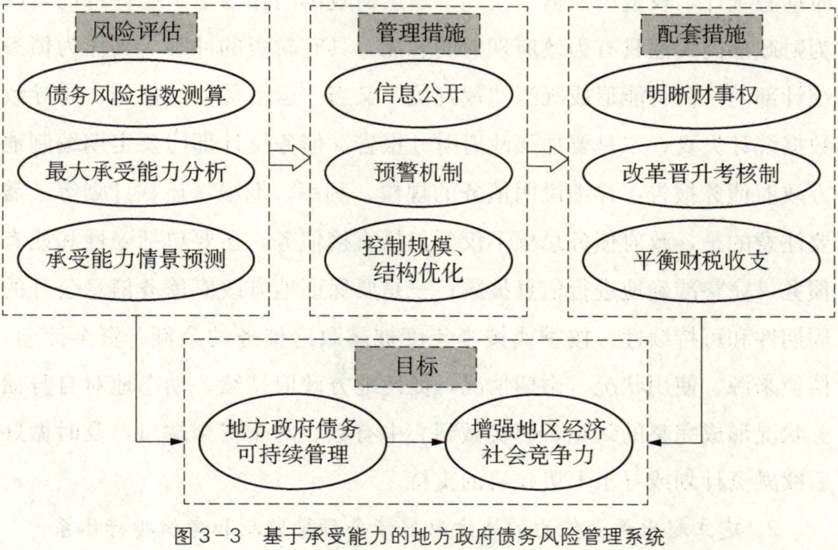

图3-3　基于承受能力的地方政府债务风险管理系统

（一）完善与承受能力相适应的地方政府债务风险管理

1. 建立地方政府债务统计及信息公开制度

第一步是建立地方政府债务统计与信息公开制度。当前政府债务失序的直接原因是地方政府债务信息的严重不对称，没有建立相应的债务统计和信息公开制度，具体的数据仅由政府少数领导掌握，且数据精准性没有充分审核。基于上述原因，很容易造成地方政府党政领导及相关职能部门对债务风险的判断出现误差，不能及时有效地预警和处置债务风险；也为部分地方政府对债务资金的低效使用提供土壤，一定程度上降低了资金使用效率。因此，建立高效的地方政府债务统计和信息公开制度是强化地方政府债务风险预警的前提和保障。建立地方政府债务统计及信息，一是要明确地方债务统计部门。由于地方政府债务既包括显性债务，还包括大量隐性债务，涉及财政、金融、统计等多个部门。建议明确金融管理部门或统计部门作为政府债务的牵头统计部门，实行序时动态统计，权威出数据。在此不建议财政部门作为牵头统计部门，因为财政部门天然具有为政府理财的职能，具有融资的冲动，其作为债务统计部门，极可能形成既当“裁判员”又当“运动员”的格局，易导致数据统计失真；二是要加强政府财务报告。债务统计部门要定期编制地方政府债务报告，详细说明债务的规模、利率、期限、还款计划等。需要注意的是，政府债务总额不仅要包括直接债务，还要包括隐性和或有债务，完整准确地进行信息披露；三是要保证地方政府债务信息公开的周期性和可持续性。按季或按半年度披露政府债务的余额、资金流向、偿债来源、使用状况、逾期情况，促使地方政府持续、动态地对自身债务状况形成完整的认识，切实做到心中有数。对于资金缺口，及时做好后续融资计划或寻求上级政府的支持。

2. 建立超出承受能力的地方政府债务预警监测和考核指标体系

在对地方政府债务数据信息公开透明的基础上，第二步是建立地方政府债务预警监测机制，及时监控地方政府债务进入“危险区域”，提高风险处置的及时性和针对性。具体应当从以下三个方面着手：一是要强化限额管控。地方政府应组织财政、金融办、审计等部门成立地方政府债务管控领导小组，在厘清全口径政府债务的基础上，科学测算最高负债率警戒线，建立债务风险事件评级机制。地方政府按照国务院办公厅《关于印发〈地方政府性债务风险应急处置预案〉的通知》规定，按照风险事件性质、影响范围和危害程度等，将政府性债务风险事件划分为Ⅳ级（一般）、Ⅲ级（较大）、Ⅱ级（重大）、Ⅰ级（特大）四个等级。实行全口径债务限额管理，地方政府须在批准的限额内举借、偿还债务或对外提供担保；二是要强化平台资金运作管理。督促各地方政府建立并完善融资项目资金台账，实行资金使用全过程管理，定期报告地方政府债务管控领导小组。融资项目资金需严格实行“专账核算、专款专用”，不得截留、挪用或随意改变资金用途；三是建立债务监测体系。动态监测地方融资平台运营的项目质量、负债规模、现金流持续性和风险变化趋势，定期或不定期开展重点稽查和专项审计，对债务管理不到位或高风险地区实行预警通报。在建立地方政府债务预警机制的基础上，还要建立相应的地方政府债务考核指标、问责追责机制，明晰举债人的债务偿还责任，坚持“谁举债谁负责”的原则，强化地方政府领导举债责任意识，约束不合理的举债行为。

3. *在承受能力基础上逐步推进债务结构优化*

地方政府在严格恪守责、权、利与借、用、还相匹配的原则，充分考虑政府财政收支水平、债务成本、债务投资领域、回报率等因素，合理控制债务规模，在促进区域经济发展的同时，充分考量地方财政的承受能力，制定地方政府债务规划，防止违规、过度举债。在控制地方政府债务财务规模基础上优化地方政府债务结构。首先是要拓宽多元化融资渠道。地方政府在投资公益类、基础类等回报率较低领域基础上，充分利用社会资源、多渠道筹措项目建设资金，资金来源既可以包括银行贷款、股权性融资、地方政府债券，也可包括吸收风险投资、私募基金等社会资本，尽可能实现资金来源渠道的多元化。其次是要降低债务成本。要妥善分类处置存量债务，进一步压缩高成本的短期性资金规模，适度提高低成本的长期性资金比重，进一步降低负债成本。最后是要划清债务偿还责任。对到期的融资平台存量债务，应合理划分政府与融资平台偿债责任。对承接政府投资项目所产生的债务，要及时结算清偿；对市场化融资形成的债务，由平台自主通过改善经营、提高资产收益、盘活资产等方式化解。

（二）变革基于承受能力的地方政府债务风险管理配套制度

1. 明晰各级政府间的财权和事权

从国家整体来看，我国政府负债率并不高。截至 2017 年末，我国政策债务余额 29.95 万亿元，负债率为 36.2%，远低于 60%的国际警戒线[1]。但从地方政府来看，其负债水平则较高。这从深层上反映出我国当前预算财政收入体制存在较多矛盾。我国地方政府“事权大、财权小”的体制障碍让地方政府在发展辖区经济时经常“捉襟见肘”，因此，通过平衡中央与地方间的财权和事权，有利于充分发挥地方政府的积极性，抑制地方政府举债冲动。主要举措，一是规范事权管理体系。中央政府主要负责外交、军事、领土完整、国家安全等事项；省级政府主要负责省内交通产业发展、行业结构调整、调控区域发展、环境保护、维护区域稳定等事项；市级以下政府应重点关注民生、公益、区域营商环境打造等事项，形成与财权相匹配的事权管理体系；二是根据我国地方承担事权和支出责任的实际情况，从有利于保障中央履行职能、有利于培育地方可用财力的角度出发，合理划分税种，将收入周期性波动较大、易转嫁的税种划为中央税，其余具有明显收益性、区域性特征、对宏观经济运行不产生直接重大影响的税种划为地方税，减少共享税，切实增加各层级的专享收入规模；三是整合规范专项转移支付，加大一般

1 中国政府债务余额为 29.95 万亿负债率低于国际通用 60%警戒线，央视网新闻 18-03-07，十三届全国人大一次会议新闻中心 3 月 7 日（星期三）财政部部长肖捷答记者问。

性转移支付力度，适度减少限定性转移支付，给予地方政府一定的资金使用灵活度。

2. 改革地方政府干部晋升考核机制

以经济增长为基础的干部晋升锦标赛结合了中国政府体制和经济结构的独特性质，提供了一种具有中国特色的激励地方官员推动地方经济发展的治理方式[1]。地方政府领导干部追求 GDP 的政绩动机与地方政府性债务风险密切相关[2]。所以化解地方政府债务风险需要改革干部晋升考核机制，逐步建立平衡的地方政府领导班子政绩考核指标体系，遏制地方政府为了 GDP 增长不计成本的举债冲动。2018 年中共中央、国务院印发了《关于全面实施预算绩效管理的意见》，旨在构建地方政府“花钱必问效，无效必问责”的预算绩效管理体系，实现预算和绩效管理一体化；把地方政府债务管理作为预算绩效管理的重要部分，每年将地方政府重点项目绩效目标、绩效评价结果同预决算报送当地人民代表大会，并向社会公开；预算绩效考核把地方政府债务预算作为重要内容；从地方政府晋升考核机制上确保地方政府债务与承受能力相匹配。

3. 平衡地方政府财税收支管理体制

实现地方政府财税收支平衡是推进地方政府债务良性发展的必要载体。一方面要优化地方政府收入管理：地方税收入远远无法满足当前地方政府的履职需要，为了解决地方政府债务问题，第一有必要对税务体制进行再调整，为地方政府提供稳定且可持续的收入来源。适度调整税收分配体系。利用税务部门机构改革的契机，对现有的税种进行梳理，适度扩大增值税对地方的分配比例，将部分小税种调整为地方税种；适度增加地方税种。在税基分享模式的基础上逐步着力配置地方税的主体税种；积极培养税基。引导各地方政府不断优化区域营商环境，加大招商引资力度，支持新型技术产业和第三产业的发展；第二必须减轻地方

1　周黎安：《中国地方官员的晋升锦标赛模式研究》，《经济研究》2007 年 7 期。

2　刘伟、李连发：《地方政府债务、任期与考核》，《江淮论坛》2018 年 1 期。

政府对土地财政的依赖。限制地方政府的土地出让收益，将土地出让收入的超收部分改由中央集中，切断土地收益同地方政府预算外资金来源的紧密联系，逐步完成土地出让由创收工具向市场调控手段转变。另一方面要优化财政支出结构。做好财政支出预算执行工作，在政策性增支因素较多、收支矛盾比较突出的情况下，硬化预算约束，严格遵守中央“八项规定”精神，厉行节约、反对浪费，从严控制一般性支出（三公经费），平衡好保工资、保运转、保民生与加快发展的关系。

第四章　我国地方政府绩效管理的公民参与

我国现代化国家治理体系离不开责任政府的构建，一个负责的、具有回应性的政府是建立现代化治理体系的必要基础。让公民对政府的服务质量、服务绩效做出评价并影响政府的绩效评价结果，则成为内控型政府管理体制承担责任以获取公民信任的有效民主机制，并借此规范和调整政府与公民之间的关系，让政府从保护人民利益的视角来承担责任，让公务员把责任演变成内在动力，主动承担责任、关爱民众，从权威的管理者转变为服务型的人民公仆；公民则通过纳税来支撑政府，并通过民主评议来影响政府行为，以公民为中心的政府权力系统在责任与民主参与的互动中体现政治合法性，努力在政府与民众之间建立一种和谐的信任关系。民主评议政风的浪潮在全国兴起并迅速扩散。我国实践表明，民主评议政风行风工作是中国特色的公众参与政府绩效管理的有效形式[1]。从1998年起，先后有沈阳、珠海、邯郸、辽源、广州、杭州开展了民主评议行风政风活动，到2001年，民主评议已经在全国31个省（区、市）广泛开展，市地一级的开展面达到100%，县（市、区）一级的开展面达到80%以上[2]。本研究长期跟踪南京市政府绩效考核公民参与（又称为南京市万人评议、工作作风社会评议等），并根据跟踪

1　徐双敏：《公众参与政府绩效管理的现状与思考》，《行政论坛》2009年5期。

2　倪星、史永跃：《民主评议政风行风的学理逻辑：代议制的视角》，《深圳大学学报（人文社会科学版）》2010年9期。

调查搜集到的第一手数据材料分别对地方政府绩效考核公民参与的发展演变和治理模式进行实证研究，探讨了在我国地方政府绩效考核中公民参与的改革路径。

第一节 地方政府绩效管理中的有效公民参与

目前，我国绩效管理制度是自上而下行政发包式的内控式管理体制，上级政府掌握绩效评定权。政府绩效管理民主评议则是把上级政府的决策权部分让渡给民众，于是，绩效考核上级评估与外部评估在政府权力控制与民意诉求复苏压力下不断进行较量，一方面从政治稳定性与合法性角度，政府绩效考核必须纳入异体监督，因为通过民主评议影响政府绩效评估结果，才能获得民众对政府的信任与政治认同，巩固政府的统治基础，让民众觉得享有了纳税人的权益，让政府从权力本位向服务本位转变，并逐步建立一种平等的相互制约的法律关系。另一方面，我国地方政府绩效考核作为行政发包的内控式工具，自上而下层层贯彻了上级意志，绩效评定权握于上级之手，晋升或淘汰全由上级定夺，地方政府努力完成绩效目标博得上级青睐就成为其优先考虑，绩效排名等政绩因素对地方政府领导班子晋升的决定作用注定了政府面临对上负责与对下负责冲突的决策选择，但这种行为选择的连带后果，却是地方政府为民服务的机制被大大弱化了[1]，地方政府目标与民众的利益目标并不完全一致甚至存在冲突，所以上级政府不愿通过民主评议削弱绩效考核对下级政府的内部控制力，而且民主评议让政府绩效与行为被媒体与民众关注，回应来自不同利益群体民众的不信任甚至敌视，所以从自身利益考虑，上级政府通过民主评议收集各个利益群体对政府的信息，只是作为上级评估绩效考核的参考依据，或仅仅在

1 张凤阳:《政府职能转变的三重梗阻及其疏通》,《上海行政学院学报》2015 年 3 期。

形式上体现民主，并不愿让民主评议实质性地影响政府绩效考核结果。长期来看，我国正在努力构建国家治理现代化体系，民众对政府绩效做出评议是我国民主政治发展的必然结果，而从目前来看，民众对政府绩效评议的影响力在与政府自身利益的较量中却完全处于不对等的弱势地位。由此，我国目前需要解决的首要问题是让民主评议真正成为具有对地方政府绩效管理作出评判的决策参与者，换言之，即通过地方政府绩效管理民主评议增强政府责任意识并让公民对政府的信任度提升。

一、理论基础

（一）政府绩效管理公民参与的政治基础源于交换正义

国家就是一大群人相互订立信约，每人都对它的行为授权以便使它能按其认为有利于大家的和平与共同防卫的方式运用全体的力量和手段，在这种行为中，大家都把自己的意志服从于它的意志[1]。由此，国家权力起源于民众对于国家的信任，而让公民合法参与政治统治则是国家的责任。这种责任与信任如何才能体现公平，罗尔斯认为公民参与政府绩效管理是基于一个公平的契约，这个公平的契约将符合两个相当不同的原则：第一个原则要求平等地分配基本的权利和义务；第二个原则认为社会和经济的不平等只要其结果能给每一个人，尤其是那些最少受惠的社会成员带来补偿利益，它们就是正义的[2]。或者说，责任与信任是基于正义基础上的交换，政府绩效管理的民主参与成为公民放弃自由的消极交换，即交换正义。当民众把自由作为一种交换交给国家时，民

1　［英］霍布斯，黎思复、黎廷弼译：《利维坦》，商务印书馆，2010 年版，第 131 页。
2　［美］约翰·罗尔斯著，何怀宏、何包钢、廖申白译：《正义论》，中国社会科学出版社，1988 年版，第 14 页。

众期许获得相对自由、安全和幸福[1]。民主参与是限制政府集权统治，争取自由人权的公民自我保护模式。我国责任政府构建的实质是政府与公民关系的改变，原来的老百姓已经变成了公民，政府与公民的关系则变成了平等的交换关系和平等的制约关系[2]。在西方，官员在选举中对选民作出承诺，被要求向公众负责，公众根据官员的业绩对下一轮选举作出决策，我国没有这个代理民主的过程，民主参与绩效管理作为一种符合正义、善、人权的方式，必须在国家的规则体系中得到承认，必须使民主参与固定化、制度化，并最好以法的形式划定民主参与的权力界限。

政府绩效管理的民主参与与责任制紧密相关，但政府业绩本身就包含多重的责任期望，对谁负责和负责什么本身就是一个含糊不清的问题[3]。在政治环境日益现代化、民主化的压力下，我国一项政治制度能得以生存，倚重于这项政治制度获得支持的广度及制度化的程度，如果绩效管理制度总是由中央层级及各地方政府依据一套固定程序行事，其制度的广度就是有限的，相反，如果大部分民众都加入了政府绩效管理评估中并遵循政治程序行事，这项制度的广度就很可观了，其制度的社会基础就是稳定的、受尊重的和周期性发生的行为模式[4]。可是，虽然有些民众会对政府绩效有一些偏好、期望和欲望，他们对政府及职能部门尤其是利害攸关的职能部门或公共事务有看法，对权威政府的行为有意见，但并不愿意参与评估。如何使这些民意的期望传输到政治系统内部？民众对政府的期望在政治精英集团的竞争中得到了很好地转换，获得最新统治的政治精英集团由于感受到来自社会

1 ［德］奥特弗利德·赫费，庞学铨、李张林译：《政治的正义性》，上海译文出版社，1998年，第302页。

2 李景鹏：《政府的责任和责任政府》，《国家行政学院学报》2003年5期。

3 ［美］凯瑟琳·纽科默等编，张梦中等译：《迎接业绩导向型政府的挑战》，中山大学出版社，2003年，第38页。

4 ［美］亨廷顿著，王冠华、刘为译：《变化社会中的政治秩序》，上海人民出版社，2008年版。

下层的压力，并期望获得大多数民众的支持，即使大部分社会成员不把欲望表达成需求，政治精英集团也要替他们提出来[1]。为了更准确把握民众的需求，政治精英集团还通过一系列的制度设计让这些需求进入政治系统，对政府绩效进行民主评议是获取民众需求的重要手段。

（二）地方政府绩效管理公民参与的管理基础源于制度创新

在地方政府绩效评估问责上，“顾客至上”是建立政府与公众直接责任关系的前提[2]。这个观点在西方文献中同样得到支持，电子政务的飞速发展使得政府绩效评估不得不考虑公民的需求，基于 1104 名美国民众对公共部门信任及满意度的测评发现，政府代表制度的组织和机构大多面临信任危机，特别是金融系统管理[3]，与公民联系越是紧密的行政管理部门行政问责越频繁[4]。然而，相较于西方，我国政府绩效评估则更多着眼于内部控制和监督。我国实践中的政府主导非常明显，评估具有自上而下的单向性特征，重视政府主管部门对下级和所属企事业单位的评估与控制，忽视社会对政府部门的评估与监督[5]。现有的政府绩效评估注重的是政府做了什么的评估，有没有完成上级下达的各项指标，忽视了做的怎样、公众的感受与社会效果的评估，基本上还是作为政府内控辅助工具而局限于内部行政效率的监督，基本没有涉及对政府公共权力社会监督、“公众本位”的价值导向、发展方式和行政方式转变等方面，这与运用绩效评估促进服务政府、责任政府建设和深化行政

1 ［美］戴维·伊斯顿著，王浦劬主译：《政治生活的系统分析》，人民出版社，2012 年，第 102 页。

2 彭国甫、陈巍：《政府绩效评估问责功能的形成机理与实现途径》，《湘潭大学学报（哲学社会科学版）》2009 年 1 期。

3 Mizrahi, Shlomo, Vigoda - Gadot, Eran, Van Ryzin, Gregg. Public Sector Management, Trust, Performance, and Participation. *Public Performance & Management Review*, Dec. 2010, Vol. 34, Issue 2, pp. 268 - 312.

4 Malcolm Aldons. Responsible, Representative and Accountable Government. *Australian Journal of Public Administration*, Mar. 2001, Vol. 60, Issue 1, pp. 34 - 42.

5 周志忍：《政府绩效管理研究：问题、责任与方向》，《中国行政管理》2006 年 12 期。

管理体制改革的目的是不相适应的[1]。

21世纪之交，我国地方政府以公民为导向掀起了风起云涌的政府绩效管理创新，具有代表性的有杭州市政府的“满意不满意评议活动”、沈阳市政府的“市民评议政府活动”、南京市的“万人评议机关”等，民主评议作为在全国地方政府绩效评估最具影响力的公民参与模式，虽然没有高校专家评估模式、专业公司评估模式专业权威，但是随着民主评议政风行风工作广泛持续的开展，十余年创立了中国式“第三方评估”的雏形[2]。地方政府绩效管理在自身评估与外部评价的博弈中，逐步达成了意见的协调，比较理想的格局应该是自身评估与外部评价共同内含于政府绩效管理中[3]。对于如何把政府自身评价与外部评价共同内含于政府绩效管理中，西方学者们提出了解决路径：托马斯（2010）提出著名的公民参与的有效决策模型中认为当公众与公共管理机构目标存在不一致时，传统的公共管理者充其量只是让公民在提供信息方面发挥作用，在形成最终的决策方案时，他又成为了独断的决策者。面对这类性质的问题，最好的解决之道是公共管理者在做出决策前，要与公民整体进行讨论、协商[4]。更多的西方学者研究发现部门拥有自主权，尤其是更高的预算自主权能促进公众参与；在社区绩效评估的公民参与可以增加社区居民的生活质量[5]；通过在弱势群体中培养参与途径来加强绩效监管的严格程度[6]。在法律与制度层次上，学者们提出要增加对政府的信任必须更新国家的公众参与法，法律修改特别需适应技术创新，公

1 蔡立辉、吴旭红、包国宪：《政府绩效管理理论及其实践研究》，《学术研究》2013年5期。
2 徐双敏：《政府绩效管理中的第三方评估模式及其完善》，《中国行政管理》2011年1期。
3 郭庆松：《多重博弈下的中国政府绩效管理》，《国家行政学院学报》2009年1期。
4 ［美］托马斯著，孙柏瑛等译：《公共决策中的公民参与》，中国人民大学出版社，2010年版，第110页。
5 Lyle Wray, Hauer, Jody. Performance Measurement to Achieve Quality of Life: Adding Value through Citizens. *Public Management*, Aug. 1997, Vol. 79, Issue 8, p. 4.
6 Woods, Neal D. Regulatory Democracy Reconsidered: The Policy Impact of Public Participation Requirements. *Journal of Public Administration Research & Theory*, Apr. 2015, Vol. 25, Issue 2, pp. 571-596.

民参与监管决策程序也已在美国各级政府广泛制定，通过对公民的直接访问可以降低决策监管成本[1]。Veronesi 和 Keasey 在对 1997 年以后英国国家健康服务政策中病人及公众对政策实施所产生的影响进行实证分析发现，如果公共部门是学习型组织并有效领导，公民参与更容易产生兼容、共同所有权以及以顾客为中心[2]。被中西方学术界寄予厚望的地方绩效评估民主评议在我国的发展历程还处于初级阶段，有些地方政府的绩效管理民主评议已经暂停，其成长并不顺利。那么，阻碍我国地方政府绩效评估公民参与走向成熟的阻力在哪里？地方政府绩效考核民主评议如何科学影响政府绩效管理以提升政府责任获取公民信任？西方学者提出的解决路径在我国是否有效？目前我国绩效管理研究成果大多为理论推演或绩效管理模式的总结，没有通过案例研究深度挖掘、剖析地方政府绩效管理公民参与发展、演化或失败的深层次原因及解决路径。本研究基于文献理论溯源，以南京市万人评议机关工作作风十八年的演化轨迹为案例，对地方政府绩效管理公民参与进行剖析与思考，试图找出这些议题的答案。

二、研究设计

本研究试图采取单案例研究方法，该方法可更好地了解案例的背景，并能保证案例研究的深度[3]，而且单案例纵向研究如果设定理想的时间间隔对案例进行深入剖析，将有助于反映该研究案例在不同时期的变化情况，单案例研究得出的结论将有助于加深对同类事件的理解。由

1　Neshkova, Milena I. Does Agency Autonomy Foster Public Participation? *Public Administration Review*, Jan. 2014, Vol. 74, Issue 1, pp. 64 - 74.

2　Veronesi, Gianluca, Keasey, Kevin. Patient and Public Participation in the English NHS: An Assessment of Experimental Implementation Processes. *Public Management Review*, Apr. 2015, Vol. 17, Issue 4, pp. 543 - 564.

3　Dyer, W. G. andWilkins, A. L. Better Stories, not Better Constructs, to Generate Better Theory: ARejoinder to Eishenhart. *Academy of Management Review*, 1991, Vol. 16, Issue3, pp. 613 - 619.

此，本章用单案例纵向研究方法来分析我国地方政府绩效管理的公民参与责任制政府构建与民众信任的演化。

（一）个案的选择

选择南京市万人评议机关为研究对象，主要基于以下原因：一是南京市万人评议机关是全国较早进行政府绩效管理民主评议的创新代表之一，这项活动从 2001 年到 2019 年历经了 18 年的演化与发展，民主评议的各项制度运行逐步趋于稳定，已成为树立和展示南京机关形象的重要品牌，成为全国地方政府绩效管理民主评议的典范。二是在南京市万人评议机关发展过程中，以政府责任与民众信任为主线的多元价值主张不断发生演变，不同阶段的价值主张不仅影响着南京市万人评议机关活动各项制度运行，更产生了差异性的民众回应，推动着南京市万人评议机关的发展，符合本研究的议题。因此，该案例具有较强的代表性。

（二）案例演化阶段

历经 18 年的发展，南京市“万人评议机关”在外界的赞誉、质疑中不断反思、探索与创新，历经了起步阶段、发展阶段、转型阶段、升级阶段四个阶段的演化[1]。

1. 起步阶段（2001—2003 年）

2001 年在南京市领导的强力推动下，南京率先在全国启动“请人民评判”的“万人评议机关”活动，全市 90 个部门单位纳入了万人评议活动，2002 年南京市委、市政府召开的全市“转变作风年”动员大会对排序靠前的市委办公厅等 10 个部门予以点名表扬，对末位的主要领导作出处理，免去市房产局、市容局主要领导行政职务。2002 年被评议

1　演化阶段划分参考了中共南京市市级机关工作委员会、南京市社会科学院《南京市“请人民评判”十年行》，南京出版社，2012 年；吴江主编《请人民评判——南京市“万人评议机关”的理论与实践》，党建读物出版社，2005 年；南京市机关作风建设办公室内部资料；课题调研访谈记录。

部门被分为执法类和综合类两大类。虽然当时评议指标还显粗糙，但“动真格”不仅使机关干部深受震动，在全国也反响强烈，先后有210多个城市来宁取经。南京市万人评议机关活动迅速在群众心中树立了权威。

2. 发展阶段（2004—2007年）

这一阶段南京市重点对万人评议机关的评议内容、评议保密性、评议代表的产生进行了变革。一是评议内容改革为以群众评议为主，内部机关综合评议为辅的综合评议模式，以7：3的比例纳入最后评议分。2005年首次实行了市级机关与区县机关评议上下联动。2006年评议范围内部延伸至机关内设科室。二是被评议部门（单位）分为三个组，其中市房管局、市市容局等直接为人民群众服务的部门专列为一组。三是开发了“评议人信息库”软件，除市级领导外，其他评议人均采用抽样办法选取。四是《评议表》发放和回收程序严格规范。五是首次试行网上评议。南京市“万人评议”工作已进入省、市、区（县）到部门处室的上下联动、纵向贯通的发展阶段。

3. 转型阶段（2008—2012年）

这一阶段南京市万人评议机关活动进入了局级部门评议和处室评议相结合的深入发展时期。改革创新主要有五点，一是改变了上一阶段的综合考核评价模式，恢复到完全由群众评议。二是群众评议员产生程序越来越公正，由按照工资单随机抽取与街道社区选择相结合。三是评议周期改为两年一个周期，单年处室评议、双年局级部门评议。四是南京市开展政风行风民主评议“述职直播”活动，工商、城管、公安等10个市民联系紧密的行政部门，直接面向群众接受评议，把领导干部评出了“一身汗”。五是2012年开始重新向社会公布评议结果。南京市“万人评议”工作进入了机关处室评议全覆盖的转型阶段。

4. 升级阶段（2014—至今）

南京市万人评议机关活动在2013年因涵盖于群众路线教育实践活动专项评议中，不再单独评议，故暂停一年。2014年，南京市委、市政府对万人评议活动进行了全面升级，创新性改革有四点，一是首次组织开展“四位一体”的机关作风建设综合评议活动，包括印象评议、要素评议、事项评议和作风建设工作考核四个部分。二是首次委托第三方机构进行第三方事项评议。三是对评议对象进行了扩容，增加园区管委会、建设指挥部及对经济和社会发展影响较大的企事业单位。四是取消处室评议。

（三）南京市万人评议机关活动五维结构动态运作

南京市“万人评议机关”模式经过起步、发展、转型、升级四阶段的磨砺逐步整合为核心成果、评议内容、民主参与、被评议对象、成果运用五个维度的运作架构，这五个维度以民主、责任、公正、公开、科学为价值导向相互关联又相互制约，为南京市“万人评议”的成功运作提供了平衡的动态支撑架构，其最终目标是为了通过政府绩效评估的公民参与提升民众对政府的满意度和信任度。（如图 4－1）

1. 核心成果

18 年来，群众对南京市机关工作作风满意度不断提升，“只要评议结果有排名，不管是否公布在媒体，对我们来说都是压力”（NJGAJFT181119），从 2001 年市民满意度 28％提升到 2018 年市民满意度的 84％（图 4－1），每一个满意度百分比的提升都凝结着南京市机关部门对服务品质的辛勤付出，政府各部门对群众意见回应性的提高带来的良好社会效应不断扩散，南京市政府的治理效能不断提升，这验证了前人的结论，即公民参与创新治理的程度越深，就越倾向于正面评价其创新活动的有效性，有助于改善治理绩效。

2. 评议内容

南京市万人评议机关的监督内容即测评维度由起步阶段的单纯印象评议发展到升级阶段的印象评议与执行力要素评议、窗口单位服务效能的事项评议、日常工作作风的工作考核相结合。测评维度发展越来越精细化、针对性强，弥补印象评议对政府评议太过笼统的弊端。印象评议

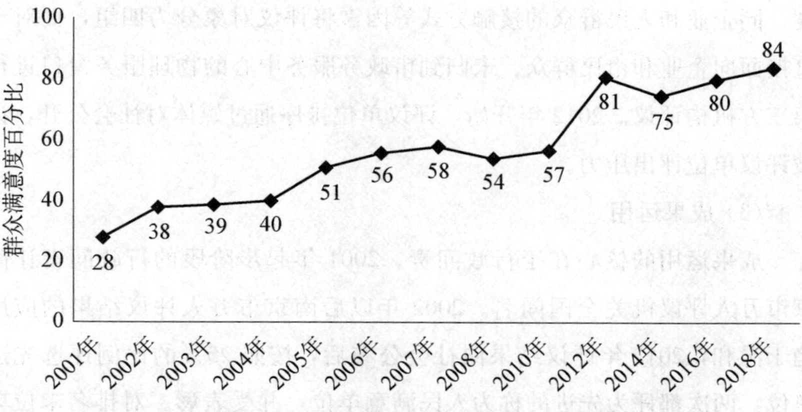

图 4-1　2001—2018 年南京市机关作风群众评议满意度分布图

注：2008 年后评议改为两年一次，满意度数值是社区（行政村）群众代表、企业管理人员代表、教科文卫体专业人员代表等满意度的均值。

与要素评议、事项评议、工作考核对于最后满意率的权重比是 10∶5∶4∶1。测评维度由单一化向综合化发展，由粗放型向精细型发展。

（1）民主参与

南京万人评议机关活动的核心竞争力在于民众的参与度及代表性。目前南京市万人评议发展为包括机关、基层群众、知识分子、第三方评议机构等 10 个群体 360 度的多元化评议主体，各个群体的数量有严格的规定，比如群众满意度中的社会评议人，包括社区群众代表 4000 人，企业管理人员 3000 人，教科文卫体专业人员 1100 人，省市“两代表一委员”、民主党派、工商联、无党派人士和市作风监督员 400 人。历经多年发展，参与民众逐年递增，从 2001 年 8348 人参评到 2014 年实际填写《评议表》评议人就达到 28921 名，网络参与评议的社会公众有 55208 人，创下历史新高。

（2）评议对象

被评议对象是南京市万人评议机关的载体，核心是被评议对象满意率排序是否向社会公开。以公平为宗旨，被评议机关分组经过 18 年的完善目前已非常精细，按照工作性质与职能，与经济社会发展的关联程度、同企业和人民群众的接触方式等因素将评议对象分为四组，而对于直接面向企业和市民群众、未归到市政务服务中心的物理服务窗口进行第三方机构评议。2012 年开始，评议单位排序通过媒体对社会公开，让被评议单位评出压力。

（3）成果运用

成果运用的核心在于行政问责。2001 年起步阶段的行政问责让南京市万人评议机关全国闻名。2002 年以后南京市万人评议结果的应用趋于温和，2012 年评议结果向社会公布后，按照 25％的比例评选先进单位，两次都评为先进的称为人民满意单位，并受表彰。对排名末位单位通报批评，由分管领导与主要负责人进行约谈；连续两次处于末位的单位由市委组织的工作组对其进行专门责任考核，评议结果作为领导班子提拔任用的重要依据。每年近万条收集的民意是珍贵信息，这些意见会原封不动地呈报给南京市委、市政府领导班子。

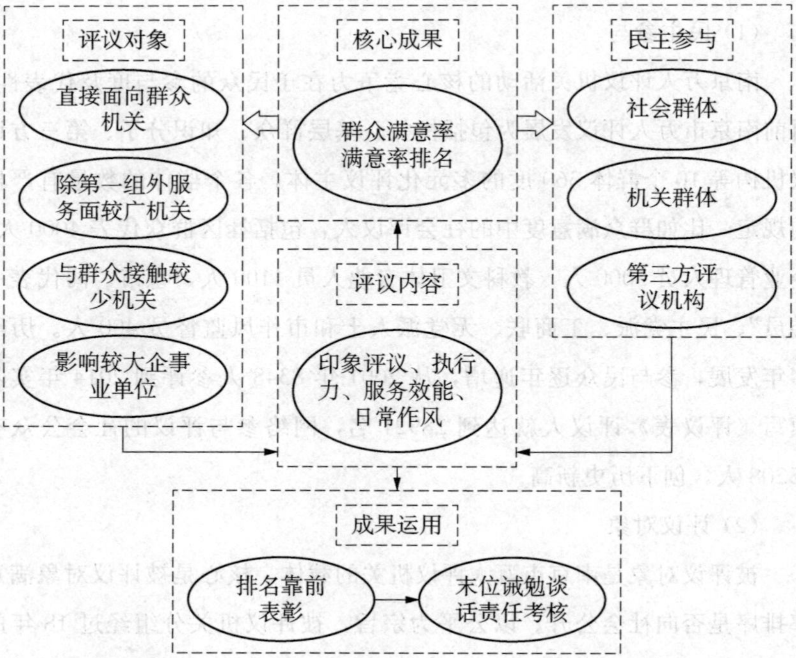

图 4－2　南京市“万人评议机关”五维结构框架图

（四）责任与信任权衡下多元价值竞争与变迁

南京市“万人评议机关”活动能不断发展完善18年，其最主要因素在于它顺应了我国行政管理体制改革向民主化发展的历史潮流，而每年能把几千条民意原汁原味地呈报给南京市委、市政府领导班子则足以激发领导对这项活动的重视。18年来南京市万人评议活动以获取更多民众信任、政府承担更多责任的博弈为主线，在各个发展阶段以显性的制度流程或隐性的权力较量等形式呈现出民主、科学、公平、公开、问责等多元化价值竞争，让该项活动在政府权力与公民权力的相互制衡中曲折演变与发展。

1. 民主参与群体代表性的权衡

2001年，南京市“万人评议机关”活动起步，“让人民评判”提出的强烈的民主价值导向成为这项活动最大亮点。为了让评议主体更具有代表性，南京市委、市政府对评议民众群体进行了多次创新与变革，如网上评议、用工资单随机抽样民众等方式。目前评议人的10个类型中，基层公职人员、群众占比最多，充分体现了此项活动对于民主性价值的追求。然而，基层评议人的产生方式是自上而下式的，这种产生方式会无形中选取一批“好公民”偏好的基层代表，而无形中规避了对政府有积怨的“坏公民”群体。评议人组成整体向公职人员、中产阶级倾斜，不能体现公民参与对每位公民的平等权，以及对少数弱势群体的适当倾斜，尤其是对南京社会最底层群体关注不够。民主评议人的代表性是活动得以可持续发展的基础，越是有广泛的基层群众支持，特别是社会底层群众参与和关注，这项活动越具有广泛的政治基础而稳固地发展下去，而如果只是关注精英层、中产阶级的想法与意见，其所维持及提升影响力的压力是巨大的，或失去了这项活动发展下去的政治原动力。

2. 客观公正与政府权力的较量

南京市万人评议机关程序及结果的公正性一直是南京市委追求的价值。然而，在实际运行中，被评议机关为了获取好的排序或较高的满意率，对网络评议、纸面评议、第三方机构评议等评议通过各种方式疏通关系、拉票示好，运用权力来影响最终评议结果，这不仅影响了评议结果及排序的客观公正，更是挫伤了勤勤垦恳为群众服务机关的积极性，让民主评议成为内部权力运作与潜规则政治行为的角斗场。为了保证群众评议机关的公平公正，南京市委、市政府作了多次创新，包括机关本身不再作为评议人，而把机关作风建设监督员单独作为一个层面的评议人。调整了评议人的选取办法，除领导这个层面外，其他 9 个层面的评议人均采用抽样的办法产生，增加了选取评议人中的不确定性，网络评议从面上扩大了评议的广度和影响力。评议制度还严格规定限制被评议单位进行影响评议公正的宣传、活动等，对机关部门（单位）影响公正的行为，一经举报查实，给予扣分处理。

3. 公开与问责的权衡

南京市万人评议机关活动的评议主体是群众，群众当然有权知道评议结果。可是评议的结果和排序向社会公开就意味着面对媒体、群众等来自社会各个群体的巨大压力，南京市委、市政府对排序末位单位问责成为社会关注焦点。由此，在南京市万人评议活动发展历程中评议结果排序是否公开、如何问责在社会舆论压力、南京市委领导班子决策的权衡中不断嬗变。第一阶段 2001 年向全社会公布排名，并对排名末位的房产局、市容局主要领导进行了免职处理。第二阶段从 2002 年开始，“万人评议机关”活动却发生了有趣的变化，一方面，“万人评议机关”的设计方案越来越细化，越具可操作性；另一方面，评议结果的公开度及对末位排位的处理力度，却有所收缩，从 2002—2011 年，评议结果一直没有公开，改为机关内部通报，即“一家单位只知道自己的排名情况，并不知道别家的”。第三阶段 2012 年又开始每年向社会公布结果，对排序末位单位问责较 2001 年温和，评议得分排序评议为三个组末位的以及综合评价排序比上一年下降 5 位以上的部门（单位），确定为重点整顿单位，由市委领导对其领导班子进行责任考核，由市分管领导进行诫勉谈话，这些问责倒逼机制让南京市被评议单位倍感压力。公开与问责总是紧密联系，2001 年对排名末位干部的免职给机关领导带来巨大压力，迅速使活动获得民众支持，但因为缺乏长期实行的制度支撑，或者会因失去被评议机关的合作与支持让这项活动无法持续。林德布洛姆的渐进决策认为通常（虽非总是如此）在政治上切实可行的政策，只是与现行政策逐渐地或稍为不同的政策。与现行政策大不相同的政策难免失败[1]。目前南京市委、市政府对南京市万人评议的定位是为了更好地提高公共服务质量和群众满意度，处理干部不是最终目的，通过适当惩诫以监督排名末位单位绩效改进、让机关单位提高服务质量与效能才是目的，或者说，这种方式的行政问责是评议活动囿于现状能持续发展的最佳选择。

三、 结论与讨论

（一） 结论

赫费提出政治的正义性是非纯粹经济学意义上的交换正义性，交换涉及人的（行为）自由，自由的限制换得了自由的保障，对自由的回报以对自由的权利[2]。南京市“万人评议机关”活动实质上是通过公民参与行权民主权利，并监督政府对公民负责以获取公民信任的交换正义，是我国内控式政府绩效管理系统逐步向异体监督的典型范例。它首先肯定并承认公民的主体地位和基本权利，重新定位了少数人执政和多数人利益及权利的关系问题，民主价值在南京市万人评议活动发展与演化过程中逐渐被公正、公平、责任等价值观延伸与包容。在各种权力、利益的冲突与争斗中保持民主评议结果不受干扰迫使南京市委市政府革新了评议程序以确保结果的公平公正。自 2001 年公布评议结果后历经了 11

1　［美］查尔斯·林德布洛姆著，竺乾威、胡君芳译：《决策过程》，上海译文出版社，1988 年，第 42 页。

2　［德］奥特弗利德·赫费著，庞学铨、李张林译：《政治的正义性》，上海译文出版社，1998 年，第 1 页。

年的博弈与权衡，2012 年又一次向社会公布评议结果，评议结果向社会公布证明了南京市各机关单位承受民众监督压力的信心和决心。政府绩效管理系统作为政治生态系统中的控制环节，本应是开放的系统，听取民意把公民信息输入到政府绩效管理中，民众期待政府的回应性不仅仅是看到评议结果或排序，更期盼政府对民众的评议结果作出回应，而问责是对目前评议结果回应性的焦点，南京市万人评议机关在目前对排名末名机关单位的问责机制，在政府工作纪律逐渐苛严的氛围中给机关公务员们带来了压力。当然，新事物的发展总是带有这样或那样的不完善，南京市万人评议机关存在着民主评议人代表中公职人员或中产阶段群体占比过多，对底层弱势群体倾斜不够、网络评议没有起到实质性的作用、评议结果对政府决策影响度有限等缺陷。虽然它对南京市委市政府决策影响力及在群众中的影响力有限，但确确实实让南京市的政府机关单位责任意识增强，民众享受到了更好的公共服务质量，公民行使了我国宪法规定的基本民主权利，是我国行政管理体制民主化发展的初步探索与创新。

（二）讨论

1. 以获取信息为目的的民主评议模式远不能满足责任政府构建的纵深发展

南京市万人评议机关对于我国地方政府绩效管理改革带来了新思路，其发展路径的曲折引发我们对地方政府绩效管理民主化改革的思考。南京市万人评议机关活动中公民参与的程度是以获取公民对机关单位的反馈信息为目标的，在评议互动中，没有赋予公民影响绩效管理决策的权力，虽然评议内容越来越精细、科学，公民参与群体却没有进入决策系统内部。在收集信息时，评议人有时是被动的参与者，如通过填写纸质或网络版的评议表给机关单位提意见，有时又是主动的参与者，如打 12345 投诉电话反馈民意，公民自发地要求政府提供某种服务，表达对政府某项服务或某个服务机关的不满。这种以获取信息为目的的绩效管理民主评议具有两个好处，第一，地方政府决策层基于广泛收集的民意进行绩效管理决策，既部分考量了民意，又保证了决策的效率性和内控性，避免因公民参与决策而带来的巨大舆论压力和低效的争辩与僵持。第二，让民众通过自下而上的方式表达、宣泄了对政府的评价、不满、抱怨甚至愤怒，让地方政府对于民众普遍反映的问题给予关注。但是，这一切的前提是政策决策者不希望民众参与他们最后的评价决策。南京市万人评议机关将不可避免地遇到一个矛盾的命题：一方面政府希望通过周期性的“万人评议机关”活动尽量公平、公正、科学地收集到一部分民众（主要是对城市经济社会发展影响大的，政府关注的民众群体）对政府的评价及意见，并排成满意率排序，由外而内形成压力传导机制，通过行政权力对被评议机关单位进行奖惩。另一方面是民众参与评议机关单位，提出了几千条建议，便期望迅速得到回应，而政府对民意反馈的模糊性处理使得回应性效率低下，显然不能满足参评群体的期望，长期以往便会造成民众对万人评议单位机关的支持度下降或敷衍应付不愿说真话，最后造成评议活动被架空，成为地方政府流于形式的政绩形象工程。

责任政府构建是政府公共行政进行民主控制的安排，公民通过制度安排实行有效民主参与是保证政府机关及工作人员的所作所为合乎人民的利益、权利和福利的基本要件[1]。我国目前的政府绩效管理的民主参与还处于起步阶段，离宪法的规定和民众的期望尚有较大差距。随着我国治理体系现代化建设的推进，政治精英集团越来越关注民众包括社会底层民众的意见，公民参与到政府绩效评议中，不光只作为信息提供者，还应是政府绩效测评的建议者、顾问及合作者。不同利益群体代表（包括社会底层和弱势群体）影响着政府绩效测评的结果，评议代表可以进入政策决策系统内部分享决策权，不仅对政府绩效测评结果具有建议权，更可以监督各机关单位对于民意的回应与对策，形成这些机关单

1　张成福：《责任政府论》，《中国人民大学学报》2000 年 2 期。

位治理难点、政策漏洞、作风问题的共同意志，左右着政府对被评议单位的绩效测评结果，跟踪绩效改进情况。评议代表进入政策决策系统内部分享决策权似乎会拖延政府绩效决策的效率，然而，公民参与政府绩效测评的纵深发展却能大大提高政府的公信力、政治支持度、政治责任，亦可以提高新政策推行的民众接受程度与效率，自然过滤掉或预见到一些可能引发群体性事件的危险决策，减缓普通民众对政府的不理解、不合作甚至敌视等积怨。由此，政府绩效管理公民参与的理想发展轨迹是由初级阶段的简单参与、提意见提升到与政府成为战略联盟。

2. 地方政府绩效管理公民参与的制度改进

(1) 通过法治化保护公民参与政府绩效管理的民主权利

我国地方政府绩效管理的公民参与目前还是地方政府绩效管理的民主化创新，还没有上升到法律规章的层面。美国早于 1993 年就实行了《政府绩效与结果法案》，对绩效管理与评估的程序、方法和考核进行了严格规定，《公众参与法》增加公民对西方政府的信任[1]。政府绩效管理本质上是行政权的运作、监督和公民权的保护[2]。我国政府绩效管理体系目前是政府内部控制与管理制度，要增强政府责任、保护公民参与权利不可侵犯，需要对政府绩效管理和评估进行立法，规范与界定绩效管理公民参与的民主权利，把民主评议活动升级为依照法律而实施的常规事项，严格规范与确定公民参与在地方政府绩效管理中的地位与作用，让公民参与政府绩效管理受到法律的保护，约束着政府的行为。

(2) 跟踪问责政府绩效改进增强民主评议结果的回应性

正如上文提及，南京市万人评议机关活动发展的生命力在于民意回应性，这是体现政府责任及提高评议活动公信力的关键环节。排名末位的政府信息公开了，分管领导诫勉谈话了，这些单位工作作风是否真正改进？评议人每年提出的几千条民意具体反映到了哪个政府单位，解决

1 Leighninger, Matt. Want to Increase Trust in Government? Update Our Public Participation Laws. *Public Administration Review*, May. 2014, Vol. 74, Issue 3, pp. 305 - 306.

2 潘小娟：《关于我国政府绩效管理立法的思考》，《理论探讨》2009 年 4 期。

或改善情况如何，解决不了的原因是什么？民主评议给政府带来的压力不光只是得分排序，还有深入地绩效改进、跟踪及定期信息公布。南京市政府可以通过创建网站、公共微信号等宣传评议活动、收集民意、倾听民意，评议人通过网络或电话查询到他提出的民意处理的进展及落实情况，特别是弱势群体的民意需优先解决，让评议活动不仅收集民意，还成为政府体现回应性的民主沟通平台。

（3）突破行政系统边界让民主评议从事后监督变成全过程监督

南京市行风评议办公室把解决老百姓反映的热点、难点问题强化为行风评议的主题，而公民行使管理国家事务和社会事务的正当权利如参与决策的议程、决策执行和决策评估被严重忽略了。目前的民主评议活动是对政府部门及一些公共服务单位的事后监督，随着我国行政体制民主化进程的加快，可以尝试把一些关系城市治理的重大决策在正式颁布前走民主评议程序，让评议代表们对决策进行投票，并作为决策能否正式实施的实质性环节而不仅仅是走过场式的形象工程，这样可以杜绝一些城市治理决策引起民怨沸腾的现象，这是事前监督。采取对评议单位窗口服务、政务电话咨询进行电子评价，年底评议时便直接采集大数据进行统计分析，实现事中监督。年底对各政府部门、公共服务企事业单位进行民主评议其工作作风、效能、事项满意是为事后监督。实现民主评议的全过程监督，让民主评议突破行政决策系统边界，影响了政府的决策，行使了公民的参与权利。

第二节　地方政府绩效考核民主参与的制度化之路

一、问题的提出

地方治理创新是地方政府为了提高治理效能，改善地方政府公共服务质量而进行的创新性改革和完善。地方政府治理创新往往针对回应公众意愿、解决公共事务出现的新需求新问题，而有时常规性官僚体制的惰性或失灵又无法很好解决与应对社会多元利益主体的新需求，于是，地方治理创新采用新的理念、技术、方案，打破管理常规化，在短期内迅速解决问题，并带来轰轰烈烈的社会效应和政治效应，在政治动员中集中与组织社会资源以实现地方政府各种治理目的。然而，我国地方政府治理创新的短期化和“人走政息”却时有发生，因为中央政府赋予的政策空间有限，以及变化迅速的地方经济社会形势使得一些地方治理创新失去了持续发展的合法性[1]。党的十九届四中全会指出“构建系统完备、科学规范、运行有效的制度体系，加强系统治理，把我国制度优势更好转化为国家治理效能”。成功的地方治理创新只有进行制度化以后才能更好地提升地方治理效能，发挥制度优势实现治理创新的可持续发展，换言之，即地方治理创新中的结构、行为、角色随着时间被授予合法性、高度正规化而慢慢变得稳定，并最终嵌入正式科层制。早期制度学派（又称为旧制度学派）提出制度化（Institutionalization）首先提升了结构稳定性和持久性，并通过价值灌输（Instilling Value），为结构和流程提供内在价值，通过设定具体目标和技术手段实现制度化[2][3][4]。除了结构层面，制度学家还关注制度化的认知和关系层面，他们认为制度化是一套认知模式和角色关系逻辑形成并达到持久的过程，个人或组织都为了追求自身利益进行博弈，最终达成核心角色的持久性和稳定性[5]。新制度学派强调组织制度化的动态演变，除了制

---

1 张紧跟：《公民参与地方治理的制度优化》，《政治学研究》2017 年 6 期。

2 Tolbert，P. S.，Zucker，L. G. Institutional Sources of Change in the Formal Structure of Organizations：The Diffusion of Civil Service Reform，1880 - 1935. *Administrative Science Quarterly*，1983，Vol. 28，Issue 1，pp. 22 - 39.

3 Scott，W. The Adolescence of Institutional Theory. *Administrative Science Quarterly*，1987，Vol. 32，Issue 4，pp. 493 - 511.

4 Zucker，L. G. Institutional Theories of Organization. *Annual Review of Sociology*，1987，Vol. 13，pp. 443 - 464.

5 Swidler，A. Culture in Action：Symbols and strategies. *American Sociological Review*，1986，Vol. 51，pp. 273 - 286.

度规则、信念、角色、象征性元素标准化外，还需要大家认同的心理模型[1]。

在地方政府治理创新中，治理实际效果好，群众对改革创新表现出的极大支持是地方政府治理创新得以制度化的向上推动的驱动力。公民评议地方政府工作作风是我国地方政府自发的建设服务性政府的治理创新，成为公民有序参与地方治理、提升治理效能的群众利益诉求表达机制。其产生的时代背景追溯至 20 世纪 90 年代早期，当时我国官僚体制问题迭出：官僚作风严重、服务意识差，“门难进、脸难看”，亟待整顿官僚作风，毋庸置疑，地方政府工作作风群众评议活动启动时作为一项地方治理创新，能回应公民的参与诉求并形成压力机制有效提升治理效能。然而，为了得到科层制官僚群体的认可和接受，公民评议地方政府工作作风活动的目标、流程和技术等结构因素由刚开始的轰轰烈烈、超常规甚至激进转型为温和保守，其社会效应没有刚开始那样显著。但是地方政府意识到公民评议地方政府工作作风活动可以纠偏科层制官僚体系因惰性和失灵而产生的问题，有效扩展公民有序参与健全公民利益表达诉求和参与监督机制。于是，历经近 20 年的发展演变，群众、地方政府评议主管部门、被评议部门等各方利益斗争、博弈达成一致性，这项地方治理创新逐渐被制度化，形成了相对完善的制度化体系。那么，地方政府工作作风群众评议活动从地方治理创新走向制度化，通过组织公民有序参与地方治理发挥制度优势，不断提升地方治理效能，这一过程是如何实现的？其内在逻辑又是怎样的？本研究通过多年对南京市机关工作作风群众评议跟踪研究发现，案例近 20 年的发展历程鲜活地展示了公民参与治理创新走向制度化并不断提升地方治理效能的路径。

---

1 Scott, W. Institutions and Organizations: Ideas, Interests, Identities. *Sage*, *Thousand Oaks*, 2013.

二、 文献回顾

（一） 地方治理创新的制度化演变

1. 制度化是地方治理创新可持续发展的根本保障

政府创新是公共权力机关为了提高行政效率和增进公共利益而进行的创造性改革，政府创新可持续性的实质，是政府的创造性改革能够持续增进公共利益[1]。地方政府通过治理创新不断提升治理效能，解决了某些棘手的治理和矛盾，提高了工作效率，公众满意度上升，重树了政府威信。我国学者对地方治理创新的长期发展研究发现，地方治理创新追求长期发展、外延扩散时，被正式组织认同的制度化治理成为治理创新纵深发展的必然选择[2]。由北京大学中国政治学研究中心承担，以北京大学俞可平教授为总负责人、北京大学何增科教授等学者参加的“中国地方政府创新奖获奖项目跟踪研究”课题组研究发现，地方政府治理创新只有使创新行为制度化，才能有效避免因主要领导人的更替而使优秀创新项目无法持续。制度化的前提是政府创新项目被上级认可和社会各界的肯定，更重要的是能造福于民，增加人民群众的实际利益[3]。制度化成为地方政府治理创新的外部推动力，因为制度化意味着中央或上一级政府的认可或是直接确定为地方性法律，能有效提升地方政府治理创新的持续性和扩散性[4]。通过立法等制度化改革将治理创新明确列为政府的法定工作职责和绩效考核重要内容，并规定一系列激励保障措

---

1 俞可平：《中国地方政府创新的可持续性》，《公共管理学报》2019 年 1 期。

2 汪大海、张玉磊：《从运动式治理到制度化治理：新型城镇化的治理模式选择》，《探索和争鸣》2013 年 11 期。

3 俞可平：《中国地方政府创新的可持续性》，《公共管理学报》2019 年 1 期。

4 郎玫：《地方政府创新可持续的影响因素及其交叠效应研究》，《经济社会体制比较》2018 年 6 期。

施，将从制度上保障创新的顺利推进[1]。目前，“请示授权”型地方政府治理创新模式成为不同于“自主探索”和“设计实验”的新型创新模式，但不论是哪种模式，制度化是政府创新有效实施的根本保障[2]。其制度化的内在逻辑还包括：一项好的创新实践必须通过把政府的管理需求转化为民众的社会需求，才能形成长久的制度“惯性”或“习性”[3]。治理谱系变化的窍门是“合法性承载”，因为合法性承载驱动政府注意力分配进行转化[4]。治理创新的长期发展关键是要在多元冲突中建立一个满足规范和共识的制度化过程，这种规范和共识体现为国家治理需要改变权威指令导向，在讨价还价的权衡中建立一个制度化政治过程[5]。

2. 实现制度化的结构适应性和关系博弈

制度学派认为治理模式的制度结构整合和关系达成共识是实现制度化的路径。早期制度学派强调制度结构的适应性过程是价值灌输，制度结构需要具有回应参与者和回应环境约束的功能，还需要技术基础和自我修正功能[6]。Berger 和 Luckmann 解释道，制度化要历经三个阶段：外部化、客观化和内部化，即一群人通过行为和环境的外面交流，形成一个独立于个体的主观臆断的内部化结构，这就是制度结构的社会化过程[7]。正如 Zucker（1987）所述，制度化通过制度结构目标设置、非人格化、技术性、价值灌输来提升组织结构稳定性，并通过社会化来实现行为的稳定。Zucker 认为制度化表现为两个要素，一是有类似规则的、

1　吴建南、马亮、杨宇谦：《中国地方政府创新的动因、特征与绩效》，《管理世界》2007 年 8 期。

2　郁建兴、黄飚：《当代中国地方政府创新的新进展》，《政治学研究》2017 年 5 期。

3　谷志军、黄卫平：《“上下联动”：地方政府创新可持续性的影响因素分析》，《学术研究》2018 年 10 期。

4　徐岩、范娜娜、陈那波：《合法性承载：对运动式治理及其转变的新解释》，《公共行政评论》2015 年 2 期。

5　杨志军：《运动式治理悖论：常态治理的非常规化》，《公共行政评论》2015 年 2 期。

6　Selznick, Philip. *TVA and the Grass Roots*. Berkeley, CA: University of California Press, 1949.

7　Berger, P. L. and Thomas Luckmann. *The Social Construction of Reality*. New York: Doubleday, 1967.

组织化的行为模式；二是嵌入式的非人格化的组织形式[1]。制度化体现的是从规则到行为等一系列社会中的范畴、现象实现规范化、持续化、通约化的过程，制度化通过奖惩实现制度化的约束，而制度化后，治理创新行为具有再生产功能，在时间维度上能够持续发挥作用，在纵向上让创新在数代人之间持续传递，并赢得其他组织的认同甚至模仿[2]。新制度主义对旧制度主义只关注稳定性进行抨击，转向关注组织变化，强调制度兴起和制度变迁的动态过程，制度结构是需要动态变迁和多元化的。

早期制度化理论从认知层面强调制度化根源于一致性，不是强制的一致性（不管是正面还是负面），也不是从内部流程的“黑箱”操作中达到一致，而是自然演变的理所当然的一致性[3]。在一致性过程中，各个团体、组织和阶层在逐利中相互斗争、博弈、妥协，最终形成合适的关系，在制度化逻辑下规定不同角色的定位和行为，并强调核心角色的持久性和稳定性。新制度主义认为制度化以合法性为核心，人们愿意接受组织规则[4]，个人或组织通过权力、承诺和利益妥协对制度化进行战略影响[5;6]。

（二）公民参与的治理创新与制度化演变

美国学者托马斯认为要保证公民参与的长期成效，最好的办法莫过

1 Zucker, L. G. Institutional Theories of Organization. *Annual Review of Sociology*, 1987, Vol. 13, pp. 443 - 464.

2 郁建兴、秦上人：《制度化：内涵、类型学、生成机制与评价》，《学术月刊》2015年3期。

3 Friedland, Roger and Robert R. Alford. *Bringing Society back in*: *Symbols*, *Structures and Institutional Contradiction*. Paper presented at Conference on Institutional Change, Center for Advanced Study in the Behavioral Sciences, Stanford, CA, May. 1987: 15 - 16.

4 Stinchcombe A. On the Virtues of the Old Institutionalism. *Annual Review Sociology*, 1997, Vol. 23, Issue 1, pp. 1 - 18.

5 Greenwood R, Hinings B. Understanding Radical Organizational Change: Bringing Together the Old and the New Institutionalism. *Academic Management Review*, 1996, Vol. 21, Issue 4, pp. 1022 - 1105.

6 Greenwood R, Raynard M, Kodeih F, Micelotta E, Lounsbury M. Institutional Complexity and Organizational Response. *Academic Management Annual*, 2011, Vol. 5, Issue 1, pp. 317 - 371.

于在决策制定中使参与角色的作用制度化。定期对实质性资源施加影响有助于激励公民和公民团体，使其保持积极主动的态度和精神。公民参与可以分为四种类型，即以获取信息为目标的公民参与、以增进政策接受性为目标的公民参与、以构建政府与公民间强有力的合作关系为目标的公民参与、公民参与新的高级形式[1]。依据公民参与中信息沟通或者决策权力分配情况，IAP2（the International Association for Public Participation）将公民参与划分成五种类型，它们依次为“告知”、“咨询”、“卷入”、“协商”以及“赋权”[2]。地方政府工作作风群众评议活动似乎介于“卷入”和“协商”之间，评议主管部门以获取公民对各政府职能部门的评价打分及各类意见等信息为目标，反馈给被评议机关，并对被评议机关的群众满意度进行排名、意见反馈、机关作风大会通报、媒体公布等方式来提升地方政府机关治理效能，推进政府问责机制，有利于形成地方政府领导层、政府职能部门和公民之间的博弈制衡局面，避免地方政府服务效能低下、侵犯公民利益等弊端。这种公民合法有序的参与方式，不仅提升了地方政府责任意识，更能培养公民的“亲社会”行为，增进了公民与政府之间基于影响和行为的信任[3]，有效增进了地方政府与公民之间的责任和信任的交换[4]，是对中国代议制缺陷的一种回应[5]。然而，中央政府掌握着修正乃至叫停地方政府公民创新的“剩余控制权”让地方政府承担着较大的创新风险。同时，公民参与地方治理对于地方政府领导班子的弱激励，更是让公民参与地方治理普遍存在着形式化和空虚化的发展短板。由此，学者们一致认为地方政府工

1 ［美］托马斯著，孙柏瑛等译：《公共决策中的公民参与》，中国人民大学出版社，2010 年版，第 110 页。

2 Plummer, J., Taylor, J. G. *Community Participation in China: Issues and Processes for Capacity Building*. Earthscan, 2004. 转自肖哲、魏姝：《中国公民参与的形式与结果：对 102 个案例研究的再分析》，《东南学术》2019 年 4 期。

3 丁建彪：《公民参与推动政府绩效评估探析》，《湖北社会科学》2016 年 11 期。

4 秦晓蕾：《地方政府绩效评估中的有效公民参与：责任与信任的交换正义》，《中国行政管理》2017 年 2 期。

5 倪星、史永跃：《民主评议政风行风的学理逻辑：代议制的视角》，《深圳大学学报（人文社会科学版）》2010 年 9 期。

作作风群众评议活动的可持续发展，核心途径在于评估过程的结构化，通过制度设计来保证结构化实现。从完善相应的基础制度环境入手是促进地方政府发展公民参与意愿的必由之路。

综上所述，地方治理创新向制度化演变成为地方治理创新的一种“救赎”，但是学者们却鲜有涉足研究公民参与的地方治理创新走向制度化以提升治理效能的演变过程和内在逻辑。

三、 研究设计与发现

（一） 案例背景和数据来源

本研究把南京市机关工作作风群众评议作为公民参与地方政府治理的典型案例，此案例历经多任市委领导，在欢呼、质疑、改革、升级中度过了18个春秋，从刚开始的突破常规、集中资源、大胆创新，到现在编织进正式官僚体制内，不断发生着变迁、升级与转型。本研究经过长期跟踪，收集了本案例的外部资料，包括媒体资料、电视新闻、学者评论、学术论文等；内部资料包括历年南京市机关作风建设各年份群众满意度数据、社会评议制度、工作记录、评议群众访谈记录、被评议机关访谈记录等。在对案例考察时，以制度内容和制度技术作为两个特征总结，对案例的评议制度、新闻报道、学者评论、访谈记录等文本材料进行编码分析[1]。

（二） 研究发现

1. 南京市机关作风群众评议的结构制度化进程

（1）兴起阶段：运动型治理模式让群众评议活动的社会效应迅速扩散（2001—2003年）

---

1 遗憾的是，评议收集意见因涉密不能被编码，我们只能通过一对一访谈获得部分群众意见。

在领导班子的强势推动下，率先推出让群众评议南京市政府工作作风的大胆尝试，活动中一些迅速超常规的举措在全国引起强烈社会反响。经过编码分析，我们发现这个阶段的南京市机关作风群众评议的治理创新符合前人对于运动式治理的论述：地方政府核心领导层强势推动，打破常规机关的职能边界，调动官僚体制内部资源，动员社会资源，引起广泛的社会效应[1;2]。

表 4-1

特征总结	特征具体描述
打破常规	南京市委在全国率先发起 89 个市级机关向群众开放，接受评议（群众评议 2002 年制度）。两位局级领导在“万人评议机关”活动中排名末位而遭免职，属中国首例（文汇报 2003 年 3 月 19 日）。在全国引起强烈反响，接受来自全国各地 100 多个城市观摩学习（人民网，2004 年 12 月 22 日）。
社会动员	2002 年，万人评议实际发出评议表 11902 份，回收 11639 份，南京市群众给予充分肯定（南京市工作作风办工作记录）。
制度科学化不够	印象评议对市政府各职能部门模糊，针对性不强，评议表分为“总体评价表”和“综合评分表”（吴江，党建读物出版社 2006 年）。

（2）摸索阶段：在寻求合适的制度结构中摸索前行（2004—2009 年）

这个阶段特征显示南京市机关作风群众评议开始向制度化转型，创新效应开始扩散，省级机关也启动群众评议。但是却面临转型的多重困境。活动在向省或其他地方政府创新扩散时，初期运动式治理的一些做法受到质疑，活动开始寻求制度化，希翼构建一套科学的制度化评价体系，让这项活动成功扩散，在科层制的官僚体制中生存下来。但是制度

1　周雪光、冯仕政等学者认为运动式治理是基于国家政体强烈的历史使命感和所面临的强大绩效合法性压力，以及该政体所提供的组织和合法性基础，国家能够不时打破制度、常规和专业分际，强力动员国家所需的社会资源。
冯仕政：《中国国家运动的形成与变异：基于政体的整体性解释》，《开放时代》2011 年 1 期。

2　周雪光：《运动型治理：中国国家治理的制度逻辑再思考》，《开放时代》2012 年 9 期。

化过程中，公开度的收缩受到了媒体及群众的抱怨、批评。治理创新模式还在摸索、徘徊中寻求最合适的制度架构，以实现既能和科层制的官僚体制兼容，又不被媒体和群众质疑。

表 4－2

特征总结	特征具体描述
探索制度结构边界	希望能够建立一套科学的机关工作作风评价体系（2004 年 12 月 22 日新浪）。在省里推广扩散时，制度公开性和公正性受到媒体质疑。评议结果排名不对外公开，干部处理力度收缩（2004 年 12 月 22 日人民网）。南京市群众评议“满意单位”结果对群众“保密”（新华社 2005 年 2 月 17 号）。
制度科学化提升	评议主体分类、被评议单位分组越来越细化、评议方式为计算机读取评议表和网上评议相结合，评议指标分类细化（2004 年群众评议制度）。

（3）过渡阶段：正式官僚体制兼容的制度化架构初步形成（2010—2012 年）

这一阶段南京市机关作风群众评议渐渐被南京市各职能部门和社会接受。活动在努力构建一个正式官僚体制接纳的制度结构，不断尝试创新举措，一方面想重新获得良好的社会效应和群众支持，回应市民和企业对这项活动的期望，另一方面也想探索进入正式科层制组织体系的边界。随着评议制度各项分类、指标设计越来越科学、客观公正，评价指标渐渐被政府机关内化成提升服务的倒逼考核指标。评议的制度体系慢慢固定，由外力的群众评议向政府机关内部的压力传导路径效应逐步形成。

表 4－3

特征总结	特征具体描述
试探科层制官僚体制兼容群众评议的边界	2010 年度的机关作风评议有两个突出变化，一个是取消机关之间互评全部改由群众评议，一个是时隔 9 年再次将评议结果面向社会公布。政府部门述职电视直播（新华社 11 月 11 日）。

续　表

特征总结	特征具体描述
评议制度科学性得到被评议单位认可	2010年度的评议将机关分成三组：拥有执法队伍、服务窗口的单位，如公安局、环保局、质监局等列为一组；相对工作宏观、与群众直接接触少的发改委、科委、机关管理局等列为一组；其他工作相对专一的部门如总工会、市委老干局等列为一组（2010年评议制度）。分组评议，让评议部门觉得合情合理，对评议结果心服口服（GUQFT181107）。

（4）形成广泛认同的制度结构的蜕变期（2014年—至今）

这一阶段南京市机关作风群众评议完成向制度结构化的成功转型，治理创新活动完成了制度结构化的变迁，并成功嵌入了科层制的官僚体制内，形成了从市委领导到各机关单位广泛认同的制度结构体系，2014年，群众评议工作纳入市级机关绩效考核内容，让评议的结果得到实际运用。2019年，群众的满意度评议被纳入了由南京市组织部牵头的市综合考核体系，正式完成了从内部循环向外部循环的制度化过程，政府服务质量提升成效显著，并获得了良好的社会效应，治理效能提升显著。

表4－4

特征总结	特征具体描述
制度结构边界形成	评出的先进集体名单通过向媒体向社会公布；征集群众意见反馈至被评议单位，对热点难点问题，加强督查整改(2018年评议制度)，对被评议单位压力温和适中。
制度化结构嵌入	评议结果换算汇总后按15％权重导向市级机关绩效考核成绩（2018年评议制度）； 2019年群众满意度评议纳入由南京市组织部牵头的南京市综合考核（2019南京市委办公厅文件）。
科学评价体系确立	建立印象评议、要素评议、事项评议、工作考核“四位一体”的综合评价体系；引进第三方调查机构对“窗口服务满意度”评议，加入市“12345”工单考评、市政务中心窗口考评（2016年评议制度）。

2. 南京市机关作风群众评议的角色关系制度化进程

地方政府治理创新向制度化演变过程中，角色关系决定着制度化过程中各政治利益角色的均衡，各种政治角色在竞争中达到动态平衡，被合法授权，并高度稳定。南京市机关作风群众评议活动发展中主要是群众和评议主管部门、被评议部门角色的互动博弈。换言之，活动的四个结构变迁阶段过程中群众和地方政府的互动如何通过影响政府工作作风和决策发生着演变？分析发现，南京市机关作风群众评议 18 年的发展变迁中，随着结构制度化的形成，群众和评议主管部门、被评议机关在评议中的互动呈波浪型变化，并最终达成一致，形成一个相对稳定的互动关系，治理效能不断提升。

(1) 打破常规的互动：群众意见迅速获得政府注意力

金登认为政策系统的窗户打开，就像卫星发射，对于行为发起者来说，陈述问题并等待政策之窗打开只有一瞬间[1]。问题一旦获得政府注意力意味着政策之窗打开，此项议题进入了政府优先事项，并排队等待政府议程或决策议程的动态发展。在南京市机关作风群众评议兴起阶段，核心领导高度重视让评议主管部门有较高的合法性承载，对被评议机关的评议监督、公开排名等强势举措让被评议机关倍感压力。评议收集的群众意见迅速超越其他议题吸引被评议机关注意力，并能迅速突破各方政治利益群体的争论权衡阶段，被评议机关迅速做出决策回应群众。

> 2002 年 2 月 20 日晚上，记者手机铃声突然响起，南京市劳动局当晚要开新闻发布会。原来，当天的早报刊载了南京市“民工黑市”回潮消息，劳动局快速反应，紧急部署，连夜约见记者，将给来宁民工求职“市民待遇”的决定，公布于众。(2002 年 2 月 27 日新华日报)

---

1 John W. Kingdon. *Agendas*, *Alternatives*, *and Public Policies*. Second edi. New York: Harper Collins College, 1995: 56.

深入分析我们发现，运动型治理模式下的群众意见迅速获得政府注意力的流程却与金登、琼斯的常规政府决策动态流程有很大差异。在向上负责制体制下，政府官员在高度动员、高度运转下不断打破常规决策节奏和流程，“特事特办”，一方面回应群众意见的及时有效获得群众信任，更回应上一级领导层的高度重视，提升了政府服务效能，克服了官僚主义弊端。而另一方面这种超常规的决策却是间断的、不连续的，这种超常规议程决策方式容易和常规的议程决策形成混乱，而让政府官员在超常规和常规型决策议程之间手忙脚乱。换言之，这种群众意见迅速进入政府决策的模式是和我国当前官僚体制所不兼容的，所以，只能是短期的、暂时的。这时，群众和评议主管部门、被评议机关的角色互动处于非常规化的关系模式中。

(2) 互动关系边界退后：群众意见获得政府注意力放缓

历经了运动式治理的兴起阶段，南京市机关工作作风群众评议活动向更多城市扩散时意识到初期对群众高速回应性带来的“特事特办”让政策产生及执行变得灵活但是偏离常规的制度框架，或者，从韦伯的科层制理论来说，有时领导的个人权利超越了制度合法性。只有让活动不断制度化才能可持续发展，成功嵌套到正式的官僚体制内部。于是，强大的、广泛的动员开始减弱，评议主管部门开始反思上一阶段的弊端，对被评议机关的排名结果公开度、结果奖惩等转向温和保守，但是却又迎来了群众、媒体的抱怨、质疑。这时，群众和评议主管部门、被评议机关的互动关系发生变化，群众意见的政府回应性慢慢减弱恰恰说明了这项活动强烈的意欲形成正式科层制所兼容的关系模式的决心，意识到运动型治理有些激进做法的弊端，但是转型没有采取渐进的方式，忽略了群众对政府机关的期待，群众的意见很难突破政府注意力的门槛，群众感觉政府“决策之窗”似乎关闭，社会效应开始减弱。群众和评议主管部门、被评议机关的角色互动处于边界摸索和尝试阶段。

市级机关作风建设办公室将把这三个单位整改的情况在机关内

部专门通报。将人民评议机关结果中人民最关心的内容对人民秘而不宣，这种做法却令人遗憾。（据新华社电 2005 年 2 月 17 日）

（3）互动关系边界试探：群众意见和政府回应通过媒体进行博弈

这个阶段，评议主管部门在不断试探并试图建立既能转型到常规型治理模式，又能维持良好社会效应的群众和政府互动关系的弹性边界。不论是评议排名重新向媒体公开、由群众 100%打分，还是电视直播各局级机关领导的述职和群众，都是南京市机关作风群众评议活动努力重新获得群众支持的有力举措。然而我国现行体制中各种理性化的形式规则、规范化程序的架构，深受传统治理人格权威、人格权力的影响，这种治理模式，有“父爱主义”色彩，兼有决断和疼爱两种性格。目前常规型的官僚制没有完备的体制保障群众作为政府外角色可以直接进入决策争论，只能是权威权力体现“疼爱”让群众诸多问题获得注意力配置的短期行为。

去年 11 月 23 日—12 月 16 日，南京市政府 10 个部门通过电视网络直播，向人民群众汇报工作，并接受群众提问。“问政直播”引发了各界的热议，政府部门敞开大门接受评议的态度赢得了群众的好评。（新华社 2011 年 11 月 11 日）

（4）互动关系制度化：群众意见反馈和政府回应流程边界清晰明确

群众和评议主管部门、被评议机关在工作作风评议过程中的互动完成了关系制度化过程，各政府机关对于民意的传导和回应机制在多年群众评议的压力下迅猛发展。如南京市公安局在评议活动开始之初群众满意度排名倒数，评议主管部门反馈群众意见要求公安局作风整改，领导班子压力较大。为了提高群众满意度，南京市公安局创建以民意和问题为导向、以群众满意为标准的民意 110 平台，实现电子工单跟踪群众投诉、五日反馈限时整改、二次回访核实整改。通过大数据平台实现群众监督意见对于局里服务流程、制度设计的变革。南京市公安局的群众评议连续3年排名第一。群众反映问题经民意110平台传达后，很快进入南京市公安局系统，问题的原因经公安局清晰界定后，公安局系统根据民意进行内部讨论及提出改进措施，并最后做出改善决策，通过110平台向群众反馈，整个流程边界清晰明确。群众意见进入公安系统后，系统内部对于各项问题的调整方案的争论和决策，不仅通过规范的改善方案制定和审批，更需要把决策分类细化到归口管理部门去讨论备选方案、层层审批、公布、实施，以确保任何一项微小制度或流程的改变没有对整个系统制度架构的平衡造成负面影响，以规避频繁的“特事特办”对正式制度体系规则造成混乱。

群众评议工作中，通过对在公安窗口办理过业务的群众进行电话回访，发现群众普遍反映排队时间长，办理手续复杂等问题。将这些问题形成电子工单推送至局里归口管理部门。根据群众提出的意见建议，市局在研发南京市公安“微警务”微信公众号时，推出实施网络服务模块，现在，市民可以通过微信平台预约办理时间、自助办理签注、24小时自助取证等，群众们好评如潮。(NJGAJFT181119)

四、案例分析

基于以上研究，我们发现基于治理效能提升的公民参与治理创新活动能够得以制度化的内在逻辑主要有以下几点：

1. 公民有序参与的合法性承载是创新得以制度化的价值灌输

党的十九大报告提出：“发展社会主义民主政治就是要体现人民意志，用制度体系保证人民当家作主。”南京市机关工作作风群众评议活动为人民服务的合法性基础是强大的，这也是这项政府创新得以结构制度化的价值灌输。我国政治体系具有内在稳定性和强大的领导力，“为人民谋福利”成为构建政治秩序的基础。通过这项制度，不仅从评议打分表、第三方调查、网络面对面、暗访监督等渠道倾听并了解群众对民生等各种社会问题的需求，畅达民意，让政府领导班子有理性依据整顿机关工作作风，形成压力传导机制提升政府机关执行力，更重要的是让群众参与到政府治理中以提升群众对政权管理的认同，保证政权体系的回应性和稳定性，提升地方治理效能。

2. 不断优化的制度技术路径支撑了创新活动的结构制度化

本研究发现，群众评议政府工作作风活动能实现制度化的重要支撑是其背后不断完善、科学量化的群众评议技术体系。2001 年根据评议结果免去了两位局长职务后，政府机关内部及专家纷纷质疑当时实施的社会评议制度的科学性，质疑单一的印象评议是否可以作为免去干部行政职务的科学依据。于是，由南京市机关工作作风办牵头，整合了政府内部资源、研究所、高等学校、智库等精英团队，致力于追求评价制度的紧密准确，对被评议单位有信服力。“上面发布的评价指标和权重分配就是我们工作的指挥棒。”（QHQFT181122）18 年来，评议制度不断优化，如评价对象的分类、评议指标的针对性、评价指标的权重分配，尽量用客观数据测量指标，如市政中心窗口服务满意度第三方评议、“12345”工单考评等。2018 年出台的最新版评价制度历经专家组、群众代表、政府机关内部等多轮讨论修改，在辅助以网络调查、暗访监督结果，其精确细化程度可以和任何一家知名企业的绩效考核制度相媲美。2020 年根据国务院出台的《关于建立政务服务“好差评”制度提高政务服务水平的意见》，南京市公民评议机关作风将实现全年机关服务绩效的大数据监督。专业路径推动了地方治理创新不断形成正式的规则，最大限度地剔除人格化主观因素，为群众评议创新活动实现结构制度化提供了技术支撑，为治理效能提升提供了技术保障。

3. 群众和地方政府在议程中的相互妥协推动了关系创新活动制度化

制度变迁通常由构成制度框架的规则、规范和实施的复杂结构的边际调整组成，其演变就是力量博弈的过程[1]。公民参与的治理创新在启动时需要地方政府“一把手”的巨大推动力，集中政府内部优势资源进行广泛的社会动员，打破常规的奖惩制度，特别是群众意见进入到对各项民生政策的质疑争辩阶段，甚至影响政府官员的任免决策，让活动在全国迅速扩散。从南京市机关作风群众评议的案例分析可以看出，群众提出很多关于民生的问题，但是却并不能准确把握哪些问题能获得政府注意力，于是，各种意见拥挤在决策系统之外，这时，系统会过滤掉一部分问题，让部分和政府注意力一致的问题进入政府决策阶段。这个阶段相对封闭，由政府内部对备选方案进行讨论，最后做出决策。在我国目前政府决策由上而下层层下达的系统里，群众进入决策系统内部就某个问题和政府进行决策争论，目前尚没有科学的制度保障，也还没有形成实施细则，和正式科层制组织达成一致协定的成本过高。同时，评议机关主管部门面对数以万计的民生意见，公开评议排名接受群众监督，组织推动被评议机关以各种形式尝试与群众互动，如电视会议质询、特事特办等，在其过程中不断根据群众反应调整，剔除与正式组织不相兼容的部分，最后稳定在相互认可的关系界线：评议主管部门通过反馈群众意见影响被评议机关决策，被评议机关部门的评议排名被媒体公开接受群众监督。

五、 结论和讨论

（一）结论

本案例研究呈现了公民参与的地方治理创新历经 18 年的演变和博弈最后制度化的过程，其结构制度化和关系制度化后的高度稳定性成为地方政府工作作风群众评议活动嵌入科层制的内在逻辑，制度化过程也

1　道格拉斯 · C. 诺斯：《制度、制度变迁与经济绩效》，刘守英译，上海三联书店，1994 年版，第 16 页。

成为地方政府治理效能在曲折中不断提升的过程，实现了制度优势转变为治理效能。公民参与的治理创新虽然启动时在短期内迅速扩散，但是当需要可持续发展时，实现结构和角色关系的制度化是必然路径，其中结构制度化体现了制度架构稳定、科学性程度高、非人格化等特征，角色关系制度化体现了群众、地方政府各部门、企业、社会组织等创新中多元角色之间的利益斗争、权衡并达成一致性的过程，研究结论验证了前人的制度化理论。

（二）讨论

从理想状态来说，公民参与的地方治理创新的制度化路径是不断剔除制度中权威领导的主观决策因素，实现结构、角色、行为的非人格化和高度的稳定。然而，治理创新一旦实现制度化，被官僚体制的常规节奏所制约，就会重新陷入新制度主义抨击的旧制度化潜在危机：缺乏变革和弹性，影响公民参与效能感，阻碍地方治理效能提升，具体表现为：

1. 结构制度化后很难在“灵活性”和“循规蹈矩”中达到动态平衡

创新活动在启动初期，有些举措过于灵活，偏离了制度化规制的边界，容易激发正式科层制官僚体制的对抗情绪。但是，当完成制度化过程后，完全取消了治理创新兴起时的各项举措，又会让创新陷入“僵化”困境。案例中的公开被评议单位排名，对群众所提意见进行模糊式处理，没有设置公开的群众意见查询的政府回应通道等等。呈现一种从刚开始创新治理下“过分灵活”到目前制度化后的“过分循规蹈矩”。制度化后很难在创新初期的“动真格”和制度化后的“循规蹈矩”之间寻找一种动态平衡，构建一个制度化可以接受的“灵活”来定期或间隙地刺激下政府权威的神经，保持这项制度的活力和有效性。

2. 制度化后技术优化让工具性意义慢慢掩盖了价值性意义

制度化后，公民参与的测量技术不断升级优化，可能会让“工具性意义”掩盖甚至超越了价值性意义。案例制度化后评议指标越来越量化，评议主体权重越来越精确，但是群众评议制度的社会影响力变得“静悄悄”，群众所提的有效意见在逐年减少，因为信息不对称导致评议人与被评议对象不匹配，参加评议的群众没有机会接触也根本不了解有些机关单位的工作内容，评议表格的复杂设计让评议群众失去深入了解这些单位的耐心，随意评价导致评议信息失真，更让有效意见不断减少，被评议单位接收到模糊的意见不知道如何整改。由于参与的公民理所当然地期望他们提出的意见会对最终决定产生影响，如果他们的期望不能得到实现，公共管理者就会冒由此产生的被公民疏远甚至反对的风险。技术性提高是结构制度的核心要素，但不能让技术优化掩盖了公民参与的治理创新价值灌输，制度化后更需要通过技术优化解决信息不对称，搜集更多群众意见，不断提升核心价值灌输。

3. 制度化后群众和政府的互动边界让群众信息很难进入决策系统

公民参与治理的关系制度化后群众与政府的互动边界固定在地方政府决策系统之外，机关工作作风群众评议实质上是只涉及政府机关服务态度转变、服务效率提高和服务流程的简化、合并，但是当群众意见涉及地方政府在城市治理的规制、预算、法案等决定城市治理发展方向时，群众信息很难越过信息门槛获得政府注意力。究其原因，一方面是因为地方政府决策时需要平衡好各方利益，群众关注事务的角度往往从各自利益出发，而并非从决策者整体态势的角度出发，这样，群众意见反馈信息需要经过地方政府权衡其合理性和科学性。另一方面，我国向上负责的官僚体制使得地方政府重大决策的审批权取决于上一级主管部门的评判决定，参加评议的群众还很难触及核心政策领域的决策系统，但是每次评议上万条群众意见至少让政府机关看到服务态度背后隐藏的制度缺陷，就像打开了“冰山一角”，并希翼成为地方政府政策制定的参考依据。

第五章　地方政府绩效考核指标创新研究

第一节　基于高质量发展的地方政府考核指标标准化

一、问题的提出

改革开放40多年来，作为地方政府战略牵引性的内控型管理制度，地方政府绩效考核历经了以GDP增长为核心的目标责任制、群众评议和社会服务承诺等民主评议、绿色GDP考核体系等多次改革浪潮。2013年后，地方政府绩效评估出现了一定程度的停滞[1]。如何创新政府绩效管理方式提升治理效能以有效回应公民驱动我国政府绩效考核新一轮转型升级。2017年党的十九大第一次提出了高质量发展概念，2020年党的十九届五中全会提出"'十四五'时期经济社会发展要以推动高质量发展为主题"。高质量发展新理念推动着新一轮政府绩效考核变革，2018年起，江苏、广东、陕西等地率先掀起了地方政府综合考核变革的新浪潮。综合考核模式是基于高质量发展，对地方政府的经济发展、生态保护、党的建设、群众满意等多元领域绩效，以及领导班子和领导干

1　尚虎平:《合理配置政治监督评估与"内控评估"的持续探索》,《管理世界》2018年10期。

部绩效进行综合性考核的动态协同治理系统。与之前的政府绩效考核相比，综合考核模式实现了高质量发展理念下政府组织、领导班子和领导干部“考事和考人”深度融合的闭环式评价。综合考核模式迅速兴起后在全国各省市政府扩散，历经几年发展进入精细化规范化阶段。改革创新遇到了绩效衡量标准缺乏规范性的新问题新矛盾，突出表现为考核指标“管、评、进、退”缺乏规范性管理，有些考核指标缺乏科学性论证，分解到基层执行难等诸多问题，而如何解决这些新问题新矛盾成为地方政府源源不断的创新力量。各地政府都在积极探索推动高质量发展的综合考核模式更加标准规范的创新之路，希翼标准规范的综合考核模式既能精准引领地区高质量发展，又能为基层政府减负、压缩形式主义官僚主义，提升人民获得感。

高质量发展以精细化发展、提质升效为本质特征，管理标准化作为行政管理领域实现精细化管理的新兴工具理性，契合了高质量发展的价值需求。目前我国公共服务标准化的实践发展和理论研究很成熟，而地方政府综合考核标准化管理目前在公共行政实践和理论研究方面还是一片空白。在新兴信息技术重塑政府体制机制的时代背景下，地方政府综合考核模式兴起时就自带技术理性优化的基因，以高质量发展为导向的地方政府综合考核模式较之前的考核涵盖领域越来越多，精准性要求越来越高，就越需要运用科学技术协调统一。而标准化管理的规范性、统一性、约束性等特征则能很好地满足地方政府综合考核改革的迫切需求。本研究要探索的是，以高质量发展为导向的标准化管理运用于地方政府综合考核是否可以解决目前亟待突破的诸多困境？地方政府综合考核标准化管理如何构建？又如何在政府管理实践中“落地”？本研究以江苏省高质量发展综合考核管理标准化创新为案例，以考核指标为小切口，研究管理标准化在地方政府综合考核运用的理论溯源、模型构建、实施路径和创新价值，以期为刚刚兴起的地方政府综合考核模式更好地推动地区高质量发展提供理论支撑与实践指导。

二、理论回顾和分析框架

（一）理论溯源

在中央全面深化改革委员会第四次会议上，习近平总书记强调要抓紧建立高质量发展的指标体系、政策体系、标准体系、统计体系、绩效评价和政绩考核办法。技术理性为高质量发展的政府综合考核精准化管理提供了前所未有的创造性，而推动高质量发展的政府综合考核标准化管理创新首先需要从理论溯源上厘清两个问题：一是高质量发展新理念、绩效考核创新和标准化管理的内在机理是怎样的？二是标准化管理是不是政府绩效考核实践历史沿革和管理科学研究的发展结果？

1. 高质量发展、绩效考核创新与标准化管理的内在逻辑

政府治理创新，是政府随着内外生态环境的变化，有意识地对其结构功能、行为、政策乃至文化进行不断调整和改变，以谋取政府治理体系与环境之间的动态平衡[1]。当前，我国的经济结构质量短板突出，社会矛盾转变为人民对美好生活的追求，又加上新冠肺炎疫情大流行使世界格局加速演进，国内外环境变化日趋复杂。只有推动高质量发展，才能优化目前经济结构和缓解社会矛盾，增强抵御风险能力。以高速增长转向高质量发展，既是一个发展方式和增长路径的转变过程，更是体制变革和机制创新的过程，转向高质量发展的关键，是加快形成与之相适应、相配套的体制机制[2]。对高质量发展如何测量直接影响发展理念和发展目标落实，推动高质量发展必须解决高质量发展的测量问题。习近平总书记指出，要实施最严格的考核，形成上下贯通、层层负责的主体

1 张成福：《政府治理创新与政府治理的新典范：中国政府改革 40 年》，《国家行政学院学报》2018 年 2 期。

2 张军扩、候永志、刘培林、何建武、卓贤：《高质量发展的目标要求和战略路径》，《管理世界》2019 年 7 期。

责任链条，健全能定责、可追责的考核机制。

然而，目前政府绩效考核制度存在着与高质量发展不相匹配的结构性矛盾冲突，这些矛盾冲突成为推动绩效考核创新的新动力机制，金碚认为这种新动力机制的供给侧是创新引领，需求侧是人民向往[1]。政府绩效考核实质上是通过绩效考核体系实现中央和地方各级政府目标设置权、激励权和控制权的均衡配置。周雪光认为绩效考核的政策制定包括三级结构：委托方（中央政府）——管理方（省、市、县）——代理方（乡镇），委托方和代理方之间存在着信息不对称，委托方对代理方实行管理监督的时间和工作量成本代价太大，使得委托方（中央政府）将一些实质性权力资源授予管理方[2]。管理方的“初心”是通过绩效考核的激励监督让地方政府行为与国家战略目标保持一致，然而，当制度设计不规范不科学，导致激励强度与组织目标不兼容甚至冲突时，在基层政府执行过程中正式的战略目标任务就可能被基层政府为了完成指标的权变目标所替代，产生激励强度与目标替代悖论，导致基层政府行为偏离组织战略目标，“有效行政”出现失灵。

在人工智能、大数据等技术创新迅猛发展的政府3.0时代[3]，新技术推动着新一轮政府绩效考核创新。标准化管理运用于地方政府综合考核新模式，经过协调、统一、约束、非人格化的规范流程，解决目前制度内部存在的矛盾冲突，促使综合考核标准化转化为治理效能，推动高质量发展战略聚集[4]。虽然地方政府绩效考核在政府实践和学术研究方面还没有标准化管理的探索，但是我国公共服务标准化的政府实践成效和研究成果表明，标准化可以显著提升地方治理效能，是推进国家治理能力和治理体系现代化建设的一个重要实现手段[5]。

由此，高质量发展新理念、绩效考核创新和标准化管理形成理念、

1　金碚：《关于“高质量发展”的经济学研究》，《中国工业经济》2018年4期。
2　周雪光：《中国国家治理的制度逻辑》，上海三联书店，2017年版第91页。
3　谭海波、孟庆国：《政府3.0：大数据时代的政府治理创新》，《学术研究》2018年12期。
4　陈振明、李德国：《以高效能治理引领公共服务高质量发展》，《人民论坛》2020年10期。
5　郁建兴、秦上人：《论基本公共服务的标准化》，《中国行政管理》2015年4期。

制度和技术的三元理性结构，中央政府在给管理方（省、市、县）授权时，通过战略理念把控管理方（省、市、县）和代理方（乡镇）的制度设计和行政行为，具体表现为中央顶层设计通过高质量发展新理念对管理方和委托方进行理念引领；绩效考核创新以高质量发展为理念需求进行制度设计，标准化管理作为技术理性，是高质量发展的绩效考核创新的技术实现手段（图 5-1）。

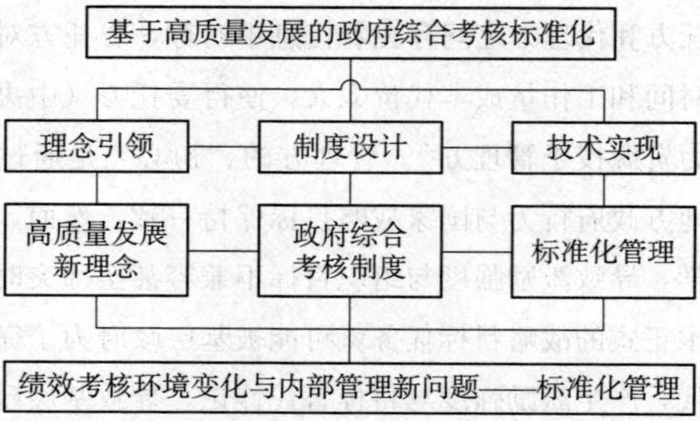

图 5-1　基于高质量发展的政府综合考核标准化三元理性结构

2. 地方政府绩效考核演变和管理科学研究为标准化管理运用奠定基础

如前文所述，我国 40 多年地方政府绩效考核实践演变就是技术理性从粗放到精细再走向规范标准的演变历程。以高质量发展为主题的综合考核模式，实现党建引领下的全方位综合考核，综合考核的科学性规范性探索之路走向精细化，标准化、智能化等自然科学技术概念介入绩效评估创新性变革中。政府实践的演变推动了标准化管理嵌入基于高质量发展的地方政府综合考核变革。地方政府绩效考核的管理科学研究为标准化奠定了理论基础。标准化运用于管理实践溯源于泰勒的科学管理，把标准化的操作方式、标准化工具机器和标准化的作业环境运用于管理中，大大提高生产效率[1]。中西方学者一直关注用管理科学的技术

1　丁煌：《西方行政学说史》，武汉大学出版社，2019 年版第 35 页。

工具让绩效测量变得更加有效，回应公民需求变得更加迅速。Palmer 和 Moynihan 等提出了以效率（单位产出的最低成本）和效能（以最低成本提供正确的服务）为核心，与战略相联并用于改进市政府绩效提升的基准指标[1]；[2]；Lavertu 认为大数据时代让绩效考核测量变得精确量化，增强了绩效考核的透明度和政府问责制[3]；通过建模、聚类技术测量城市绩效更加有效[4]；国内学术界倪星等综合运用 BSC 、KPI 与绩效棱柱模型构建地方政府绩效考核指标体系[5]；连维良等建立了融目标、业绩、过错和样本点“四位一体”的政府绩效管理体系[6]；卢爱国等认为基于高质量发展的绩效考核体系需要建立标准化、集成化大数据库[7]。

由此，政府绩效考核的实践演变和管理科学研究为标准化管理可行性奠定了基础，标准化管理作为精细化技术手段成为历史沿革的必然结果。但是目前的研究成果集中在绩效考核体系的宏观架构层面研究，缺乏对政府绩效考核更加精细化、规范化的研究成果，不能为目前地方政府迫切需要基于高质量发展的综合考核规范化提供理论支撑。本书将在前人基础上探索此议题。

（二）技术架构

基于以上的理论回顾，本研究提出政府综合考核标准化创新的技术

1　Palmer, A. Performance Measurement in Local Government. *Public Money & Management*, Oct. - Dec. 1993, Vol. 13, Issue 4, pp. 31 - 36.

2　Donald P. Moynihan and Sanjay K. Pandey. The Big Question for Performance Management: Why do Managers Use Performance Information? *Journal of Public Administration Research & Theory*: *J - PART*, 2010, Vol. 20, Issue 4, pp. 849 - 866.

3　Lavertu, S. We All Need Help: “Big Data” and the Mismeasure of Public Administration. *Public Administration Review*, 2015, Vol. 76, Issue 6, pp. 864 - 872.

4　A. Sharifi. A Critical Review of Selected Smart City Assessment Tools and Indicator Sets. *Journal of Cleaner Production*, 2019, Vol. 233, Issue 1, pp. 1269 - 1283.

5　倪星、余琴:《地方政府绩效指标体系构建研究》,《武汉大学学报（哲学社会科学版）》2009 年 9 期。

6　连维良、吴建南、杨宇谦 :《“四位一体”: 地方政府绩效管理体系的案例研究》,《西安交通大学学报（ 社会科学版）》2013 年 3 期。

7　卢爱国、吴家庆:《完善党政领导干部能力考核评价机制的思考》,《湖南师范大学社会科学学报》2017 年 6 期。

架构。地方政府综合考核管理标准化以考核指标为小切口，通过技术理性传达地方政府推动经济社会高质量发展的价值关怀，把管理过程细分为子模块后从动态程序和静态内容两个方面进行标准化规范。本文将从价值标准化、模块标准化和程序内容标准化的三元技术架构构建地方政府绩效考核指标管理标准化模型。

1. 价值标准化

纳入地方政府绩效考核指标意味着议题（issue）获得了政府注意力，纳入优先发展事项，即考核指标是政府注意力的风向标。地方政府综合考核指标管理价值标准化具有二重属性，包括政治性价值和管理性价值。第一标准化的政治性价值也是最终落脚点，是通过高质量发展提升人民获得感。地方政府绩效考核制度是人民委托政府治理国家的激励约束制度，标准化创新改革最终目的是为了更好地满足人民日益增长的美好生活需要的发展。第二地方政府综合考核指标管理标准化的管理价值主要表现为一是推动高质量发展的重点目标任务实现。通过标准化，提升考核指标激励地方政府推动地区高质量发展的科学性。二是剔除偏离高质量发展指标为基层政府减负。通过标准化对考核指标总量和科学性严格把关，剔除不具有战略性的指标，遏制形式主义和官僚主义提高行政效能，为基层政府减负。

2. 模块标准化

根据国家标准 GB/T15498－2003《企业标准体系管理标准和工作标准体系》，管理标准是对标准化领域中需要协调统一的管理事项所指定的标准[1]。政府绩效考核作为一种治理过程，是 PDCA 的闭环模型，即绩效考核的计划（Plan）、执行（Do）、检查（Check）、行动（Act）的动态过程。所以，模块标准化是把绩效考核指标的治理过程按照管理事项的全过程细分为阶段性模块，明确每个模块的标准化，实现模块化和标准化的协同演进机制，构建全过程模块标准化。

1 舒辉：《标准化管理》，北京大学出版社，2018 年版第 34 页。

3. 程序内容标准化

程序标准化是模块的动态管理标准化，即从事某个模块应该先干什么、后干什么的具体行为流程，明确规范和固定行动流程在空间、时间、组织部门、行为内容的次序，通常以流程图的形式说明。内容标准化是模块的管理事项标准化，即明确规范管理事项的作业标准、方法标准、技术标准、产生文件和时间节点标准等内容。

三、研究设计

（一）案例描述

本研究之所以选择江苏综合考核模式为案例，是基于两个原因：

1. 江苏高质量发展综合考核模式在全国已形成示范效应

江苏省是中国政治经济文化等发展最发达的省份之一，位居全国前列。根据2017年习近平总书记指出加快形成推动高质量发展的指标体系、绩效评价的重要指示，江苏省把综合考核作为推动高质量发展的有力抓手。江苏省从2017年率先在全省开展综合考核。2018年，江苏省出台了《江苏省综合考核工作规定》，探索建立高质量发展年度综合考核制度。2019年，在省委组织部、省委编办、省发改委等部门牵头领导下，江苏省综合考核针对13个地级市政府、99家省级机关单位构建了推动和服务高质量发展绩效考核、加强党的建设绩效考核、满意度评价三个模块，实现了政府组织、领导班子和领导干部“三定等、三挂钩”的闭环式考核。综合考核开展三年就上交了漂亮的成绩单：一是全国首个开展高质量发展为导向的覆盖全省市区和省级机关的综合考核体系，综合考核得到中办、中组部的充分肯定和《人民日报》、《光明日报》等媒体的关注点赞。二是在全国率先实现全省综合考核信息系统全覆盖，信息系统实现考核打分、数据生成、考核文件交流等功能，搭建了江苏综合考核智慧化的初步架构；三是以高质量发展为导向的江苏综合考核体系强势推动了江苏经济、社会、民生、党建等各方面全面发展：经济发展取得新成绩、产业结构优化提升、城乡区域协调发展取得新成效、人民生活持续改善、党的建设全面加强等各方面发展都走在全国前列，“强富美高”新江苏建设迈出新的步伐。江苏综合考核模式的先进性在全国产生示范效应，贵州、青海、河北等省政府纷纷学习效仿，有力推动了新一轮的全国地方政府绩效考核变革。

2. *高质量发展对江苏省综合考核精细化规范化提出新要求*

面对更加复杂的国内外环境，江苏省综合考核模式发展历经三年多的快速发展在向精细化、规范化的改革创新前进道路上遇到了新问题，尤其是起着核心牵引和撬动作用的综合考核指标规范管理遇到三重困境：

困境一：如何让考核指标紧扣高质量发展重点又能兼顾全局？

江苏省综合考核指标体系是引领江苏省高质量发展的“指挥棒”，要推动高质量发展重点战略目标，需要体现关键目标和重要抓手，同时也关照到经济、社会、生态、民生、党建等多元目标，考核指标体系越来越平衡，各方利益协调均衡。但是却带来另一个结果，指标数量越来越多，个别指标作为年度考核指标引领性科学性不够，层层分解到基层政府后让基层政府执行难，增加了基层聚焦导向抓落实的不确定性，难以发挥“指挥棒”定策定向作用，且加大了基层政府负担。

困境二：如何让考核指标管理更科学规范？

目前江苏综合考核指标“评、进、管、出”缺乏规范性操作标准。一方面是新增指标“进口关”把关不严，导致每年新增指标变化缺乏规范，让基层政府有时迫于新增指标压力，暂停去年某项工作转向完成新增指标，影响战略目标的可持续发展。另一方面是缺乏规范科学的考核指标退出机制，个别科学性不够的指标因缺乏刚性机制退出难度较大。

困境三：如何让考核指标计分科学适用并让考核结果发挥成效？

目前个别考核指标计分细则不够清晰具体，导致考核实施操作性不强，特别是一些定性指标，指标性质决定操作性难度本来较大，指标界定如果只说明“要干什么”，没有明确具体“干到什么程度”能得多少分，基层政府就找不到推进工作的着力点。同时，考核结果反馈透明度不够：考核的得分结果、扣分说明反馈不够清晰，让基层单位失去了“比学赶超”绩效改进的好机会，考核结果发挥的成效不显著。

基于以上三重困境，以考核指标为小切口，推进江苏省综合考核标准化管理变得非常迫切，这是江苏省综合考核体系跃上一个新台阶的“助推器”。

（二） 数据搜集与整理

本研究数据来源于四个渠道：实地调研、历史数据收集、调查问卷数据收集、政策文件，一手和二手数据、质性和定量的数据能够形成“三角验证”，确保本研究构建的江苏省高质量发展综合考核指标管理标准化模型的有效性和可操作性。

第一是实地调研，本研究调研了省级机关综合考核 13 家政府部门，开了 7 场座谈会，在全省 13 处地级市政府中选择了 2 处地级市政府实地调研，对 11 处地级市政府进行了书面调研。本研究还通过多轮深度访谈，倾听基层政府最真实的声音。第二是考核数据统计分析，本研究通过省考核信息系统收集了 2019 年江苏 13 个设区市和 94 家省级机关单位的高质量发展、党的建设的二级指标考核数据并进行了统计分析。第三是调查问卷，本研究经过严格的问卷设计、论证、审核、上线程序，在全省 94 个省级机关单位、13 个设区市发放了涵盖综合考核 4 个模块的问卷，四个模块共计 2439 个有效样本量进入本研究的考核指标满意度测评。第四是政策文件分析，本研究收集了江苏省综合考核历年考核实施办法、部分设区市年度综合考核实施办法等各类相关政策文件。

四、案例研究发现

（一）江苏省高质量发展综合考核指标管理标准化模型

1. 综合考核指标管理价值标准化

江苏省综合考核指标管理标准化的价值体系为以高质量发展新理念为引领，紧扣“强富美高”新江苏建设总目标；战略层面上实现推动江苏高质量发展的年度重点目标任务，内部管理层面上实现为基层减负提高行政效能，最终落脚点是提升江苏人民获得感（见图5-2）。

2. 综合考核指标管理模块标准化

本研究将江苏省高质量发展综合考核指标管理5个模块全过程标准化（见图5-2），即：

1S—考核指标目标任务标准化。规范考核指标的设立依据，明确指标依据须为具有战略性、引领性的年度重点目标任务。

2S—考核指标体系形成标准化。按照年度综合考核指标管理办法和

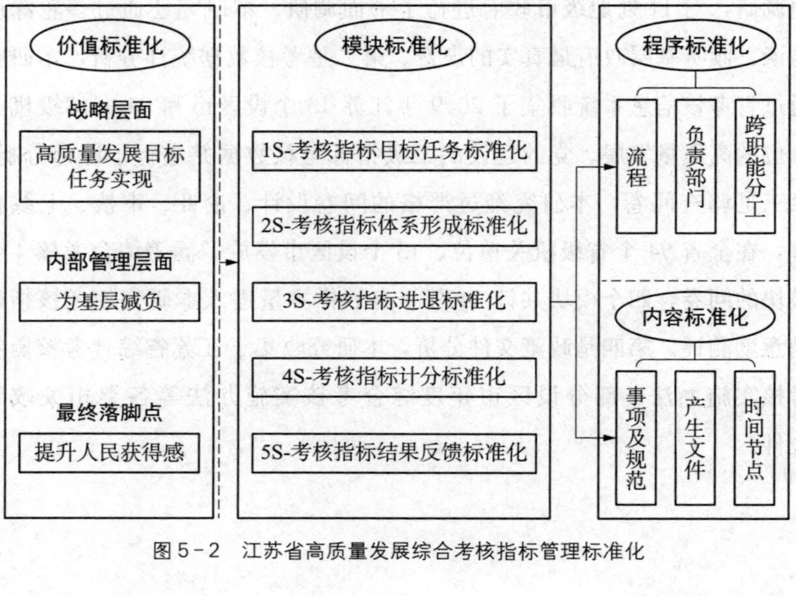

图5-2 江苏省高质量发展综合考核指标管理标准化

指标正负面清单，严格指标准入和指标审核，经过四轮科学论证最终确定年度考核指标体系。

3S—考核指标进退标准化。规范年度新增指标的申报节点、数量要求和论证流程；规范拟退出指标库建立、退出指标的评估论证流程和年度最终退出指标确定。

4S—考核指标计分标准化。梳理全省计分评价的方式方法，规范考核指标计分评价方法和修正。

5S—考核指标结果反馈标准化。规范半年评估和年终考核，结果反馈的具体内容和要求。

3. 程序和内容标准化

本研究以指标退出（3S－2）的程序和内容标准化为示例，呈现管理标准化程序和内容标准化的基本结构。

（1）程序标准化

考核指标退出的标准化流程如图 5－3 所示：

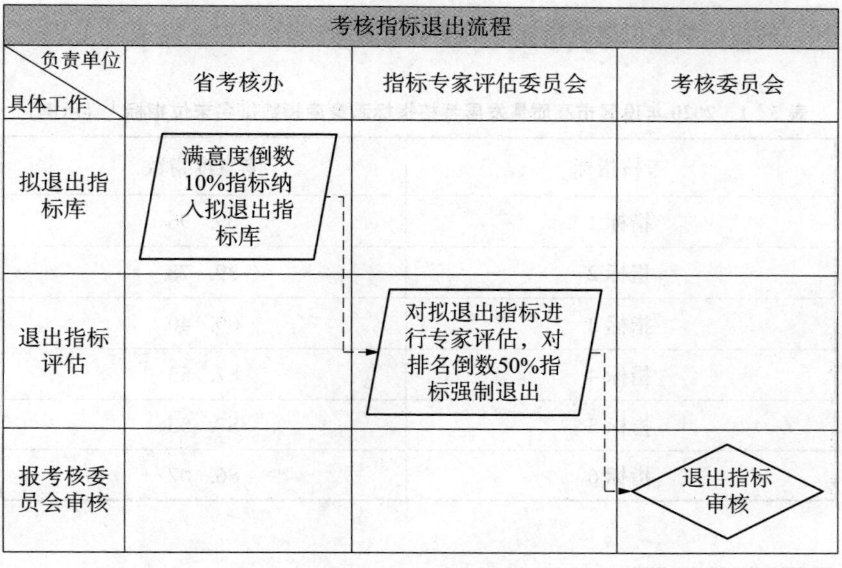

考核指标退出流程
负责单位
具体工作
省考核办
指标专家评估委员会
考核委员会
拟退出指标库
满意度倒数10%指标纳入拟退出指标库
退出指标评估
对拟退出指标进行专家评估，对排名倒数50%指标强制退出
报考核委员会审核
退出指标审核

图 5－3　3S－2：指标退出的程序

注：退出比例为课题组暂定，具体实施时需根据情况确定。

(2) 内容标准化（部分）

3S－2－1：拟退出指标库建立

事项：

1. 省考核办会同考核牵头单位，结合半年评估，对指标体系分领域组织针对指标引领性、科学性的满意度实效评估。

2. 分领域统计所有指标满意度指数得分，统计出满意度排名相对靠后指标。

3. 确定满意度排名倒数10％的，进入拟退出指标库。

产生文档：《江苏＊＊年度拟退出指标库》

时间节点：＊年度＊月＊日之前完成

(3) 程序与内容标准化实施步骤

第一步：指标满意度评估产生拟退出指标评估库

本研究对13个设区市和94个省级机关单位2020年度综合考核指标及计分要点设置情况进行大样本考核指标满意度评估。经过统计分析，对4个模块的考核指标及计分点满意度指数进行排名，排名倒数10％的指标纳入拟退出指标评估库（见表5－1）。

表5－1　2020年设区市高质量发展考核指标满意度指数排名末位指标[1]（示例）

考核指标	满意度指数
指标1	89．96
指标2	89．78
指标3	89．40
指标4	87．55
指标5	87．53
指标6	86．07

1　说明：因涉及数据保密不能列出具体考核指标，满意度指数是课题组研究的模拟数据。

第二步：专家评估委员会对拟退出指标和退出方案进行评估

应用 AHP 专家群体决策方法，构造出一个结构模型，分为目的层、准则层、方案层，形成江苏综合考核 4 个模块的指标退出评估模型。第一轮现场请专家评估委员会[1]对拟被淘汰的指标和退出方案进行两两比较并按照重要程度标度法打出分数，输入系统。

第三步：群体决策指标退出结果

由图 4 可以看出，经过专家评估委员会对 2020 年设区市高质量发展考核指标排名末六位指标进行评估，AHP 生成 6 个指标的权重，6 个拟退出指标排名末位的 4 个指标分别是指标 5（*CI* = 0. 1633），指标 3（*CI* = 0. 1164），指标 6（*CI* = 0. 1059），指标 4（*CI* = 0. 0920）。专家评估结果表明，"4 个指标退出" 的方案决策值（*CI* = 0. 6093）大于"3 个指标退出"的方案决策值（*CI* = 0. 3907），方案 2 被采纳。由此，专家评估结果表明 2020 年设区市高质量发展考核退出 4 个指标，分别为指标 4、指标 6、指标 3 和指标 5（图 5 - 4）。

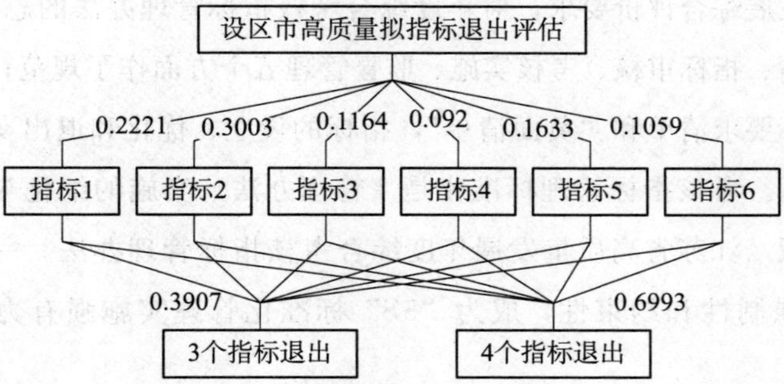

图 5 - 4　设区市高质量拟退出指标评估结果

（二）江苏省综合考核指标管理标准化实施路径

江苏综合考核指标管理标准化如何解决"落地"问题？政府创新的

1　2020 年江苏省委省政府已经建立了一支来自省内机关、企事业单位、高校院所、研究机构、新型智库、第三方机构等专家学者组成的 100 多人的高质量发展考评专家库。

最大困境就是“执行难”。从政策议程理论的视角分析，江苏省综合考核指标管理标准化议程获得了江苏顶层设计的支持，但是目前还处于提案阶段，要达到实施环节，还需要经过充分的争论与最后的决策环节。事实上，江苏省综合考核指标管理标准化的每一个子环节的实施都涉及各项资源与利益的重新配置，牵动着全省各个行政层级政府的工作内容变动，为了避免“欲速而不达”的创新困境，江苏省采用渐进式理性决策逐步推进标准化管理[1]，即在保持综合考核制度稳定的基础上，分步骤推进标准化实施，通过制度规范、智慧考核、专家库建设、权力均衡四个步骤逐步推进标准化管理“落地”。

第一步：制定《管理办法》作为考核指标管理标准化的制度支撑

制度规范是实现标准化管理嵌入科层制组织的必然要件。2020 年，为了加强高质量发展综合考核规范，江苏省委省政府审议通过了《江苏省高质量发展年度综合考核指标管理办法》（修订版），同年在全省颁布实施。新版《江苏省高质量发展年度综合考核指标管理办法》根据国家高质量发展综合评价要求，对年度综合考核指标管理办法的总体要求、设立申请、指标审核、考核实施、监督管理五个方面作了规范；明确规范了指标要求清单和“负面清单”，指标的设立、优化和退出实行评估审核制度。考核指标管理标准化是《管理办法》实施的细化与操作方案。新版《江苏省高质量发展年度综合考核指标管理办法》一经颁布将具有强制性和约束性，成为“5S”标准化管理实施强有力的制度支撑。

第二步：推进智慧考核实现考核指标管理标准化的技术支撑

江苏省不断提升综合考核信息管理平台建设，实现考核指标管理标准化的智慧平台。一是推进全省综合考核“一张网”建设。江苏省综合考核信息管理平台承载了历年江苏从高质量发展考核目标任务制定到最

---

1 Lindblom, C. E. Still Muddling, not Yet Through. *Public Administration Review*, 1979, Vol. 39, pp. 517 - 526.

后的考核计分上报、反馈、审核等集成化大数据信息库。通过信息管理平台实现考核指标管理标准化产生的数据和材料，规范流程产生的数据管理，健全基层报台账，避免反复多头索要材料，减轻基层政府负担。二是深化大数据的智能评估功能。运用考核大数据，升级信息系统高级跟踪预警功能和智能评估功能，推进考核指标管理标准化的大数据实时动态、无缝监督。江苏省在探索“现场考＋大数据＋第三方”考核数据精准输入信息管理平台基础上，深入挖掘历年考核大数据智能评估。用大数据分析帮助被考核单位或设区市查找问题，评估考核指标标准化存在的问题；同时，运用考核大数据对被考核单位的考核分数、排名进行定期跟踪反馈，发现进位幅度大、考核得分成绩突出的先进单位，对退位情况严重的被考核单位提出预警。

第三步：建设高质量发展专家智库实现考核指标标准化的智力支撑

江苏省考核指标管理的标准化管理创新是一项管理科学范式上的技术变革，专家智库的智力投入成为标准化管理实施的智力保障。一是江苏省建立了高质量发展专家库，专家库由擅长理论研究的专家队伍和擅长实践操作的专业队伍两类专家团队组成。高质量发展专家库为考核指标体系形成、考核指标进退进行专家论证，对考核指标的科学性、规范性评估把关，保证考核指标管理的公信力和权威性。二是针对我省高质量发展考核规范标准化的现实需要，运用课题研究发挥专家智库的探索创新能力。专家团队和考核工作者共同攻关现实困境，通过深入调研、大数据分析等大胆探索提出解决方案，从制度创新到技术优化提供前沿性智力支撑。

第四步：均衡执行与监督权力配置实现考核指标标准化的组织支撑

标准化创新是对考核事项统一性和细分性协同的统分结合系统，均衡的监督—执行的权力配置是标准化实施的组织保障。江苏省不断完善省考核委领导，省考核办统筹、考核牵头单位推进、责任单位落实的一体化考核运行机制，实现了考核指标管理的组织管理权力配置，形成监督权和执行权的统分结合的运行机制：监督权是统，对指标管理的严格监督管理、邀请专家对指标进行评估、严控指标被干预现象等；执行权是分，考核实践专业队伍具体管理和操作考核指标的目标设定、指标论证、指标进退等具体管理实务。均衡的执行和监督权力结构在体制上保证考核指标标准化实施。

五、结论和讨论

（一）结论

本研究以江苏省高质量发展综合考核指标管理标准化创新为例，发现地方政府综合考核已经通过考核指标用高质量发展理念牵引着地区的改革开放、城乡建设、文化建设、生态环境、人民生活等各领域提质升级，满足人民对更高标准美好生活的要求。在寻求高质量发展综合考核规范化的纵深发展中，把考核指标作为小切口，发现管理标准化运用于地方政府绩效考核中可以解决目前的实践困境，考核指标的价值标准化、模块标准化、程序内容标准化创新从动态和静态两方面实现全过程规范管理；标准化在“落地”过程中，以林德布洛姆的渐进调适模式逐步完成议程争论、妥协和接受的过程，按照制度规范、智慧考核、智力投入、权力均衡四个步骤逐步推进标准化创新，推动地区高质量发展。

（二）讨论

在党的十九届五中全会提出的高质量发展战略指导下，地方政府在面临十四五发展规划开局的挑战下，谋求政府治理创新以提升治理效能需求迫切，而地方政府综合考核标准化是新一轮地方政府治理创新追求精细化规范化的技术理性实现。比起我国公共服务体系标准化发展的轰轰烈烈，地方政府综合考核标准化创新还是“星星之火，可以燎原”。地方政府绩效考核是全地区发展格局的风向标和指挥棒，牵一发而动全身，况且改革创新越往前走，遇到的新问题、新挑战越多，所以地方政府绩效考核标准化创新模式的实施与推广需要渐进式的改革过程。然而，推动高质量发展，创新是第一动力，政府创新在所有创新中具有示范作用，意义尤其重大[1]。本研究在更深远的推动高质量发展视域下对地方政府综合考核标准化的实施推广价值主要作以下几点讨论：

1. 标准化的政治性创新是用公开刚性的规制规范考核制度的议程设置

地方政府绩效考核作为政府战略重点与优先事项（priorities）的执行政策，某项议题被设置为考核指标则意味着这个事项已经在诸多议题竞争中胜出，成功获得了政府注意力配置，成为优先发展事项[2]。由此，年度地方政府绩效考核体系形成实质上是政府各方利益群体争论、竞争并努力在拥挤的议程中（agenda crowding）推动某个议题获得政府注意力的复杂过程。考核制度的动态议程设置产生巨大的阻力与张力，模糊的议程规则让考核体系的最后决策过程变得艰难，一些权变行为带来的负面影响干扰了政府绩效考核制度的目标设置、考核查验和激励监督功能。而高质量发展新理念作为中央顶层设计提出的价值理念，在战略层面上规范着地方政府的注意力分配、行为规则和角色期待。技术层面上的标准化管理则是让绩效考核动态议程在公开刚性的透明规制中运行，严格规范政府利益群体为把某个事项纳入考核体系获得优先事项的争辩和较量的游戏规则。通过标准化剔除形式主义官僚主义等干扰战略重点实现的无效事项，获取基层政府和民众对考核制度的政治认同，减少政治交易成本，提升治理效能，推动高质量发展。这成为综合考核标准化创新值得实施推广的首要原因。

2. 标准化的制度性创新是为追求统一性和差异性的协同系统

综合考核标准化的统一性是以尊重指标之间、被考核地区和单位性质之间、经济民生党建等内容之间的差异性为前提，达到统一性和差异

1 俞可平：《中国地方政府创新的可持续性》，《公共管理学报》2019 年 1 期。

2 Jones, B. D. and Baumgartner R. F. *The Politics of Attention: How Government Prioritizes Problems*. London: The University of Chicago Press, 2005: 39－42.

性的协调，这是考核标准化得以实施推广的前提条件。渠敬东等学者认为伴随着数字管理带来的各种条框制度，有可能导致繁文缛节泛滥，从而降低基层治理的灵活性和有效性[1]。为了消解此悖论，标准化管理在统一性中充分考虑了基层政府存在的差异性，保证执行制度的弹性空间，通过适度授权，实现标准化管理的规范化和基层治理灵活性的平衡。比如江苏省综合考核指标计分标准化规范中明确规定适用 8 种计分方式，即无量纲化法、加减分法、格次（排名）赋分法等，规范中明确规定根据指标不同特征采纳其中一种或组合运用计分方式；又如江苏的苏南、苏北存在地区差异，在对指标统计核算时，设置了地区的水平指数和发展指数的比例，并依据满意度调查评估对比例实行动态管理，让政府绩效考核的多元化差异性在一种科学有序的规范中运行，这是综合考核标准化创新值得实施推广的第二个原因。

3. 标准化的管理性创新弥补了缺乏地方政府绩效考核法规的短板

我国地方政府绩效考核历经四轮变革依然是以规章制度的形式推进，目前还没有制定地方政府绩效考核法律法规，即地方政府综合考核模式依然没有从行政管理层面上升为法律管理层面。多年来，国内学者们借鉴了西方国家政府绩效考核通过立法对政府绩效考核进行管理的成功经验，认为我国地方政府绩效考核本质上涉及行政权的运作监督和公民权的保护，呼吁国内加快政府绩效考核立法进程[2]。而综合考核管理标准化则既可以实现法规的部分强制性规范性特征，又可以根据年度目标任务和民意实现考核规范的弹性调整，提高地方政府绩效考核的权威性，弥补目前政府绩效考核法规缺乏的短板，这是综合考核指标管理标准化创新值得实施推广的第三个原因。

---

1 渠敬东、周飞舟、应星：《从总体支配到技术治理——基于中国 30 年改革经验的社会学分析》，《中国社会科学》2009 年 6 期。

2 邢振江、曹东波：《我国地方政府绩效管理法制化问题探究》，《领导科学》2014 年 11 期中。

第二节　基于治理能力提升地方政府职能部门绩效指标设计

党的十九大提出了要“打造共建共治共享的社会治理格局，提高社会治理社会化、法治化、智能化、专业化水平”。从社会管理到社会治理的转型首先体现为地方政府执政价值层面的转型，社会治理的本质是地位平等的多元主体在其自愿基础上的一种有效合作，从而形成一种良性和有效率的互动[1]。中国特色的城市治理，地方政府依然占据主导作用，但是政府的职能发生了转变。城市政府的角色不在于操控一切，而在于设计理性制度，为城市发展创造良好的制度环境和社会格局。有序规范的制度是良好城市的生成路径，正如斯科特所说，通过诉诸理性使城市具有效率、秩序和美感[2]。在党委领导、政府负责、社会协同、公众参与、法治保障的社会治理格局中，城管部门成为政府维护和规范有序城市管理秩序的执行部门，其对公用设施管理、市容环境管理及执法是实现城市治理法治和良治的关键。

然而，事实上城市秩序的理性维护却让城管部门在履职中困境重重：城管执法人员暴力执法等负面新闻让城管形象跌入谷底，城管执法发生恶性冲突时公众一边倒认为城管欺压弱势群体让城管部门执法如履薄冰[3]；城市治理系统智能化等智慧城市建设不断挑战城管部门管理能力。如何理顺城管部门、社会组织和民众之间关系的困境亟待解决。党的十八届四中全会提出“理顺城管执法体制，加强城市管理综合执法机构建设，提高执法和服务水平”。在党的战略指导下，除了城管部门系统外部自上而下理顺城管执法体制，理清城管执法和管理职责边界外，内部提升城管精细化管理水平、提升城管人员治理能力同样刻不容缓。

1　卓越、陈田田：《城市治理现代化的前沿探索》，《上海行政学院学报》2018 年 3 期。
2　王浦劬、雷雨若：《我国城市治理现代化的范式选择与路径构想》，《深圳大学学报（人文社会科学版）》2018（3）：91—99。
3　陈柏峰：《城管执法冲突的社会情境》，《法学家》2013 年 6 期。

绩效考核工具则成为加强城管内部管理，提升治理能力的突破口，它不仅可以作为战略工具，让城管部门行政行为指向战略，更可以通过指标的硬性考核让城管部门在平衡的绩效导向下实现治理能力的全面提升，维护城市的理性规范制度，推进城市的精细化治理。

在学术界，宏观层面上城市治理及治理能力提升的研究成果丰硕[1;2]。但是如何提升城管部门精细化管理水平，并可以直接指导城管实践的实证研究成果目前较薄弱。碎片化的研究成果难以支撑城管部门提升治理能力管理实践的学术指导。本研究试图弥补这项不足，通过运用层次分析法、专家预测法等科学量化方法对C市城管局绩效考核指标模型进行创新，探索性地构建提升城管治理能力的绩效考核指标模型，为我国地方政府城市治理内部精细化管理提供前瞻性的研究成果。

一、文献回顾

（一）城管局城市秩序维护与优质服务输出的职能定位

现代化治理能力是指治理主体特别是政府在治理活动中所显示出来的一个能力或者称之为胜任力，体现出政府治理国家并输出优秀绩效的一个能力。在经济领域之外，社会治理能力成为考验政府的现代化治理能力的另一个挑战。目前我国城市治理在市场化、全球化、网络化、智能化的背景下，在完善城市公共性治理体系的同时，正努力建构共同体化的治理体系，让城市真正成为人们能够表达交流、合作共治、共建与共享的现代生活共同体[3]。地方政府的社会治理能力首先表现在以公共利益为导向，建立社会治理的法律法规，通过法律法规规范多元治理主体平等参与权利、公平享受社会福利权利等。城市治理法律法规及规章

1 毛寿龙：《城市管理和社会善治笔谈》，《中国青年社会科学》2018年1期。
2 吴建南、郑长旭：《中国城市治理研究的过去、现在与未来》，《中国行政管理》2017年7期。
3 赵宇峰：《城市治理新形态：沟通、参与与共同体》，《中国行政管理》2017年7期。

制度作为一种合法性秩序，是城市现代生活共同体的刚性规制，是建立在这样一个基础上："秩序至少对一部分行动者来说，是具有示范性或约束性的，因而具有相应的有效性"，另一方面，平等地遵守规范的行为则主要通过一根"戒尺"的外部制裁保障合法性秩序[1]。城管部门则承担起城市秩序维护的理性角色。

毫无疑问，城管部门在维护城市治理的刚性规制范围内，还需努力为城市居民提供尽可能高质量的公共服务。城管部门的垃圾处理、市容市貌美化等公共服务产品输出实现了城管部门与城市居民的互动，正如新公共服务理论为地方政府提供优质公共服务的清单所述，让接受服务的公民感到便利、保障、可靠、公正[2]，增强人民群众获得感、安全感和幸福感，这些理论成果界定了城管部门绩效考核体系定位。

（二）政府绩效考核有效提升政府公共服务能力

国内学者对城管局绩效考核研究鲜有涉足，但是政府绩效考核能提升政府治理能力得到了中西方学者们一致认可：美国人事局指出，通过绩效考核提高直线管理者的能力，以实现政府目标和期望[3]。Downe（2010）认为政府绩效考核改革需要在更高层次上体现公共服务战略，需要更加复杂细致的综合绩效评估来提升地方政府公共服务能力[4]。Murphy（2011）通过研究综合绩效评估制度时发现，政府绩效考核可以改善公共服务能力[5]。Ho 和 Im（2013）认为政府绩效考核改革是将

1　［德］哈贝马斯著，童世骏译：《在事实与规范之间》，生活 · 读书 · 新知三联书店，2014 年，第 83 页。

2　［美］珍妮特 · V. 登哈特，罗伯特 · B · 登哈特著，丁煌译：《新公共服务》，中国人民大学出版社，2010 年版，第 44 页。

3　胡晓东著：《美国（联邦）政府公务员绩效管理体系研究》，光明日报出版社，2012 年，第 88 页。

4　James Downe，Clive Grace，Steve Martin and Sandra Nutley. Theories Of Public Service Improvement. *Public Management Review*，2010，Vol. 12，Issue 5，pp. 663 - 678.

5　Murphy，P. Greenhalgh，K. Jones，M. Comprehensive Performance Assessment and Public Services Improvement in England? A Case Study of the Benefits Administration Service in Local Government. *Local Government Studies*，2011，Vol. 37，Issue 6，pp. 579 - 599.

政府改善得更为高效、负责和值得公民信任[1]。地方政府绩效考核与提升地方政府治理能力具有高度契合性，体现了科学有效的地方政府绩效考核对提升地方政府治理能力具有积极的推动作用[2]。推动政府管制型向服务型转变，政府绩效评估中的公民导向尤为重要，政府部门归根到底都是为社会和公民提供公共服务[3]。政府绩效考核就是强化公共服务的结果导向，在追求经济、效率、效果的基础上，全面回应公民诉求，提升公共服务能力[4]。政府绩效管理改革的主要目的是将政府改善得更为高效、负责、值得信任。主要包括一是形成新的运作流程，比如增加项目绩效评价环节，增加报告绩效信息的新内容，增加政府组织与普通民众之间的交流，促进政府行政人员更关注政府活动所产生的实际效果等；二是运用新的管理技术或方法，比如全面质量管理、六个西格玛等，以此来降低成本；三是增强监督或控制系统，坚决杜绝腐败等。加强政府绩效评估体系研究，从制度和技术层面完善政府绩效评估，着力提高绩效评估的科学化和有效性，将为推进国家治理体系与治理能力现代化，提供强大的发展动力[5]。这些前人成果为城管局绩效考核系统提升治理能力提供了理论支撑。

（三）层次分析法广泛用于构建政府绩效考核体系

大多数国内学者基于层次分析法对城市治理绩效考核指标进行研究，涵盖了政治、经济、科研、教育、城市管理等诸多方面，层次分析法成为应用广泛的分析工具。具有代表性的是杨东奇、李一军（2006）在运用层次分析法（AHP）评价的基础上进一步采用数据包络分析

---

1 Alfred Tat - Kei Ho, Tobin Im. Challenges in Building Effective and Competitive Government in Developing Countries: An Institutional Logics Perspective. *The American Review of Public Administration*, 2015, Vol. 45, Issue 3, pp. 263 - 280.

2 林阿妙：《政府绩效管理创新与治理能力提升的契合性——基于地方政府的视角》，《经济问题》2015 年 11 期。

3 周志忍：《政府绩效管理研究：问题、责任与方向》，《中国行政管理》2006 年 12 期。

4 郑方辉、廖鹏洲：《政府绩效管理：目标、定位与顶层设计》，《中国行政管理》2013 年 5 期。

5 臭杰：《中国地方政府绩效评估：研究与应用》，《政治学研究》2015 年 6 期。

（DEA）方法对13个城市的管理职能范围、权力和责任的分析[1]；王倩雯运用层次分析法（AHP）基于价值网视角对天津市城市管理绩效评价进行研究，认为城市管理绩效是由服务业绩、服务对象、服务能力构成[2]。王岱凌等基于层次分析法构建了城市管理绩效评价指标，分为财务层面、市民层面、内部业务管理层面和学习创新与自我成长层面[3]。彭国甫等学者运用层次分析法准确确定政府绩效评估指标权重[4]。这些为基于层次分析法的城管局绩效考核体系提供了技术支撑。

综上所述，国内外研究成果指导如何理性提升治理能力的城管局绩效考核实证研究成果较为薄弱，层次分析法在城市管理绩效考核指标体系构建的文献还不够深入具体，特别是没有对构建体系的运用和成效进行论述。本研究以C市城管局绩效考核模型修正与创新为案例，以提升治理能力为核心，用鲜活的案例来展示科学量化的城管绩效考核指标模型构建，在技术层面上为城管部门充当城市理性秩序的维护者，成为一个好的城市“戒尺”，实现城市管理的精细化管理，提供实践指导。

二、研究设计

（一）案例的选择

本研究之所以选择C市城管局绩效考核管理作为案例，是基于以下几个原因：第一，2016年，根据中央及省委部署，C市被选为城市执法体制改革试点示范城市，全面启动城市管理执法体制及其他各项改革。

1　杨东奇、李一军：《基于DEA的城市管理绩效评价研究》，《中国软科学》2006年2期。

2　王倩雯：《基于价值网视角的天津市城市管理绩效评价研究》，《东南大学学报（哲学社会科学版）》2016年6期。

3　王岱凌：《基于模糊层次分析法的城市管理绩效评价研究》，《中国管理信息化》2009年11期。

4　彭国甫：《应用层次分析法确定政府绩效评估指标权重研究》，《中国软科学》2004年6期。

第二，C 市经济发展一直位于安徽省前列，良好的经济基础让老百姓更加关注生活品质的提升，城市治理的需求压力及重要性不断凸显。第三，C 市属于三四线城市，其城管绩效考核创新成果对于我国规模不大的城市具有很好的推广性与普适性。

（二）研究方法

在对地方政府绩效考核指标进行模型构建的研究成果中，层次分析法成为学者们较为认可并普遍运用的研究方法。层次分析法是由美国运筹学家 T. L. Saaty 于 20 世纪 70 年代提出的一种定性与定量相结合的决策分析方法。它是一种将决策者对复杂系统的决策思维过程模型化、数量化的方法。首先将问题分解成若干层次和若干元素，再对这些元素进行两两比较并作排序判断，最后确立各元素的权重[1]。本研究拟运用层次分析法对案例的考核指标模型进行修正。

（三）研究步骤

本研究以提升城管部门治理能力为核心，构建城管绩效考核模型，试图解决城管部门行政行为中“干什么”和“怎么干”两个问题。第一步是依据城管部门工作目标，确定城管绩效考核指标范围，解决“干什么”的问题；第二步是确定各项指标在模型中的重要性，计算城管治理绩效考核指标权重，解决“怎么干”的问题。

三、城管绩效考核指标模型构建

（一）模型的初步构建

在解决“干什么”的问题上，模型指标的初步构建应用了专家预

---

1 张吉军:《模糊层次分析法》,《模糊系统与数学》2000 年 2 期。

测法（或称德尔菲法）。一是成立专家组。本研究邀请3位高校专业从事政府绩效管理研究的学者和10位C市城管局中高层领导组成专家组，专家组成员均从事城市管理工作或学术研究10年以上，有丰富的城市管理绩效考核工作经历或理论经验。请专家们提前阅读C市城管部门2014年至2016年的业绩考核等相关文件。二是请专家组根据《2016年C市市直单位目标绩效考核办法》等相关文件，按照中央的十九大战略思想与十八届四中全会执行意见，结合C市城市管理目前工作实际与未来发展趋势，确定C市2016年度的重点工作目标任务、重点目标内容（量化指标）等，形成2017年C市城管局工作总目标，作为模型的战略目标。三是对专家组以“影响C市城管部门绩效考核要素有哪些”“如何在考核中提升城管的治理能力”等开放式问题进行深度访谈，访谈笔记整理编码后用于构建C市城管绩效考核的考核指标。

1. *初始考核指标的形成*

平衡计分卡工具作为广泛运用于西方跨国企业、政府部门的绩效评估战略工具，通过财务、客户、内部运营、学习与成长四个一级维度层层分解，让政府各部门及公务员的行为通过考核指标指向政府战略目标，提升公共管理与服务能力。目前，C市城管局正在实施的绩效考核指标一级维度分为核心职能、作风建设、社会满意度、招商引资四个。本研究运用平衡计分卡，结合C市城管局的使命和职能特征，对原有的考核维度进行修正，把一级指标模型修正为城市管理业绩、社会大众满意度、内部运行管理、学习与发展4个一级指标。城市管理业绩维度代表城管局完成上级下达的工作目标，包括生活垃圾处理、市容环境管理等核心职能；内部运行管理指标反映城管局的内部管理，包括两会提案办理、遵守党纪政纪等工作作风情况；社会大众满意度反映上级与群众满意度，包括市委、市政府、人大、政协四套班子评价，县（市、区）委及县（市、区）政府领导评价，群众评价三部分。学习和成长反映城管局学习培训和发展情况。根据确定的一级指标，专家组讨论并确定了二级、三级考核指标，形成模型的初始考核指标。

2. 考核指标的确定

第二步是考核指标的筛选。本研究设计了“C市城管绩效评估指标体系确定指标筛选”专家调查问卷，该问卷的设计是采用国际上通用的指标选择SMART原则，即具体的、可衡量的、可获得的、战略相关的、时效的，对获取的初始评估指标进行筛选。通过专家组按照调查问卷中的各指标和表格里相对应的衡量标准预计实现情况做出打分，分数越高，则预计实现程度越好。表格中每个指标对应的五项衡量标准的总分值为50分，通过13位专家打分后进行汇总，算出每个指标的平均得分，如果指标的最终得分小于37.5分（50分×75%）[1]，那么该指标的预计实现程度较差，设置该指标不够科学，将予以删除，不作为C市城市管理绩效评估指标体系中的评估指标。通过上述打分和计算过程，最终形成了C市城管绩效考核指标模型：4个一级指标、11个二级指标、36个三级指标（见表5-4）。

（二）确定考核指标体系权重

考核指标权重的确定对于城市管理实际工作具有重要的导向作用，是解决“怎么干”的问题。本研究采用德尔菲法对指标体系权重打分，并运用层次分析法对指标权重进行计算。

1. 专家组对指标权重进行评价

本研究设计了“C市城管绩效评估指标体系指标权重确定”专家打分表。第一轮现场请13位专家对C市城市管理绩效评估指标体系指标组成的判断矩阵的标度及重要性程度进行打分，现场13位专家对同一维度下同一层次上的各指标进行两两比较并按照重要程度标度法打出分数，之后将专家打出的分数进行汇总，算出每个评估指标的平均得分。

1　专家组讨论认为遴选初始指标的75%作为模型的最终指标。

第二轮将每个评估指标的平均得分情况反馈给每位专家，让各位专家比较自己与别人的意见，比较之后再次让各位专家重新对各评估指标打分。经过几轮打分后，各评估指标得到一个趋于一致的分数，作为最终各评估指标的分数。

2. 层次分析法计算指标权重

（1）计算各考核指标权重

确定判断矩阵后，运用数学方法进行层次单排序，对于上述矩阵先对每一列进行归一化，如城市管理业绩这一列（1，1/2，1，1/3），这列加和为：$1+1/2+1+1/3=2.83\rightarrow$ 该列归一化为（$1\div2.83$，$1/2\div2.83$，$1\div2.83$，$1/3\div2.83$）=（0.353，0.176，0.353，0.118）。同理将矩阵剩余三列进行归一化，发生如下变化：

评估维度	城市管理业绩	社会大众	内部运行	学习与发展
城市管理业绩	1	2	1	3
社会大众	1/2	1	1	1
内部运行	1	1	1	2
学习与发展	1/3	1	1/2	1

每列归一化为→

评估维度	城市管理业绩	社会大众	内部运行	学习与发展
城市管理业绩	0.353	0.400	0.286	0.429
社会大众	0.176	0.200	0.286	0.143
内部运行	0.353	0.200	0.286	0.286
学习与发展	0.118	0.200	0.143	0.143

图5-5　考核指标权重计算示意图

接下来将判断矩阵每一行进行归一化，同上先将第一行数字加和：$0.353+0.400+0.286+0.429=1.468$，由于为四阶矩阵，将上述加和 $1.468\div4=0.3668$ 即为最终第一行（城市管理业绩）的权重，同理将剩余三行进行归一化，得到如下权重结果：W =（城市管理业绩，社会大众，内部运行，学习与发展）=（0.3668，0.2013，0.2811，0.1508）（见表5-2）。

表 5-2　一级指标判断矩阵

评估维度	城市管理业绩	社会大众	内部运行	学习与发展	W（权重）
城市管理业绩	1	2	1	3	0.3668
社会大众	1/2	1	1	1	0.2013
内部运行	1	1	1	2	0.2811
学习与发展	1/3	1	1/2	1	0.1508

$\lambda_{max}=4.08$，CI = 0.0271，RI = 0.89，CR = 0.030<0.1

（2）一致性检验

一致性检验是为了证明上述判断矩阵符合正常的逻辑规律，如 A 比 B 重要，B 又比 C 重要，那么根据逻辑判断为 A 应明显比 C 重要，如果出现 A 只比 B 重要，而不是明显重要，那么这样的判断就不能通过一致性检验。由于上述判断矩阵的数字是由专家组根据工作情况主观打分得来，具有一定的主观性，为了保证判断矩阵结果的科学性，下面将对结果进行一致性检验。一致性指标 CI =（λmax − n）/（n − 1）= 0.0271，最大特征值经计算 λmax = 4.08，n = 4（判断矩阵为 4 阶矩阵，n 取 4）。然后查表确定相应的平均随机一致性指标 RI，对于 4 阶的判断矩阵，查表得到 RI = 0.89。

表 5-3　平均随机一致性指标 RI 取值参考表

矩阵阶数	1	2	3	4	5	6	7	8
RI 值	0	0	0.52	0.89	1.12	1.26	1.36	1.41

最后计算一致性比例 CR = CI/RI = 0.030<0.1，当 CR<0.1，一般认为判断矩阵的一致性是可以接受的。明显上述判断矩阵通过一致性检验，因此，可以确定上述各一级评估指标的权重值 W =（城市管理业绩，社会大众，内部运行，学习与发展）=（0.3668，0.2013，0.2811，0.1508）。同理可以计算二级、三级指标的权重值。

（3）指标权重的确定（见表 5-4）

表 5－4　城市治理考核指标及权重(部分)[1]

一级指标	一级指标相对总目标权重	二级指标	二级指标相对一级指标权重	二级指标相对总目标权重	三级指标	三级指标相对二级指标权重	三级指标相对总目标权重
城市管理业绩	0.3668	垃圾处理业绩	0.1625	0.0596	履行监管垃圾焚烧发电厂运行管理职能情况	0.2968	0.0177
					指导垃圾焚烧发电厂完成省目标考核情况(确保位列全省第一方阵)	0.3769	0.0225
		城市管理改革及建设业绩	0.5233	0.1919	申报城市管理执法体制改革试点城市情况	0.2836	0.0544
					落实城市管理执法体制改革方案情况	0.3376	0.0648
社会大众	0.2013	行政职能及效率	0.5000	0.1006	对城市管理部门履行职能的满意度	0.4111	0.0414
					对城市管理部门办事效率的满意度	0.3278	0.0330

1　每个三级指标都进一步细化成可操作的考核细则,包括指标界定、数据收集、责任部门、考核主体等细节,不在此赘述。

续 表

一级指标	一级指标相对总目标权重	二级指标	二级指标相对一级指标权重	二级指标相对总目标权重	三级指标	三级指标相对二级指标权重	三级指标相对总目标权重
		工作作风及服务态度	0.5000	0.1006	对城市管理部门作风建设的满意度	0.5000	0.0503
					对城市管理部门服务态度的满意度	0.5000	0.0503
内部运行管理	0.2811	两会提案办理情况	0.2611	0.0734	人大代表建议、议案办理情况	0.5000	0.0367
					市政协提案办理情况	0.5000	0.0367
		廉政守纪联系群众情况	0.4111	0.1156	遵守党纪政纪和反腐倡廉建设情况	0.5000	0.0578
					改进工作作风、密切联系群众情况	0.5000	0.0578
学习与发展	0.1508	个人的学习与发展	0.3333	0.0503	执法人员的培训时间	0.5000	0.0251
					职工意见被采纳率	0.2500	0.0126
					职工服务意识及满意度	0.2500	0.0126

续　表

一级指标	一级指标相对总目标权重	二级指标	二级指标相对一级指标权重	二级指标相对总目标权重	三级指标	三级指标相对二级指标权重	三级指标相对总目标权重
		组织的学习与发展	0. 6667	0. 1006	组织应急事件处理水平	0. 8000	0. 0804
					职工使用信息网络的能力	0. 2000	0. 0201

（三）实施成效

C市城管局绩效考核指标体系确定后，上级主管部门和城管局对每个指标的考核进度、任务时间节点、责任科室进一步明确分配。2016年底，C市城管局上级主管部门市人大、市政协、市效能办、组织部等部门组成考核组，按照本研究的考核指标体系，以往年C市城管局综合业绩为基准，对C市城管局进行了整体考核（不分片区），C市城管局在年度考核中获得了“良好”等级。考核结果和员工奖金、领导班子考核紧密相联。因2016年实施新员工绩效考核制度，为激发员工参与考核的积极性，C市专门设立城管局绩效考核等级和员工绩效奖相挂钩的激励方式。C市城管局该年度的绩效考核分数为88.8分，为二等奖励资金，员工当年获得绩效奖金约为人均月工资的1.5倍；绩效考核结果作为C市城管局各部门领导干部的个人考核重要依据，尤其是单位主要负责人的个人考核依据，如果局考核结果为不合格，上级主管部门将约谈C局领导班子，2016年C市城管局整体考核结果为良好，考核组肯定了C市局领导班子的工作同时，希望C市城管局通过提升治理能力提高业绩、管理水平和服务质量。2017年、2018年城管局根据上级主管部门要求，对考核指标体系进行了调整，考核结果依然为良好。该考核指标体系就像“指挥棒”，把压力传导给C局各级管理层，2016年底考核暴露出一些C市城管局治理能力的短板，倒逼C市城管局在接下来的2年中对行政执法能力等整体治理能力进行提升，主要表现为以下几个方面：

1. 行政执法能力显著提升

2016年底C市城管局考核中“执法人员的培训时间”指标得分为零，引起了上级主管部门的高度重视，2017年给C市城管局预算资金中，专门下拨了行政执法人员培训专项资金，对局里所有行政执法人员进行法律法规、行政执法、沟通技巧等能力进行系统培训，全局执法人员学习热情高涨，知识水平和执法规范性显著提高。

2. 公共服务能力显著提升

2016 年底考核中，“对城市管理部门办事效率的满意度”扣分较多，C 市城管局对症下药，建立了工作进度通报机制，尤其对群众反应强烈的问题建立督查通报机制，各项通报结果与部门和个人年终考核挂钩，倒逼全局行政执法人员不断提高服务效率，转变工作作风，提升公共服务能力。

3. 信息网络能力显著提升

以前，上级主管部门和局里领导对局里职工的信息网络的能力不重视，2016 年考核指标体系中对“信息网络的能力”进行考核，加上城市治理系统不断智能化的压力，局里组织了职工信息网络技能学习，请老师辅导职工城市治理操作智能软件的操作，让职工信息网络能力不断更新，与时俱进。

四、 城管绩效考核模型的治理能力提升分析

本研究以 C 市城管局为案例，运用层次分析法，把中央层面战略思想、上级主管部门工作目标、城管局目前工作任务、专家组意见等以科学量化的方式呈现出来，最终形成城管绩效考核体系。该考核体系实施后取得了较好的成效，提升了 C 市城管局全体职工的行政执法能力、公共服务能力等各项治理能力，证明通过考核指标权重可以很好地引导公共部门管理行为。该研究通过城市治理领域的案例研究拓宽了层次分析法构建公共部门绩效考核指标体系的实证研究，C 市城管局绩效考核体系对我国城市治理实践具有很好的运用价值，并希翼此模型成为城管部门提升治理能力的赋能平台。

（一） 考核模型中治理能力的博弈与均衡

城管部门首先是城市管理秩序的维护者，体现为行政执法能力和管

理能力。城市公共秩序维护源于“高位推动”[1]，即在上级党政部门主导下和企业、公民博弈制定的城市管理秩序规则，城管部门在“高位推动”下负责执行这些规章制度，用行政手段强制企业、民众遵守。城管部门治理能力还体现为公共服务能力，它源于民众需求，城管部门在城管秩序的维护管理中与公民建立信任与合作的关系，让民众相信城管执行的城市秩序对公共价值的回应。

然而，城管部门的职能定位本身就是一个具有中国特色的议题，城管工作人员的行政执法依据、职能边界模糊不清，让城管工作人员这个“街头官僚”群体在行使行政执法职能时处于被动、两难的境地，如查处无证摊贩、疏导交通道路。从执法依据来看，城管执法依据不如法律那样权威严谨，大多来自地方政府的行政命令，缺乏严谨的论证过程，公信力较弱，有时城管执法只能参考公安、工商等部门执法，让城管感觉力不从心。如遇到地方政府“运动式”治理导致一些不理性决策，盲目上马面子工程，不顾及小摊贩的基本生活保障，最后造成的社会矛盾都由城管部门承担。加之部分媒体对城管形象的污名化，让城管和群众关系对立，执法冲突和矛盾激化。这些体制缺陷及社会因素对城管人员的行政执法能力、公共服务能力提出了比其他公务员群体更高的要求。由此，城管部门不仅需要维护城市管理秩序，防范并制止企业、民众不合作行为给秩序带来的风险，还需要在管理事务中不断回应公共服务价值。

这样，治理能力的提升可简要概括为两方面，一方面是刚性的行政执法能力和管理能力，另一方面是柔性的公共服务能力。两种能力刚柔并济，相得益彰，城市管理治理能力提升则具体表现为城市秩序管理能力和公共服务能力的均衡。城管行政执法能力和管理能力提升考核主要分布在“城市管理业绩”维度和“内部运行”维度，公共服务能力提升考核主要体现在“社会大众满意度评价”和“学习与发展”维度，模型的四维度结构很好的覆盖和均衡了城管部门刚柔两种治理能力的考核。

---

1 贺东航、孔繁斌：《公共政策执行的中国经验》，《中国社会科学》2011 年 5 期。

本研究的城管绩效考核模型通过运用德尔菲法、层次分析法科学量化地构建修正考核指标体系，让城管部门行为指向两种治理能力提升，即在城市管理信息技术的不断升级中提高城管部门的执法能力、管理水平和服务意识，以实现城市治理终极目标：城市管理秩序井然，城市生活环境干净整洁，城市居民生活质量不断提高。

（二） 考核指标以治理能力提升为导向

1. 城市管理业绩和内部运行管理两个考核重点凸显治理能力内外职能

对外而言，城市管理部门履行其核心职能是提升治理能力的关键，是公共服务和公共管理绩效的输出结果，是考核城管部门在城市管理中“干了什么?”，层次分析结果中这个一级指标也是对总目标占比最大的。三级指标中“城管执法体系改革方案落实”、“建设数字城管项目”系数较高，这充分显示了城管从行政执法能力到技术治理能力提升的重要性。对内而言，城管部门的内部运行是外部公共绩效输出的内部保障，二级指标中“廉政守纪”、“改进工作作风”系数较高，说明在城管部门内部运行管理中这两点是体现城管人员公共服务能力的必要保证。

2. 社会大众满意度指标呈现城管部门公共服务能力的回应性

考核模型中“市容环境业绩”在“占道经营专项治理”、“流动摊点专项治理”等考核指标，究其职能就是得罪人的事，一旦和城市里弱势群体小摊贩发生冲突时，城管行为强势甚至粗鲁蛮横，就会激化群众和城管的对立情绪，甚至引起恶性事件。这时，温和的公共服务能力如政策宣传能力、谈判能力、协调矛盾能力则成为缓解冲突，让群众满意的工作方式。“社会大众满意度”指标考核旨在正确引导城管人员从粗放式管制到精细化人性化服务的转变。在对三级指标城管部门履行职能、办事效率、服务态度、作风建设的满意度考核中，评估主体中引入了市民代表，让满意不满意评价不仅仅取决于上级部门的意见，更不是城市管理部门自身说了算，老百姓也有话语权，这给城市管理部门提高行政执法能力与服务水平带来了压力，倒逼城管部门转变工作方式，在社会中树立城管新形象。

3. 学习与成长是城管部门治理能力可持续发展的保证

要提升城管执法人员的行政执法能力、管理能力和公共服务能力，加强对城管的教育培训是重要途径。根据层次分析结果，学习与成长维度中三级指标“组织应急事件处理”、“信息网络能力”系数较大，表明城管部门在行政执法中应急处理能力要求高，在不断创新的数字城管压力下要求城管人员的信息网络能力与时俱进。在这些指标的引导下，组织通过培训、交流等多种方式提升城管部门的这两项能力。“执法人员培训”系数排第三，体现了加强城管执法人员法律法规、行为规范的培训的迫切需要，增强城管执法人员执法能力和自我内部控制能力，确保执法人员具备良好的职业道德和操守。

4. 城市管理改革指标体现了让制度优势转化为治理效能

城管执法体制从一开始就成为负面新闻的多发地带，成为社会争议的对象，并经常成为城管执法冲突的制度性原因。党的十九届四中全会强调“把制度优势转化为治理效能”，所以，C 市城管执法不断发现问题并完善执法体制是 C 市城管的根本任务。而且，现在城管模式从单纯的行政化管理、数学化管理再升级到智慧化城管，城市管理体制需要不断升级以跟上城市管理模式的转型升级。“申报城市管理执法体制改革试点城市情况”考核指标能不断推动城管执法体制改革。同时，制度优势要转化为治理效能，离不开制度实施。考核指标中“落实城市管理执法体制改革方案情况”、“推行城市网格化数学化管理”等指标具体清晰地推动了执法体制改革的具体实施，确保城管执法体制不断完善，在此基础上的行政执法服务更加优质、高效、人性化。

（三）研究局限性及未来展望

1. 研究推广局限性及应对

模型的动态调整成本较高，城管绩效评估指标模型经过 13 位专家学者的论证评估，数据经课题组的精确计算，最后形成模型，需要耗费较高的时间成本、经济成本和人力成本。随着上级主管部门对于绩效目标的不断调整，指标也将随之调整变动，假设每年模型调整都走这个流程，模型实施会因为行政成本过高而难以推行。为了降低模型的实施成本，2017 年在城管局内部成立绩效考核小组，培训小组成员绩效评估技术与方法等方面的专业知识，定期对模型指标进行微调，实现模型的周期性调整。

2. 研究局限性与展望

本研究的数据只采集了 2016 年的横截面数据，未来研究期望进一步跟踪更多年份 C 市城管局绩效考核对于治理能力提升的作用和演变，做动态的纵向案例研究。本研究拓展了基于层析分析法的政府部门绩效考核实证研究，并期待本研究的理论架构、技术流程能在其他政府部门绩效考核研究中推广。

第六章　地方政府绩效影响因素及干部考核研究

第一节　高绩效政府机关影响因素研究

一、问题的提出

“什么因素能给政府带来高绩效”这个备受公共管理学关注的议题一直困扰着学术界和政府管理者。学者们对影响政府绩效的微观层面鲜有涉足，只有孟庆国等（2017）在对影响我国地级市层面绩效结果的因素进行的实证研究中发现，一是党政一把手是否负主要责任影响着地级市政府绩效结果；二是绩效管理中加入公众评价能显著提升政府绩效评估；三是绩效结果和人事调整挂钩将能显著提升地方政府绩效结果；四是以立法形式确认绩效管理制度的地级市能提高政府效率；五是薪酬调整在运用初期对地方政府绩效提升有一定程度的积极作用[1]。由此，政府“一把手”的个体因素、政府部门的职能因素等内部因素可能对地方政府的绩效有一定的影响力。吴建南等（2011）认为在现实的市级政府

1　孟庆国、刘翔宇：《地方政府绩效管理工具运用机制对政府绩效的影响》，《中国行政管理》2017年5期。

绩效评估活动中，政府绩效的好坏通常是由政府内部的绩效数据来判断。James（2011）用实验方法证明了公民期望会影响政府绩效。本研究试图运用 QCA，通过 A 市政府部门 13 个部门的一把手领导的专业类型等因素探索导致部门之间绩效差异性的组织因素。

二、 研究的概念架构

目前我国地方政府绩效考核压力越来越大，绩效排名、绩效等级、一票否决等让地方政府每年竞相争取最好的绩效结果。那么，什么因素造成政府部门依然会有绩效结果的差异性？首先，本研究便把关注点落在"党政一把手"的专业类型上。党政一把手在我国政治权力运行及各项工作中处于十分重要、突出的地位。"位高权重"的政府部门一把手是领导班子的"核心"和"班长"，对政府部门有很大的影响力[1]。赵子夜等（2018）认为通才型领导对创新的促进作用更为明显，通才型领导人基于跨界情境的可复制的成功，更有利于激励创新，这回应了通用型人才在全球经理人市场中的比例为何稳定上升的现象[2]。公共管理学界关于领导通才和专才的讨论不多，领导是通才还是专才对政府组织的影响更多体现为潜在的管理风格的差异性。其次，政府组织一把手的更换因素对组织的绩效影响体现得更为直接。对于组织来说，一把手的变化意味着组织不同的战略选择与绩效结果。对于组织一把手的变更，会导致组织绩效上升还是下降的结论在学术界一直争论不休。适应性观点认为，组织需要适应环境带来的挑战，而领导权变化正是这样一种重要的适应机制。根据这一观点，领导权变更会通过提高企业适应环境变化的能力提升企业绩效。恶性循环理论认为，频繁的领导权变更对组织具有一定的破坏性，从而会导致企业绩效下降。与上述两种对立的观点不

1　李景治：《党政一把手权力运行机制的完善》，《学术界（月刊）》2014 年 4 期。

2　赵子夜、杨庆、陈坚波：《通才还是专才：CEO 的能力结构和公司创新》，《管理世界》2018 年 2 期。

同，“替罪羊”理论认为，领导权变更只是一种为满足外部行为需求而发出的信号，并不会挑战企业的现状。因此，领导权变更与组织绩效间并不存在关系[1]。再次，政府部门是否直接面对群众服务，成为绩效考核的关键因素。“街头官僚”部门如城管局、住建局等作为行政执法单位，工作性质“吃力不讨好”，绩效考核中的群众满意度、公共服务质量得分会受到影响，导致绩效结果较差。最后，经济建设部门是否成为影响绩效结果的关键因素。因为经济建设部门承担地方政府的市委市政府重点目标任务较多，在绩效考核中处于重要位置，而非经济建设部门，往往在绩效考核中处于弱势地位，获得高等次的绩效考核难度较大。由此，得到本研究的概念框架：

（一）因变量

因变量是地方政府部门绩效考核结果，是指地方政府经过上一级政府绩效考核后获得的绩效等级，目前地方政府部门年度考核分为优秀、良好、合格、不合格 4 个等级，4 个等级能清晰的测量出地方政府绩效水平。

（二）自变量

1. 领导更换界定与测量：是指在地方政府 2014—2018 年绩效数据期间，地方政府“一把手”更换的次数。

2. 领导专业类型：把领导专业类型分为通才和专才两种类型。专才型领导是指政府部门一把手具备和政府部门职能相一致的专业学历或专业基层经历；通才型领导通常被称为虽然不具备和部门职能要求相一致的专业背景或没有基层工作经验，但是具备其他政府部门管理经验的跨界型一把手领导。

---

1 郭海、薛佳奇：《领导权变更、创业导向及自主创新间关系的实证研究》，《管理学报》2011 年 2 期。

3. 直接面对民众：根据政府部门的职能界定，对于街头官僚和对外服务为主要职能的政府部门界定为直接面对民众的部门。

4. 经济建设部门：部门职能和经济建设紧密相联，从事商务、交通、基建等职能的部门界定为经济建设部门，其他部门被界定为非经济建设部门。

研究的概念模型如图 6－1 所示。

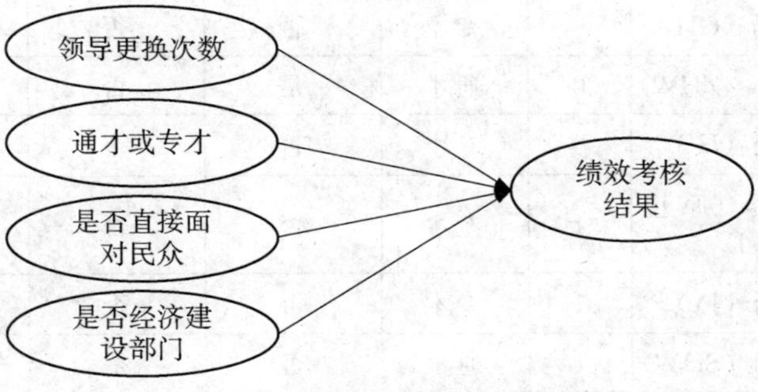

图 6－1　政府绩效考核影响因素的概念架构

三、研究设计

1. 数据收集

本研究收集了 J 市 13 个政府部门 2013—2018 年的绩效考核等级。通过政务公开数据搜索查询了 2013—2018 年 13 个样本政府部门的一把手任职时间和更换次数，根据政务公开网站上的部门职责核定了是否直接面对民众和经济建设部门。在数据收集中发现，2013—2018 年期间虽然有机构改革，但是政府部门的职能和人员变动不大。数据基本信息如表 6－1：

表 6-1 2013—2018 年 J 市 13 个政府部门的研究变量基本信息

政府部门	自变量				因变量
	领导更迭	领导人才类型	是否直接面对群众	是否是经济建设部门	考核等级优秀次数
1. 民政局（MZH）	2	通才	是	否	4
2. 交通运输局（JT）	0	专才	否	是	4
3. 建委（JW）	0	专才	否	是	3
4. 规划局（GH）	0	专才	否	否	1
5. 政务办（ZHW）	0	通才	是	否	2
6. 环保局（HB）	0	专才	否	否	2
7. 卫计委（原卫生局）（WJ）	1	专才	否	否	2
8. 教育局（JY）	1	专才	否	否	1
9. 商务局（SHW）	1	通才	否	是	3
10. 城管局（CHG）	0	通才	是	否	1
11. 水务局（原水利局）（SHW）	1	通才	否	否	3
12. 国资委（GZ）	1	专才	否	是	2
13. 文广新局（WGX）	0	通才	否	否	2

2. 数据校准

经过校准后，变量都调整为“0”和“1”的数据，数据矩阵为表 6-2 所示：

表 6-2 变量校准后数据矩阵

政府部门	领导更替	领导人才类型	是否面对民众	是否是经济部门	绩效考核结果
1. 文广新	0	0	0	0	0

续　表

政府部门	领导更替	领导人才类型	是否面对民众	是否是经济部门	绩效考核结果
2. 政务、城管	0	0	1	0	0
3. 水务	1	0	0	0	1
4. 商务	1	0	0	1	1
5. 民政	1	0	1	0	1
6. 规划、环保	0	1	0	0	0
7. 交通运输、建委	0	1	0	1	1
8. 卫计、教育	1	1	0	0	0
9. 国资委	1	1	0	1	0

四、 分析结果

本研究用 Tosmana 软件对数据进行了分析，分析结果如图 6 - 2 所示，由图 6 - 2 可以看出，产生高绩效政府部门的影响因素可以分为两种模式：第一，领导是专才与领导变换的交互会产生政府部门高绩效；第二，领导不变与非经济部门会产生政府部门高绩效。由分析结果可以看出，政府部门一把手是专业人才而且领导变换的交互会带来组织管理的变化，也会给政府部门带来高绩效；而对于非经济部门，一把手领导不变则是产生高绩效的影响因素。

Result(s):

Generalist/Specialist{1}leader change{1} + leader change{0}economic/non economic{0}
(WJ,JY+GZ)　　　　(GH,HB+ZHW,CHG+WGX)

图 6 - 2　高绩效政府部门影响因素

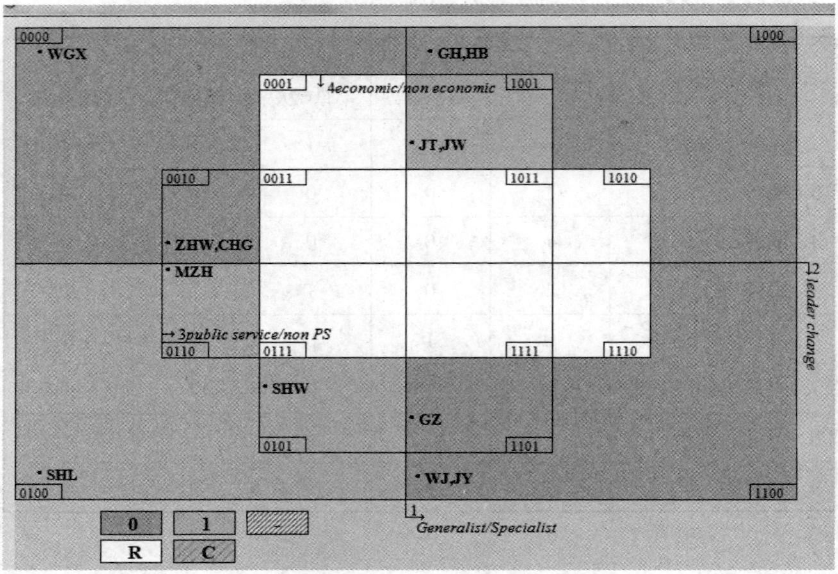

图 6－3　J 市 13 个政府部门自变量交互对绩效结果影响分布图

五、结论

本研究通过对 J 市 13 个政府部门绩效考核结果影响因素的 QCA 分析发现，政府部门的高绩效考核等级的影响因素是两个影响因素的组合：一是专才型领导与领导更换的组合能给政府部门带来高绩效，二是非经济部门与领导不变的组合能给政府部门带来高绩效。研究结论和赵子夜等（2018）部分不一致，他们认为，在企业，通才领导人比专才型领导更加有利于激励创新。本研究结论认为，专才型领导加领导更换，可以激发政府部门的活力，给政府部门带来高绩效。一个政府部门的党政一把手决定着组织发展的战略、管理模式和组织文化，而党政一把手的专业类型或基层工作经验往往决定了领导的思维方式。专才型领导和领导更换的交互，能给政府部门从专业角度带来创新性战略、管理模式，提升政府部门绩效。非经济部门一把手的稳定似乎更能让部门产生高绩效，非经济部门以公共服务职能为主，外部环境的变化没有经济部门变化迅速，而公共服务流程却是一个循序渐进的过程，一把手领导的相对稳定有利于政府部门不断完善公共服务模式。对于经济部门和非经济部门的差异性，以及对领导更换的实证研究，目前国内外学者尚未有研究。

本研究最大的局限就是理论支持单薄，QCA 方法对理论研究的基础要求很高，目前该模型的 4 个自变量的理论支持还不够丰富。因为数据收集难度较大，研究变量不够丰富，未来还需要通过继续深度调研和访谈，加入政府部门组织文化因素、政府部门领导风格因素等变量，通过 QCA 研究方法，进一步探索地方政府高绩效的影响因素。

第二节 应急管理条件下干部绩效考核实证研究

一、问题的提出

地方政府绩效管理和干部考核紧密相联，在公共危机下，干部考核则成为地方政府领导班子绩效考核的关键环节。2019 年年底开始，新冠肺炎疫情迅速肆虐全国，在党中央的号召下，全国上下齐心协力、共同战疫。为了应对这次突发疫情，中央政府迅速启动重大突发公共卫生事件一级响应，党中央统一领导形成强大执行力，建立国务院联防联控机制，由国家卫健委牵头，建立 32 个部门协调工作机制平台。同时，对地方实行分级管理，按照属地原则重心下移、力量下沉，支援社区工作，动员社会资源，构筑全国联防联控体系[1]。截至 3 月 18 日，湖北新增病例为零，全国疫情除了输入型病例，本土病例为零，抗击疫情取得初步胜利。

---

1 刘一弘：《应急管理制度：结构、运行和保障》，《中国行政管理》2020 年 3 期。

一支应急管理能力强、有高度责任感和使命感的干部队伍是这次公共危机应急管理体制的中流砥柱，在公共危机中如何把干部评价与激励约束紧密相联成为应急管理和干部管理的新挑战。2020 年 1 月 19 日，中央组织部发出通知：要注重在疫情防控阻击战一线考察识别领导班子和领导干部[1]。各省市组织部纷纷出台政策提拔重用在一线英勇奋斗、扎实工作的干部，树立危难时刻敢担当善作为干部得重用的鲜明导向，严肃问责不敢担当、弄虚作假、失职渎职的干部。全国各地纪委监委相继发布了疫情防控工作监督执纪问责等政策，监督疫情防控干部任免机制的执行。基于疫情防控实绩的评价机制给地方政府领导班子和干部传达了强烈的信号，即把疫情防控实绩作为衡量地方政府干部政绩成绩单。然而，在公共危机中，干部评价与激励约束呈现怎样的特征？如何把干部的防控实绩与激励约束紧密相联？公众关注度是否会成为影响干部提拔问责与干部评价关系的外部因素？本研究试图通过新冠肺炎疫情期间的数据实证研究，探索这个国内外学者尚未涉足的“新鲜”议题。

本研究的主要贡献点在于：一是弥补了非常态公共危机下我国干部评价与激励约束研究空白。目前尚没有学者研究公共危机下干部评价与激励约束特征、关系与影响因素，笔者探索了公共危机下干部评价与激励的特征，绩效测量与被提拔或与被问责之间的关系，探索了公共危机下疫情数据是否可以测量干部防疫实绩，并进一步探索外部变量公众关注度在公共危机条件下对干部评价与激励关系的影响；二是回应并拓展了学术争论。探讨了基于激励契约理论，在公共危机状态下干部评价与激励是否高激励模式，是否需要有清晰的量化评价才能保证公共危机下高激励模式的科学运行、公共危机下干部评价标准是“政绩论”还是“关系论”[2] 等学术争论。

---

1 《要注重在疫情防控阻击战一线考察识别领导班子和领导干部》，人民网。http: //cpc. people. com. cn/n1/2020/0130/c431601-31564889. html。

2 周铭山、张倩倩：《“面子工程”还是“真才实干”——基于政治晋升激励下的国有企业创新研究》，《管理世界》2016 年 12 期。

二、分析框架与文献回顾

（一）激励契约理论：一个分析框架

委托代理理论认为委托人和代理人通过契约制定规则，委托人以奖励和惩罚的形式激励约束代理人行为，让代理人达成委托人目标。激励契约理论认为委托人与代理人之间的博弈关系基于一个假设，即是委托人与代理人之间是信息不对称的，代理人的信息优势迫使委托人通过绩效考核（测量）“告诉代理人该做什么”[1]。然而，由于绩效考核并不总是给予代理人准确的激励，因此，代理人将可能从事一些非最优的行为(博弈行为)，而导致契约无效。委托人希望代理人努力，并根据努力水平兑现委托人期望值为条件的激励，然而，只有在努力是可观察的情况下，契约才是有效的。换言之，当绩效测量可量化时，激励契约会产生比绩效不能测量时更高的收益[2]。

Heincich（2010）认为代理人因绩效获得奖励越高，付出努力的动力就越强。但是强激励模式下，代理人报酬越高，对代理人报酬无法控制的影响因素越大，风险越大[3]。这时，代理人的绩效可测量变得很重要，在绩效测量与报酬联系不紧密的情况下，强激励下的高工资会造成代理人绩效扭曲，而绩效测量与报酬联系越紧密，越有利于代理人的努

1　Holmstrom, Bengt and Milgrom, Paul R. Multi - task Principal - Agent Analyses: Incentive Contracts, Asset Ownership, and Job Design. *Journal of Law, Economics & Organization*, Jan. 1991, Vol. 7, Special Issue: [Papers from the Conference on the New Science of Organization] pp. 24 - 52.

2　George P. Baker. Incentive Contracts and Performance Measurement. *Journal of Political Economy*, Jun. 1992, Vol. 100, Issue 3, pp. 598 - 614.

3　Carolyn J. Heinrich and Gerald Marschke. Incentives and Their Dynamics in Public Sector Performance Management Systems. *Journal of Policy Analysis and Management*, 2010, Vol. 29, Issue 1, pp. 183 - 208.

力和委托人目标的达成[1]。当然，强激励还包括如果代理人没有完成委托人目标，通过清晰的绩效测量，对代理人进行负激励如降薪降职等。同时，最优激励强度并不是简单与绩效考核成线性关系，激励因素还可能受到外部因素影响，继而影响绩效测量与奖励之间的关系。

（二）基于激励契约理论的常态下干部评价与激励争论

长期以来，我国对党政干部进行选拔、任用和考核评价的主要依据是“德、能、勤、绩、廉”五大维度，实际上，干部评价标准需要根据不同时期的历史任务、外部环境与内在需求不断调适。干部改革开放初期，地区经济发展成绩被视为干部最大政绩，周黎安等学者认为基于激励契约理论的干部“晋升锦标赛”让 GDP 成为测量干部政绩的唯一指标[2;3]，但是强激励下的干部评价却出现了代理人博弈行为。进入 21 世纪，胡锦涛提出“德才兼备，以德为先”原则，要求把“德”的培养锻炼放到最突出的位置。党的十八大，习近平提出了“四不唯”（不唯票、不唯分、不唯年龄、不唯 GDP）的选人用人标准和好干部五个标准——信念坚定、为民服务、勤政务实、敢于担当、清正廉洁。十九大提出推进国家治理体系和治理能力现代化需要一支干净担当的高质素干部队伍[4]，政治素质即“德”的评价成为干部选拔的标准，但是对于“德”的量化难度较大。激励契约理论认为当测量难度较大时，委托人获取信息成本较大，适合采用弱激励。

与此同时，学术界则一直在为我国干部晋升的评价标准而争论：是经济、扶贫等政绩还是基于人脉的政治赞助人（patronage）更能影响地

1 吴少微、魏姝：《官员晋升激励与政策执行绩效的实证研究》，《江苏行政学院学报》2018 年 4 期。

2 陈雪莲：《改革开放以来干部考核选拔机制变迁研究》，《经济社会体制比较》2018 年第 3 期。

3 周黎安：《中国地方官员的晋升锦标赛模式研究》，《经济研究》2007 年 7 期。

4 刘帮成、陈家喜：《理解新时代“好干部”的工作行为、动机与选拔标准》，《公共行政评论》2020 年 1 期。

方领导干部的晋升呢？Edin（2003）[1] 和 Li（2018）等[2]认为政治赞助人比政绩稍有优势[3]；Chen 等（2016）基于激励契约理论发现经济政绩依然显著影响地方领导晋升，但如果干部能力强，通过开放性信息让上级赏识和认可，可以减少对经济业绩的依赖[4]。Ma 等（2015）认为以政绩为基础和以关系为导向的干部晋升保持一种微妙的平衡。目前没有学者讨论外部因素如公众关注对干部晋升的影响，因为常态下的干部评价环节虽然有公示环节，但是对干部任用影响力较小。

学者们一致认为我国干部问责是以突发事件为重点的应急问责模式，这种模式一方面快速控制事态局面，最大程度地减少事件带来的损失和恶劣影响；另一方面从严从重的高昂政治成本对干部形成震慑作用，达到控制类似事件发生的目的。同时，应急问责形式亦是对舆情民意的直接回应，充分彰显了党全心全意为人民服务的宗旨[5]。而决定应急问责形式的决定性因素是问责事件本身的严重程度[6]。

由此，不论是政策层面的干部评价标准，还是学术讨论的政绩与政治赞助人对干部晋升的影响，常态下的干部评价及晋升具备与科层制组织相匹配的严格的干部选拔规范，代理人的奖励与惩罚在各种因素中达到平衡但是难以量化，所以委托人对代理人的激励属于弱激励模式。而应急模式下的干部应急问责作为干部负激励似乎是强激励模式，代理人

---

1 Edin, M. State Capacity and Local Agent Control in China: CCP CadreManagement froma Township Perspective. *China Quarterly*, 2003, Vol. 173, pp. 35 - 52.

2 Hui Li & Lance L. P. Gore. Merit - Based Patronage: Career Incentives of Local Leading Cadres in China. *Journal of Contemporary China*, 2018, Vol. 27, Issue 109, pp. 85 - 102.

3 Jie Chen, Danglun Luo, Guoman She, Qianwei Ying. Incentive or Selection? A New Investigation of Local Leaders' Political Turnover in China. *Social Science Quarterly*, 2017, Vol. 98, Issue 1, pp. 341 - 359.

4 Liang Ma, Huangfeng Tang, Bo Yan. Public Employees' Perceived Promotion Channels in Local China: Merit - based or Guanxi - orientated? *Australian Journal of Public Administration*, 2015, Vol. 74, Issue 3, pp. 283 - 297.

5 盛明科、李悦鸣：《改革开放四十年干部问责制度：历史图景与发展逻辑》，《湘潭大学学报》2019 年 1 期。

6 张创新、陈文静：《我国党政领导干部问责幅度实证研究》，《中国行政管理》2012 年 11 期。

问责的绩效又该如何测量？应急模式下的干部晋升又是什么特征？

三、理论假设与概念架构

（一）公共危机下干部评价特征及干部被提拔与问责的绩效测量

公共卫生危机条件下，契约激励的奖励承诺和惩罚规定发生了转变。根据《突发公共卫生事件应急条例》、《中华人民共和国突发事件应对法》等法律法规，2020 年 1 月 29 日中组部发文强调，重点考察干部是否把疫情防控作为当前最重要的工作来抓，是否坚守岗位、靠前指挥，是否严密细致做好疫情监测、排查、预警、防控等工作。各地方政府组织部相继发文，从 2 月开始根据文件规定兑现基于防控表现的干部提拔，向下沉到基层到社区的基层干部倾斜。政府干部作为政治人取得优秀的防疫防控成绩单，不仅在仕途上获得提拔，而且获得溢出的社会效应：辖区内安全度提升、老百姓信任和赞誉度增长、辖区内经济发展平稳恢复等，这比基于契约激励的经济政绩对政府干部们产生的内在激励强度更大，更能激发干部的内在工作激情、奉献精神等组织公民行为。这似乎说明了非常态的公共危机下的干部评价是强激励模式的。

但是，干部激励强度与绩效可测量性紧密相联，对于政府而言，应该谨慎使用强激励，因为相当比例的政府工作绩效很难测量，实行强激励反而带来激励扭曲。非常态下的公共危机干部评价如果用强激励让干部应对危机时高效迅速，并根据干部的防疫实绩兑现提拔或问责，如何解决干部绩效测量的问题？又如何防止干部偏离委托人目标通过共谋或博弈行为骗取委托人奖励？

这次新冠疫情的公共危机让强激励模式下的干部评价得以有效实现，是基于两个条件：第一是疫情信息的公开透明让委托人对代理人的绩效测量可量化。官方权威疫情数据持续更新，如每日官方疫情数据公布、政府定期的新闻发布会通报疫情信息等，不仅为公众提供了最权威信息以提升政府公信力和稳定民心[1]，也成为衡量地方政府领导班子和各级干部们公开透明的防疫成效测量指标。公开透明的疫情数据让地方领导班子及各级干部们高度紧张，竞相努力取得最好的防疫政绩。第二是隐瞒疫情信息等共谋行为的政治成本太高昂有效遏制了地方干部共谋行为。疫情期间中央政府注意力高度聚焦于疫情防控，如 2020 年 1 月 25 日（农历正月初一），中共中央政治局常务委员会召开会议，习近平强调疫情就是命令，防控就是责任。组织部明确规定严肃问责弄虚作假、失职渎职的干部。中央还下派巡视组暗访督查地方政府干部防疫情况。同时，公众对疫情信息的高度关注增加了干部防疫的压力，公众通过自媒体、社交媒体等新媒体将地区疫情信息迅速传播扩散，突破政府信息系统门槛，实现信息从下往上流动。地方干部隐瞒疫情信息骗取高奖励的共谋行为会导致辖区疫情失控恶化而引起被严肃问责、激发民愤等高昂政治成本。

由此，公共危机情境中干部强激励模式不仅表现为正向激励的火线提拔，还表现为负向激励即约束的严肃问责。国家处于疫情防控的应急状态下，显示新冠疫情变化的新增病例数是干部防疫绩效最直白最明确的测量指标，本地区新增病例的数量直接决定了干部防疫绩效好坏，上一级政府则通过新增病例作为评价干部防疫绩效的量化指标，据此实施火线提拔或严肃问责干部等强激励举措。由此，本研究提出以下理论假设：

假设 1－1：新冠新增病例对被火线提拔干部呈负向影响，即辖区内新增病例越少，被火线提拔干部越多；

假设 1－2：新冠新增病例对被严肃问责干部呈正向影响，即辖区内新增病例越多，被问责干部越多。

1　Taylor A. Holroyd, Oladeji K. Oloko, Daniel A. Salmon, Saad B. Omer, and Rupali J. Limaye. Communicating Recommendations in Public Health Emergencies: The Role of Public Health Authorities. *Health Security*, 2020, Vol. 18, Issue 1, pp. 21－28.

（二）公众关注对干部防疫绩效测量与被提拔或问责干部的影响

激励契约理论认为外部环境会对绩效测量与代理人激励之间的线性关系有影响。目前尚没有文献讨论外部因素对绩效测量与代理人激励之间的线性关系。本研究把公众关注度作为外部环境因素，是基于文献中一致认同的公众关注在公共危机中的重要意义。公众对突发危机事件的关注度是一种心理定位，公众对某一危机事件的关注度越高，意味着该危机事件的社会影响力越大，越会引起政府重视并给政府带来回应性压力。一个反应灵敏的公众注意力像一个恒温器，公众注意力会根据政策制定者的行为调整对“多”或“少”政策的偏好[1]。新冠肺炎疫情关系到每一位民众的生命安全。根据国家信息中心2月发布的《新型冠状病毒肺炎公众认知与信息传播调研报告》，在肺炎疫情期间，约90%的公众每天甚至每时每刻都在关注疫情信息，疫情实时数据是公众最关心的话题，超五成公众因疫情感到“稍有紧张”[2]。

同时，公共危机下的公众高度关注迫切要求政府回应。在新媒体条件下，应急响应需同时遵循制度逻辑与关系逻辑，前者要求按法定规则采取有效措施，后者要求积极回应公众诉求，二者缺一不可[3]。政府对于公众关注度第一时间的回应往往比危机管理方案本身更重要[4]。正如人民日报评论“战疫”全面打响以来，每位参战干部交出的“答卷”都被摆在聚光灯下，群众看得清清楚楚。公众对疫情信息的高度关注让基于防控绩效的干部评价突破了常规状态下干部评价边界，转变为行政系

---

1 Wlezien，C. The Public as Thermostat：Dynamics of Preferences for Spending. *American Journal of Political Science*，1995，Vol. 39，Issue 4，pp. 981-1000.

2 国家信息中心2月发布的《2020年新型冠状病毒肺炎公众认知与信息传播调研报告》据百度搜索指数显示，2020年1月20日晚，钟南山院士接受央视采访，肯定肺炎存在“人传人”现象，此时起，肺炎疫情开始引发公众关注，第6页。

3 张海波：《应急管理的全过程均衡：一个新议题》，《中国行政管理》2020年3期。

4 任轶群、魏玖长：《公共危机事件公众关注度的影响因素分析》，《统计与决策》2010年1期。

统内部评价协同外部公众监督的模式。由此，公众对公共危机的高度关注度作为外部因素强化了绩效测量对干部提拔或问责的影响，增加了应急管理下干部激励约束的强度。基于以上分析，本研究提出以下理论假设：

假设 2－1：公众关注度对新冠新增病例与被火线干部提拔之间有正向调节作用，即公众对新冠肺炎关注度越高，新增病例对被火线提拔干部负向影响越显著。

假设 2－2：公众关注度对新冠新增病例与被严肃干部问责之间有正向调节作用，即公众对新冠肺炎关注度越高，新增病例对被严肃问责干部正向影响越显著。

由此，得到本研究的概念模型（图 6－4），下文将通过实证分析，检验上述理论假设。

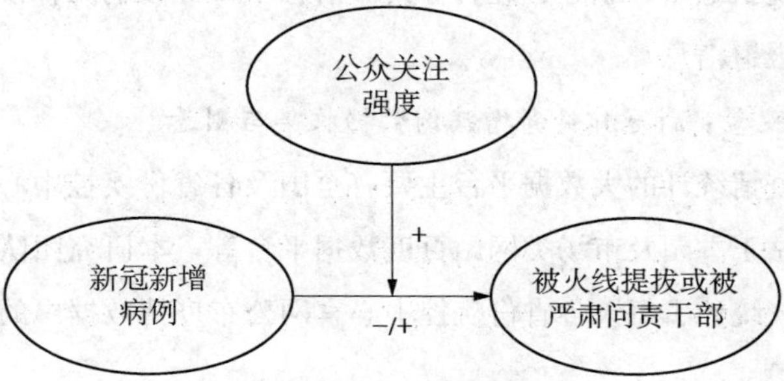

图 6－4　本研究的概念模型

四、研究设计

（一）数据收集与变量测量

本研究从 2020 月 1 月 23 日武汉市“封城”开始启动数据收集，每天收集全国 31 个省份的新冠肺炎新增病例、各省份因疫情防控被提拔和问责的干部新闻和政府公示、民众对新冠肺炎疫情的关注强度，数据收集至 2020 年 3 月 19 日武汉新增病例为 0 结束[1]。再根据我国疫情发展趋势，把数据集的时间段分为 4 个 14 天，即 1 月 23 日到 2 月 5 日，2 月 6 日到 2 月 19 日，2 月 20 日到 3 月 4 日，3 月 5 日到 3 月 19 日，根据 4 个 14 天对收集数据进行了统计整理。

1. 因变量：被提拔或被问责干部数据收集与测量

本研究团队从 1 月 23 日开始在国家监察委员会、地方政府官网、人民网、新浪新闻等网络媒体搜索所有因疫情防控表现优秀被提拔的干部，以及因疫情防控不力被问责的干部公告和新闻[2]。在疫情发展的 56 天里，共计收集了 207 条新闻或公告，为了避免重复统计干部信息，统计时对干部所属省份、城市及姓名、级别、时间进行仔细核对，共统计了 928 条有关疫情防控表现突出和防控不力被问责的干部具体信息，其中 896 条说明地点、职务、姓名等具体信息，32 条没有具体说明干部姓名的新闻报道信息[3]。

2. 自变量：新冠肺炎新增病例数据收集与测量[4]

国内疫情统计的大数据平台主要有全国及各省份疾控中心官网、医学专业网站丁香园及市场类网站百度数据平台等，本研究团队经过反复核对数据，统计了每天各省份疾控中心官网公布疫情数据中的各省新增病例数据。

3. 调节变量：公众关注强度数据收集与测量

公众关注度是公众通过主动的信息搜索和了解以满足公众对某些议

---

1 3 月 9 日后我国疫情防控进入防控输入性病例为主，北京、上海、广东等入境人数激增造成输入性病例爆发，却不能说明北京上海等地防控绩效差，由此输入性病例增加不能作为上级问责地方干部的测量标准，所以本研究的数据统计截止日期定为 3 月 19 日。

2 网络帖子、留言有关疫情绩效的干部任免信息不计入统计数据，疫情期间常规性干部提拔或免职处分不计入统计数据。

3 因为不能排除有些因疫情绩效被任免的干部新闻没有在网上报道，所以不能完全涵盖 31 个省份因疫情绩效被任免的干部总量，但是团队尽最大的努力收集了 56 天期间公布的数据。

4 本研究还统计了每天各省份累计病例数据，并进行了模型检测，但是考虑到累计变量受前序变量影响较大，故而只和新增病例作为自变量的模型进行比较，见附录表 2。

题关注及偏好。互联网现已成为国人感知社会、获取信息以及社交互动的重要场所，其中百度指数最能反映网民对未知信息和焦点事件的探索行为[1]。在对调节变量公众关注强度测量时，本研究根据国家信息中心、南京大学网络传播研究院2020年2月发布的《“新型冠状病毒肺炎”公众认知与信息传播调研报告》里，关于公众社交平台讨论的词云图以及微博账户疫情话题词频表（P11—12），遴选了10个最热点的关键词作为公众关注疫情强度的测量词汇，即“新型肺炎”、“确诊人数”、“感染”、“新增”、“武汉”、“口罩”、“隔离”、“发热”、“钟南山”、“病毒”[2]。在百度搜索指数统计关键词在4个14天的搜索指数均值，作为公众关注强度的数据[3]。

本研究同时收集了31个省市自治区2019年人口、面积及国民生产总值作为控制变量放入回归模型进行检测。

（二）检测模型

1. *新冠新增病例对被火线提拔和被严肃问责干部影响的检测模型*

在疫情发展的4个14天期间，因疫情绩效被火线提拔或严肃问责的干部人数会因为各省份的新增病例的变化而随之改变[4]。因疫情绩效被提拔或问责的干部人数对疫情病例变化的反应性模型如下：

$$CA_{i,t} = \alpha_0 + \beta_0 \Delta COVIDC_{i,t} + \widehat{\gamma_0} + e_t \qquad [1]$$

其中 $CA_{i,t}$ 是指i省份t时期的被火线提拔或严肃问责的干部，$\Delta COVIDC_{i,t}$ 是指i省份t时期代表新冠病毒病例新增的数据。一般情况下，当我们运行时间序列的数据时，我们采用自回归分布滞后模型

1 孟天广、赵娟：《大数据时代网络搜索行为与公共关注度》，《学海》2019年3期。

2 百度搜索指数里没有收录“火线提拔”、“严肃问责”、“干部提拔”、“干部问责”关键词。

3 中国互联网信息中心发布《第45次中国互联网络发展状况统计情况》统计，截至2020年3月，我国网民规模为9.04亿；《2019年中国网民搜索引擎使用情况研究报告》统计，百度搜索2019年在搜索引擎用户中的渗透达到90.9%。

4 本研究对收集的原始数据进行了4个14天的31个省市数据的分段整理成为124个数据放入检测模型。

（ADL model）[1]，这个回归模型既含有因变量对自身滞后变量的回归，还包括着自变量分布在不同时期的滞后变量。但是本研究没有用自回归分布滞后模型，原因一是在突发公共卫生一级响应背景下，疫情新增病例会迅速影响基于防疫绩效的干部任免，任免流程突破常规，不论是火线提拔还是严肃问责，政府回应都非常迅速，滞后影响不显著；二是本研究把疫情发展分为 4 个阶段，不是每日数据的连续变量，自变量对因变量的影响有一定的时间缓冲。

2. 公众关注度的调节效应检测模型

$$CA_{i,t}=\alpha_1+\beta_1\Delta COVIDC_{i,t}+\beta_2 PAI_{i,t}+\beta_3\Delta COVIDC_{i,t}*PAI_{i,t}+\hat{\gamma}_0+\mu_t \quad [2]$$

其中 $CA_{i,t}$ 是指 i 省份 t 时期的被火线提拔或严肃问责的干部，$\Delta COVIDC_{i,t}$ 是指 i 省份 t 时期代表疫新冠病毒病例新增的数据，$PAI_{i,t}$ 代表 i 省份 t 年的公众疫情关注强度。

本研究用 SPSS19.0 对数据进行统计整理，用 Rstudio3.6.1 对模型进行检测。

五、 研究发现

（一）因防疫绩效被火线提拔或被严肃问责干部的描述性统计

1. 因防疫绩效优秀被火线提拔干部描述性统计

2020 年 1 月 23 日到 3 月 19 日期间，全国 31 个省市自治区共提拔干部 881 名[2]，以中组部的“在疫情防控阻击战一线考察识别领导班子

---

1 在对时间序列数据进行回归时，解释变量需要通过一段时间才能完全作用与被解释变量，被解释变量当期变化被自身过去值影响。

2 被提拔省部级干部包括国家卫健委副主任、湖北省委常委、省卫健委主任王贺胜；被提拔厅局级干部包括国家卫健委医政医管局副局长焦雅辉。

和领导干部”为宗旨，因防疫防控被火线提拔的干部以奋战在防控一线的基层干部为主，由图 6－5 可以看出，因防控表现优秀的科级及科级以下干部 755 名，被提拔的科级及以下干部主要集中在卫生系统、基层社区干部、警察系统这 3 个防控一线系统，火线提拔干部实现了真正把“官帽”用于激励在战“疫”中冲锋陷阵、拼搏奉献的干部[1]，不唯学历、资历，能者上，庸者下。典型案例是安徽省亳州市谯城区疾控中心副主任赵翔，“因在疫情防控一线表现优秀”，被破格提拔为谯城区疾控中心主任，因赵主任是中专学历引起质疑，《光明日报》发表评论赵主任扎根基层防疫 30 多年，力挺赵主任被破格提拔，支持这次不唯学历看防疫绩效的火线提拔[2]。在全国 31 个省市中，因防控表现优秀被火线提拔的干部排名前五的省份依次是浙江、江苏、山东、湖北和云南。

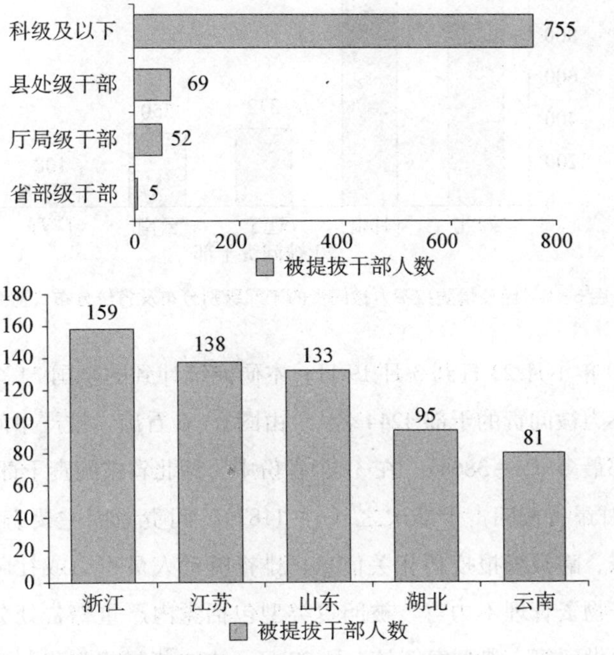

图 6－5　因防疫绩效优秀被提拔干部级别分布及省份分布（前五）

1　2 月 12 日上午，中央赴湖北指导组副组长、中央政法委秘书长陈一新讲话。
2　《时评：中专学历被破格提拔，不如换个视角看》，2020 年 03 月 23 日 14:17，来源：光明日报。

2. 因防疫不力被问责干部描述性统计

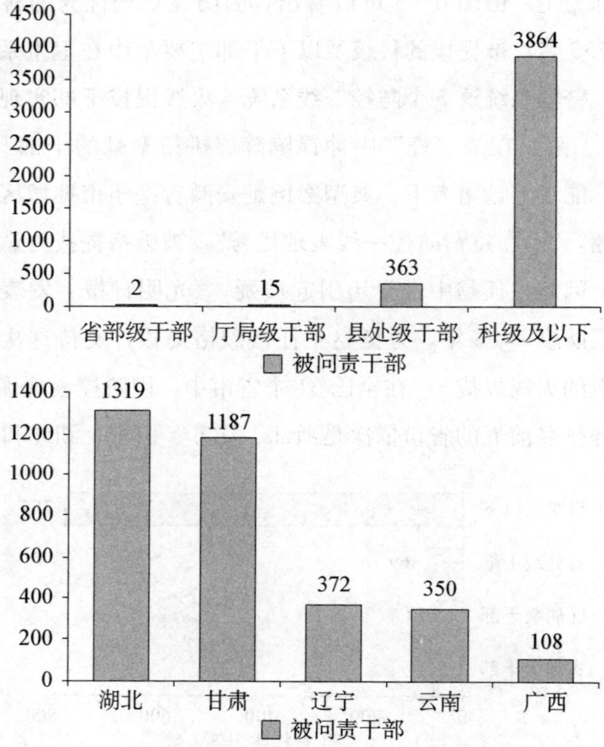

图 6-6 因疫情防控不力被问责的干部级别分布及省份分布（前五）

2020 年 1 月 23 日到 3 月 19 日，本研究统计到的全国 31 个省份因防控防疫不力被问责的干部 4244 名[1]。由图 6-6 看出，被严肃问责科级及以下干部最多（n=3864），在 31 个省份中，湖北省被问责干部最多（n=1319），甘肃省被问责干部次之（n=1187）。问责原因主要有履职不力、擅离职守、瞒报漏报疫情相关信息、排查流动人员不力或社区封闭不严格、防疫物资管理不力等，被问责类型包括党内严重警告处分、立即免职、通报批评等。典型案例是 1 月 29 日，中央指导组派出督查组，赶赴

1 如前所述，虽然本研究团队每日尽最大努力搜索数据，但是可能有些省份因防控防疫不力被问责的干部信息没有在网上发布，所以本研究的数据仅限于在网上可以查到的信息。

黄冈市进行督查核查。面对督查组的询问，时任市卫健委主任唐志红对收治病人数、床位数量、检测能力数等数据，一问三不知，1 月 30 日，黄冈市委已研究同意，提名免去唐志红黄冈市卫生健康委员会主任职务[1]。

3. 因防疫绩效被提拔和问责干部 4 个 14 天差异性比较

表 6 - 3 显示了被提拔干部和被问责干部分别在 4 个 14 天的差异性比较，分析发现，全国 31 个省市自治区被提拔干部数量在 4 个 14 天没有随着时间推移有显著差异（F = 0.540），被问责干部数量在 4 个 14 天也没有显著差异（F = 0.844），说明国家在疫情防控的应急状态下，随着时间发展，政府一直保持对干部的强激励模式，即火线提拔和严肃问责。

表 6 - 3　被提拔和问责干部在 4 个 14 天时间阶段的差异性比较

被评价干部	时期	N	均值	标准差	F
被提拔干部	1	31	5.06	10.253	0.540
	2	31	7.58	14.514	
	3	31	9.16	16.852	
	4	31	6.58	8.995	
被问责干部	1	31	52.16	146.526	0.844
	2	31	40.61	89.860	
	3	31	25.45	62.303	
	4	31	16.61	56.744	

注：$* p<0.05$；$** p<0.01$；$*** p<0.001$

（二）新冠新增病例对被提拔干部或问责干部影响检测

由表 6 - 4 可以看出，固定了时期和控制了各省人口、GDP 总值、面积总量控制变量对因变量的影响后，2 个模型拟合很好。从数据分析结果来看，本研究假设 1 - 1 没有得到验证，假设 1 - 2 都得到了验证。

1　来源：《"一问三不知" 的黄冈唐主任，今正式免职》，人民网，环球时报：2020 - 03 - 30 08:19。

模型1表明31个省份新增病例对被火线干部提拔没有显著影响（$\beta_1 = 0.004$）。说明新增病例对被提拔干部没有显著影响，新增病例不能作为被提拔干部的测量指标。新冠疫情期间全国31个省市新增病例与干部被火线提拔没有关联，可能是决策层认为干部防疫期间认真履职是职责所在，干部火线提拔需要综合评价，比如政治素质、工作执行力、群众满意度等，不能简单用新增病例减少来评价。

模型2检测了新冠肺炎病例对防疫绩效评价下的问责干部数量影响，新增病例对防疫防控表现不好的干部问责人数有显著正向影响（$\beta_2 = 0.198^{***}$），调整后的R平方值高达0.382，说明新增病例对被严肃问责干部有很强的预测性，新增病例越多，因防控绩效差被问责的干部就越多。检测结果说明新增病例越多，疫情越严重，因防疫表现不好被免责的干部越多。模型检测结果用数据验证了新增病例对被严肃问责干部的防疫绩效评价有很好的测量效果。新冠疫情期间，干部被严肃问责和新增病例紧密联系，如果干部没有认真执行国务院部署的联防联控应急管理，防控不力，造成新增病例不断增多，干部被严肃问责则成为必然结果。

（三）公众关注度对新增病例与被提拔或问责干部关系的调节作用

1. 公众对疫情关注强度的调节作用模型检测

由表6-4可以看出，模型3新增病例与公众关注度的交互系数对被火线提拔干部没有显著影响（$\beta_3 = 0.000$），故而假设2-1没有得到验证。模型4中新增病例与公众关注强度交互系数对被问责干部有正向影响（$\beta_4 = 0.0001^{***}$），说明公众对疫情关注度越高，新增病例对干部问责影响越大[1]，公众关注度对新增病例与被问责干部有正向调节作用，

1　模型4中，放入调节变量公众疫情关注强度后，主效应新增病例对被问责干部的回归系数符号发生了变化（$\beta = -0.104^{***}$），这可能有两个原因，一是变量之间存在多元共线性，二是变量特异质引起。对模型4的自变量容忍度、膨胀系数在附录表1可见，容忍度大于0.1，VIF值小于5，故认为模型4自变量多元共线性检测通过，模型4还对自变量取了对数，缩小特异质对因变量的影响。由此，模型4可以采纳。

同时，比较模型 2 和模型 4 我们发现，R^2 增加 0.249，说明了加入公众关注度变量后，模型自变量、调节变量对因变量的解释力明显增强，假设 2-2 得到验证。新冠肺炎疫情关系到每一位老百姓的生命安全，公众对疫情关注度越高，给政府的防控防疫和回应性压力越大，特别是当干部防控不力被公众质疑时，干部评价机制会迅速回应，严肃问责干部，这时，公众关注度成为来自外部的监督力量因素增强了新增病例对干部问责的正向影响。

表 6-4 主效应及调节效应模型检测

	主效应模型		调节效应模型	
	被提拔干部	被问责干部	被提拔干部	被问责干部
	M1	M2	M3	M4
新增病例	0.004 (0.004)	0.198*** (0.023)	0.011 (0.008)	-0.104*** (0.038)
公众关注强度			0.001 (0.001)	-0.001 (0.0004)
新增病例 * 公众关注强度			-0.000 (0.000)	0.0001*** (0.000)
人口总量	-16.823* (8.775)	109.140* (56.726)	-16.665* (8.805)	115.965*** (43.896)
国民生产总值	27.853*** (7.896)	-101.571* (51.046)	25.825*** (8.333)	-96.158** (41.545)
面积总量	5.328** (2.515)	-0.351 (16.260)	5.224** (2.529)	-2.398 (12.609)
常数项	-84.440 (19.617)	96.296 (126.820)	-78.647 (20.925)	70.507 (104.321)
时期固定	Yes	Yes	Yes	Yes
样本量	124	124	124	124
R^2	0.243	0.417	0.253	0.658
Adjusted R^2	0.198	0.382	0.194	0.631

续　表

	主效应模型		调节效应模型	
	被提拔干部	被问责干部	被提拔干部	被问责干部
残差标误	11.619（df = 116）	75.115（df = 116）	11.644（df = 114）	58.051（df = 114）
F统计	5.329***（df = 7；116）	11.852***（df = 7；116）	4.294***（df = 9；114）	24.347***（df = 9；114）

2. 公众关注度对新增病例与被问责干部正向调节作用量化分析

本研究对模型4的交互效应进行数据量化分析，由图6-7可以看出，随着百度搜索指数升高，新增病例对被问责干部的影响越来越大。换言之，公众对疫情关注度越高，新增病例对被问责干部影响越大。具体表现为百度搜索指数均值每新增9000个单位（10^4-10^3），新增病例对问责干部的正向影响就要增加大约160个值。通过量化数据更加清晰地显示了公众关注度对新增病例与被问责干部关系的增强作用。

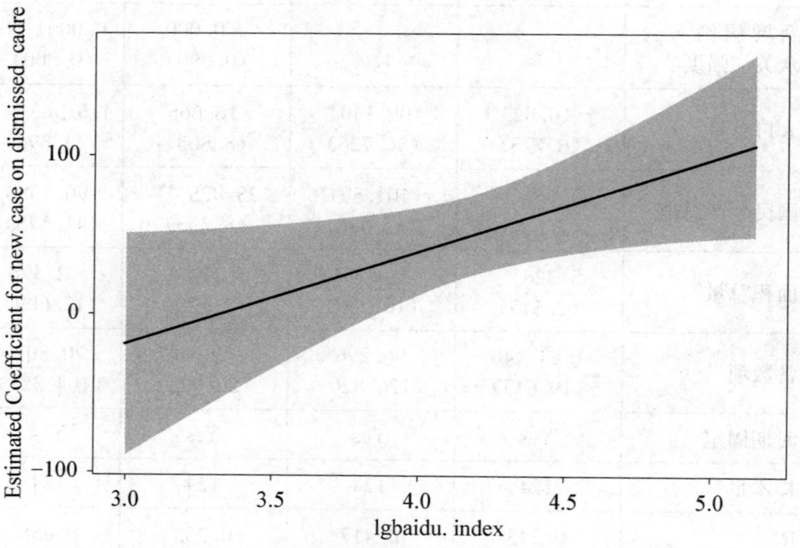

图6-7　公众关注度对新增病例与被问责干部关系正向调节作用量化分析

六、结论与讨论

（一）结论

本章以新冠疫情4个14天一共56天的数据为基础，对全国31个省市自治区的新冠新增病例对被火线提拔和被严肃问责的干部的影响力，以及公众疫情关注度对于新冠新增病例与干部评价之间关系的调节作用进行了实证研究。通过实证研究，我们得到以下结论：这次新冠肺炎引发的公共危机下的干部评价机制表现为提拔快、问责严、民意回应性高等特征的强激励模式。抗击疫情期间，各省新冠新增病例数对被严肃问责干部有显著正向影响，表明各省市自治区新增病例可以成为干部防疫不力评价的指标，从负激励视角上验证了激励契约理论认为委托人有效实行强激励模式时，绩效测量必须可量化的观点。并从另一个视角说明了，在非常态的公共危机情境下，干部被严肃问责的评价标准是基于防疫绩效的新增病例变化，但是公共危机下的疫情变化数据却不能作为测量干部被火线提拔的标准，说明公共危机下的干部晋升不能简单地和疫情病例变化相联，回应了学术界关于干部评价标准和晋升影响因素的争论。

公众关注度正向调节了新增病例对被严肃问责干部的影响，表明公众的疫情关注度对新增病例与被严肃问责干部关系的调节作用得到验证，即公众对新冠疫情关注度越高，新冠新增病例对干部问责的正向影响就越显著，验证并拓展了激励契约理论，即在公共危机情境下，外部环境因素公众关注度增强了绩效测量对代理人约束惩罚的影响效应。

描述性统计结果表明在公共危机中，被火线提拔和被严肃问责的干部以基层干部为主，回应了党中央号召的干部选择任用向一线基层倾斜的政策，同时一线基层干部在第一线承担了防疫重要责任，所以被问责干部数量也最多。从地区分布看，湖北省是疫情最严重地区，所以被问责的干部数量最多。从4个14天的干部任用问责发展趋势来看，疫情期间的 4 个 14 天里干部评价机制一直处于苛严的应急状态，被火线提拔干部和被严肃问责干部数量随着时间变化没有显著差异。

（二）讨论

在公共危机下，疫情病例变化指标与干部激励约束紧密相联，公众对于公共危机的高度关注促进了公共危机下的干部约束强度的增加，这种强激励模式下的干部评价机制在处于应急状态的行政系统内部聚集的激励力量形成巨大张力，有效推动了我国公共危机应急管理体系高效运行，彰显具有中国特色干部评价和激励约束的制度优势。然而，反思如何让干部评价与激励约束制度更规范化，则是完善公共危机下干部评价和激励制度的重要使命。

本研究主要做以下几点讨论：

1. 绩效测量结果的迅速兑现实现了应急状态下干部“庸者下”

如何创新干部评价机制，让能者上、庸者下，一直是困扰我国干部评价机制的老问题。公共危机下的疫情数据量化评价，实现了对履职不力干部的迅速问责。如有些地区或单位干部防控不力导致新增病例不断增加，本地区疫情恶化，表明干部防疫实绩差，上级政府则对责任干部实行惩罚，从快从严问责，情节严重移送司法部门。同时，这次新冠疫情作为新中国成立以来最严重的公共危机事件，被问责的干部数较多，战“疫”胜利后政府和学术界需要总结这次干部问责的评价标准、原因、方式等，对公共危机事件的干部的问责考核评价、问责层级、问责流程统一标准，推动我们公共危机下干部问责制度规范化、标准化，完善应急管理的干部评价与激励约束制度。

2. 公共危机下实现“能者上”的干部晋升评价指标模型构建

研究结论不支持把新增病例减少作为评价干部火线提拔的标准，说明公共危机下的好干部评价需要综合的评价体系[1]。但是激励契约理论

1 李明、郭庆松：《基于“好干部标准”的干部考核评价：模型建构与指标体系》，《中共中央党校学报》2018 年 2 期。

认为强激励下的干部绩效评价必须可量化，不然就会出现“暗箱”行为。于是，本研究对收集的被火线提拔的基层社区干部先进事迹中进行了评价指标提炼，提出了一个基本的公共危机下社区干部提拔评价考核指标架构。架构以关键绩效指标提炼为技术，用“德”和“绩”两个关键指标代表公共危机下干部晋升评价的核心贡献度，并对两个关键指标进行了量化分解，把“德”分解为“敢于担当”[1]、“素质过硬”两个二级指标，“绩”分解为“应对管理成效”、“应急调配”、“为民服务业绩”三个二级指标，并对指标进行了量化分解，作为公共危机下干部火线提拔考核评价的参考（见表6－5）。

表6－5　公共危机下干部被提拔KPI考核指标架构（以基层社区干部为例）

一级指标	二级指标	指标界定
德（30％）	敢于担当（15％）	奋战在抗疫一线（或灾区）满N月。
	政治素质（15％）	在单位以身作则，吃苦在前，有模范表率作用，应急管理期间有迟到早退1次视为本次考核不通过。严格遵守上级应急规范规章制度，如发现工作中有违反应急规范1次视为本次考核不通过。
绩（70％）	应急管理实绩（20％）	因评价对象组织检测等危机管理及时，辖区内病例（或受灾数据）明显减少（具体标准根据实际情况核对）。
	应急调配实绩（20％）	各种应急物资调配、人员、资金等调配及时无差错，出现群众或媒体投诉1次视为本次考核不通过。
	任务执行实绩（15％）	迅速完成上级下达的危机应急任务，严格执行上级规定的危机管理规章制度。出现一次因执行不力导致不良后果或群众投诉视为本次考核不通过。
	为民服务满意度（15％）	帮助群众排忧解难，群众认可，满意度高，被服务群众（抽样）满意度测评达到95％以上。

1　刘昕：《敢于担当型干部评价体系有何设计重点》，《人民论坛》2018年3月。

3. 把高公众关注度转化为促进干部评价机制公平公开公正的动力机制

公众在公共危机中呈现出敏感、焦虑等危机应急状态下的心理特征，公众对危机信息及政府应对措施的高度关注对于干部评价首先表现为巨大的压力。干部被提拔或被问责举措能迅速回应本辖区疫情发展，快速提升公众对政府信任度，安抚公众的焦虑情绪，尤其是迅速问责防控不力的干部，如福建晋江男子瞒报疫区旅居史致3000多人被检测，5名干部因履职不力被问责。同时，公众高度关注还有效遏制提拔或问责干部决策中的任意性和暗箱操作空间。事实上，这种压力恰恰是倒逼干部评价公平公开公正的动力机制。另一方面动力机制还表现为被公众认可的防疫表现突出的优秀干部脱颖而出。防疫实绩好不好，人民群众清清楚楚，公众成为防疫实绩评价的监督主体。典型代表是湖北武汉市金银潭医院院长张定宇长期坚守在抗击疫情最前沿，“我必须跑得更快才能跑赢时间”感动公众，被提拔为湖北省卫健委党组成员、副主任。公众高关注度实现了干部评价的公开公平公正，正能量激励了干部要全心全意为公众服务的干部评价核心价值观，有效促进我国干部评价机制的外部监督机制健康发展。

4. 防范违规提拔迫切需要公共危机下干部火线提拔或问责决策规范

在抗击新冠疫情的重大突发卫生事件中，有些干部因学历低、党龄低、年纪轻等达不到常规提拔要求，因为防疫实绩突出被破格提拔，以激励干部队伍。但是少数干部防疫表现不详也被破格提拔，则引发质疑。如黑龙江绥化市望奎县公安局治安大队长刘某国在疫情期间破格提拔，被实名举报，经调查后通报称刘某国被立案调查，职务被免[1]。这种疫情期间的违规提拔具有极大的负面效应：一是破坏了以防疫实绩为

1 《黑龙江绥化望奎县公安局治安大队长被举报》，2020-3-10https：//www. sohu. com/a/378894680_99988005。

标准提拔干部的评价机制公平公正性，二是导致政府公信力降低甚至激发民愤，三是扰乱当地防疫管理工作。由此，应急管理中的火线提拔或严肃问责，都需要一套应对公共危机的干部评价机制标准化流程，让每一位因防疫表现突出的火线提拔干部都经得起质疑和推敲，根据《党政领导干部选拔任用工作条例》第九条规定，破格提拔必须遵守程序正当、实绩突出、公众认可的原则。如 2008 年汶川地震时，北川因干部队伍在地震中受损严重，“火线提拔”了 78 名干部。坚持德才兼备的选任标准，并在选拔程序中，多种渠道了解群众评价、征求相关方面意见，坚持一周的任前公示[1]。由此，政府和学者们迫切需要结合汶川地震、新冠肺炎疫情等公共危机事件，研讨一套反应迅速、标准明确、程序规范的公共危机下的干部评价机制，防范违规提拔或违规问责，健全我国应急管理中的干部提拔问责决策规范。

（三）研究展望

本研究开创性地对公共危机下的干部评价与激励约束关系进行了实证研究，研究局限性是 4 个 14 天的被火线提拔和被严肃问责的干部数据只能通过公开数据获取，目前没有来源于全国或各省的组织系统公开的官方权威数据；未来的研究还可以通过问卷调查与案例研究方法，对公共危机干部评价指标与干部激励约束制度进行更加深入的研究。

1　光明时评：《莫把“火线提拔”好经念歪》，http：//guancha. gmw. cn/2020-03/20/content _ 33669779. htm。

第七章 地方政府绩效管理的实践探索

公共服务绩效应建立什么样的标准去衡量“有效行政”一直是国内外公共行政学讨论的大问题，我国地方政府绩效管理则试图在实践层面解决这个大问题。相较于学术领域地方政府绩效管理议题慢慢淹没于更加具有时代性的热点议题，我国地方政府绩效管理实践正如火如荼地发展，并进入精细化、数字化、规范化的实践变革与探索阶段。本研究以江苏省综合考核指标规范化实践、南京市机关绩效管理方式创新实践为案例，呈现治理体系现代化视域下我国地方政府绩效管理的改革和创新实践探索。

第一节 江苏省综合考核指标规范化创新实践

一、江苏省综合考核指标演变历程

江苏省综合考核制度的演变历程是绩效考核逐步走向规范化的过程。2017 年，江苏省委十三届三中全会提出“六个高质量发展”为目标，正式在全省开展综合评价。省委书记娄勤俭指出：要按照“六个高质量”基本框架，强化考核导向，开始对设区市和省级机关进行考核。2018 年，江苏省出台了《江苏省综合考核工作规定》，2019 年，在省委组织部、省委编办、省发改委等部门牵头领导下，构建了江苏省综合考核的四大模块，即设区市推动高质量发展绩效考核、省级机关服务高质量发展绩效考核、设区市和省级机关加强党的建设绩效考核、群众满意度评价（图 7－1）。2020 年，江苏省综合考核作为江苏高质量发展的指挥棒，综合考核体系进一步优化升级。省考核委出台了综合考核“1＋5”政策文件和若干管理制度文件，考核指标更加精准科学，在优选关键性、支撑性指标的基础上，增强考核的牵引和撬动作用。为了加强高质量发展综合考核规范，2020 年 11 月，江苏省委省政府审议通过了《江苏省高质量发展年度综合考核管理办法》（以下简称《管理办法》）。2021 年，在《管理办法》指导下，江苏省综合考核指标管理进一步优化，主要表现为压减指标数量，优化指标质量，细化计分细则。考核指标体系扁平化设计后，越来越精细科学。

面对更加复杂的国内外环境，江苏省综合考核指标体系改革为了推动“强富美高”新江苏建设，充分发挥核心牵引性，不断优化创新，寻求突破。然而，老问题得到解决，又出现了新问题，江苏省综合考核指标体系历经 3 年多的强劲发展在不断改革创新的道路上遇到了瓶颈，接下来的改革必然要走精细化的科学创新之路，让江苏省综合考核制度成为从整体制度框架到具体的计分点设置都经得起推敲的科学规范系统，实现制度架构清晰指向重点战略、制度实施有规范操作程序、制度控制有过程检测和结果考核，顺应党的十九届五中全会提出的要求：“国家治理效能得到新提升，国家行政体系更加完善，政府作用更好发挥，行政效率和公信力显著提升，社会治理特别是基层治理水平明显提高”。

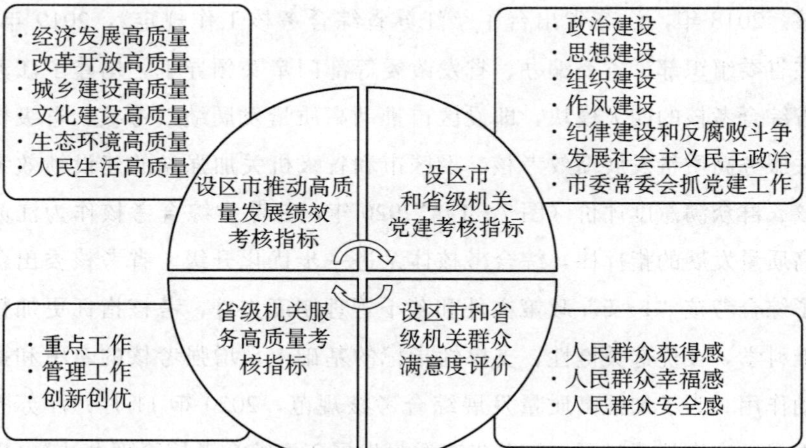

图 7-1 江苏省综合考核模式结构图

注：领导班子和领导干部考核依据综合考核得分、民主测评等情况进行等次评定

二、 江苏省综合考核指标管理先进经验

1. 省委省政府战略目标分解程序科学

省级机关服务高质量的战略目标的指标分解称之为逆向分解。第一是每年年初省委常委会部署的战略要点出台后，细化分解到部门。第二是形成一个落实分解方案。将任务落实到明确的职能牵头部门和参与部门。第三是细化分解，对制度方案进行细化。各个部门根据这个分解方案，寻找属于本部门的任务，特别是牵头部门。尽可能细化量化本部门对应任务，增强可操作性。第四步把任务细化到干部，由每个任务的分管领导、部门分管领导，责任处室领导制定年度目标规划，同时也是为各部门推动重点任务督查、检查提供依据。

2. 宿迁市综合考核统筹管理模式创新

在调研中我们发现，多年来，江苏省综合考核制度实施过程中培养了一批对综合考核制度、指标体系、管理规范等方面有深入研究的实务型考核专家，他们不仅长期从事综合考核的管理工作，还在工作中不断反思，积累了关于江苏省综合考核制度改革的宝贵经验。比如宿迁市委经过认真研究，摸索出一套设区市综合考核统筹规划的管理模式，即综合考核“一把手”工程，市委书记召开考核委会议，根据上级要求和对全市中心工作、重点难点问题的把握，提出相关意见建议，对考核逐一审核把关；结合部门、县区、两办三方意见，部门根据上年度工作完成情况和当年度工作要求初步申报，县区从下至上反馈意见，“两办”职能处室反馈市级层面长期关注、重点推进的工作。同时，开发了党建考核 APP，借助信息系统对各个基层单位的党建工作进行全程管理和监督。宿迁的综合考核统筹管理成效显著，2019 年江苏省综合考核中宿迁在设区市综合考核中名列前茅。

3. 无锡市领导“点题”重点攻坚项目考核

无锡市委市政府在对市级机关考核时，进行领导“点题”重点攻坚项目考评，即分管市领导对部门（单位）提出的重点攻坚项目，各部门（单位）要将其列入重点工作的首要指标，考核责任部门实行专门管理，按照年度完成情况和取得的攻坚成效实施专项考评。同时，无锡市委市政府创新性地设计了重点工作负荷成效情况评分指标。根据部门（单位）重点工作完成情况、自评报告，以及市发改委、市委市政府“两办”掌握情况，按照部门（单位）所承担重点工作的饱和度、难易度、实效性等方面进行分档评分计算。

4. 无锡市干部担当指数和考核相挂钩

为了激励干部担当作为，推动干部能上能下，无锡市委创新性地在市管领导干部年度考核中开展“担当作为综合指数评定”，并与考核相挂钩。干部担当指数主要评定干部履职情况和干事创业精神状态两项内容。评定方式由干部本人述、党员群众评、主要领导评、组织部门评等“一述三评”四个环节构成。测评等次分为“优秀”、“良好”、“中等”、“及格”、“较差”五等，以履职情况为基准，对能完成本职工作的评为“中等”及以上等次，对能基本完成本职工作，但工作成效一般的评为

“及格”及以下等次。将指数排名靠前的领导干部纳入“担当作为领跑者”参评人员。对指数排名靠后的干部进行谈话提醒，并呈报市委建议调整岗位。干部担当指数和综合考核中的领导班子考核相结合，激发领导班子敢于作为的工作热情。

三、江苏省综合考核指标存在问题分析

江苏省综合考核指标的存在问题成为江苏省综合考核指标体系不断寻求优化的前进动力。本研究按照江苏省综合考核的四个模块对存在问题进行梳理。

（一）地级市政府绩效考核指标存在问题分析

1. 指标数量和指标变化比例成为争论的焦点

指标数量太多不仅淹没江苏省战略发展，还增加基层负担。2019年江苏省地级市考核指标是28个，2020年绩效考核指标是68个，2021年指标数量大幅压减为40个。绩效考核是要抓重点战略发展，需要体现关键目标和重要抓手，有些监测性指标放入考核指标，成为强激励，和指标本身的弱激励性质发生矛盾。有些指标本身是弱激励，又太过具体而不具有战略意义，放在引领全省战略发展的体系中显得不匹配。同时，每年指标变化比例也是决策层争论的焦点。指标数量和指标内容变化太大，导致基层政府开展工作找不到方向，抓不住省委省政府的战略部署的明确方向，但是每年需要部署新的目标任务、有些目标任务已经完成等，使得指标体系变化无法避免，因此指标固定和变动的比例多少，一直是争论的焦点。

2. 缺乏规范的指标进退专家论证机制

目前省综合考核指标的增加缺乏规范性流程，导致个别缺乏战略支撑的部门性指标进入高质量发展指标体系，偏离了绩效考核实现战略目标和提高效能的初衷。同时，指标的退出也需要规范机制，每年经过论

证后发现明显不合适的指标在第二年度要剔除出指标体系，由此指标的增加亟需一个规范流程和管理制度来控制指标增加和退出的随意性。

3. 有些考核指标内容过细过多

在制订考核指标时，个别责任部门混淆了自己的业务工作和考核指标，把平时要承担的责任，变成考核指标和计分点。有些计分点不够简化、量化和优化，还没有做到“少、可靠、抓住要害”，有些指标考得过细过小，对被考核单位的内部行政决策流程进行规范考核，给被考核单位单位增加负担，增加行政成本。为了应付这些考核指标，被考核单位探索了一些融通的方式，尽量规避考核过细事项。

四、江苏省综合考核优化路径讨论

基于以上调研现状及问题分析基础上，在提出江苏省综合考核优化路径及制度解决之前，有必要就这个议题的三个核心问题进行探讨：

1. 考核指标到底多少最科学？

江苏省综合考核指标体系在精细化发展过程中，首先要对考核指标总量及各个模块的指标数量进行研究。考核指标到底多少才是最科学的？这个问题一直困扰并激励笔者寻找正确答案。这是个伪命题还是真命题？查阅了中外关于绩效考核的文献，没找到关于考核指标数量的深入研究。毋庸置疑，一套科学的考核指标体系，指标数量一定是要控制在一定范围内，考核指标太少，让某些重点太突出，可能会忽略了整体考核指标体系的战略目标均衡性，改革开放初期单纯的基于 GDP 总量和增长率进行考核的指标体系虽然重点突出，但是却带来了经济结构失调、环境恶化等诸多负面影响。考核指标太少最直接的弊端是一个指标的变化或打分超出均值，就会影响整个考核的结果，所以一两项是短板，而这个短板可能一时间无法扭转，比如“人均 GDP”，因为这个指标得分低于均值而使得某个地区永远进不了第一等级，于是考核结果相对固化，失去了绩效考核的激励功能。2013 年，在全国组织工作会议上，习近平总书记指出：“要改进考核方法手段，既看发展又看基础，既看显绩又看潜绩，把民生改善、社会进步、生态效益等指标和实绩作为重要考核内容，再也不能简单以国内生产总值增长率来论英雄了”。战略方针决定了地方政府的绩效考核指标结构越来越兼顾全局，凸显整体利益及部门间协作的指标，防止公共权力以部门形式私化，与公共权力以民为本宗旨相背离，于是，我国地方政府的考核指标结构以及背后的利益协调越来越平衡。但是指标结构的平衡却带来了另一个结果：指标数量越来越多。比如 2020 年江苏省综合考核指标体系中加入的国家评价指标，基于发展新理念的国家评价指标关照到了经济、社会、环保、民生等的长期评价的平衡体系，再加入江苏高质量发展战略的考核指标，共 68 个指标，指标体系结构均衡，体现了效率（如人均地区生产总值）、公平（如社会保障水平）等多元价值的平衡。但是从以上调研的问题来看，这个均衡的指标体系结构在现实的实施中遇到最大的问题就是指标多。正如访谈中很多被访谈对象重复强调的：指标多，就抓不住重点，面面俱到。产生的负面影响一方面是：大而全的指标体系让被考评单位无法把精力集中在重点任务目标上；另一方面，加重基层负担。这样，考核指标到底多少才是科学的似乎成为一个伪命题，找不到正确答案。

本研究唯一找到对考核指标体系有明确数量规定的是最近火遍全球的目标管理的升级版 OKR 工具。OKR 是源起于因特网、谷歌等互联网跨国企业，是目前广泛运用于华为、百度等国内企业的绩效考核工具。OKR 的主要目标是明确组织的“目标”以及明确每个目标达成的可衡量的“关键结果”。为了确保目标聚焦，OKR 认为每个组织层级的 O 最多 5 个，每个 O 最多对应 4 个 KRs。如果用这个工具运用于江苏设区市高质量发展绩效评价考核指标中，6 大类高质量是 O，KRs 则应该是 24 个。可是江苏设区市考核对象是地方政府，和企业差别很大，考核指标数量不光考虑到效率、效益、效能，还要考虑到公共性，要比企业的关键考核指标多 1 个，再考虑到我国还面临发展中国家对于经济发展、改革开放的迫切需要，而且江苏是全国的经济大省，这两个维度关键考核指标可以多2个，这样考量下来，经济、改革维度6个关键指标，其他4个维度城乡建设、文化建设、生态环境、人民生活等每个维度5个指标，江苏设区市一共大约32个关键指标。我们还需要考虑一下国家层面重大阶段性战略情况，比如2020年的“乡村振兴”战略性指标，再加2—8个指标，本研究推算江苏设区市高质量绩效评价考核指标量在34—40之间最为合理。由此，本研究认为以设区市高质量发展考核指标总量为例，经过多个视角分析，最后得出指标总量区间在30—40之间。

2. 如何理解关键性指标？

什么指标才是关键性指标？这似乎是个主观的概念，每年国家、省委省政府的战略多元化，到底什么才是考核体系战略重点的关键指标呢？关键性指标的设置首先需要研究国家战略指导性文件，包括十九大报告、中央全会以及重点工作部署、习近平总书记重要讲话、李克强总理的政府工作报告、中央经济工作会议提出的重点任务等全国战略性文件。其次是相关的省委省政府决策部署，江苏省综合考核的依据文件是党中央国务院重要部署、省委全会、省委省政府《关于推动高质量发展的实施意见》、省委常委会工作要点、省政府十大主要任务百项重点工作、省委党建工作要点明确的重点目标任务等，涵盖了江苏省年度的经济、开放、党建、文化、环境、民生等各方面目标任务。在实际考核指标设置时，在严格贯彻这些战略指导新文件设置指标时发现，面对江苏省这样一个经济、政治、人口大省，如果欲对各方面目标任务考核面面俱到，用30个、70个甚至更多的高质量发展指标也很难做到全面考核。

（1）战略的长远性与变革性要求关键性指标实现变动与固定的结构均衡

战略一词来源于军事，被运用于管理学。组织战略是组织领导人评估内外环境、组织发展优势劣势、组织发展民意等因素，制定具有前瞻性、预测性的组织整体性、长远性、大方向性谋略。由此，组织的战略首先是能可持续地引领着组织的未来发展方向，战略的长远性特征要求江苏省综合考核指标的年度指标需要有一定比例的固定不变指标，通过每年持续性的推进，不断积累以最终实现战略目标。指标主体固定比例保持不变，各年度之间基本上保持稳定。

同时，战略的成功关键还在于组织在竞争环境中不断变革，在变化的内外环境中获得竞争优势，实现组织对未来行动方案进行方向性预测。所以，战略的变革性要求江苏省综合考核指标每年都需要根据年度重点工作任务进行变动，比如安全生产是2019年的重点任务，2020年全省安全生产形势基本稳定后，便可以减少权重，战略重点任务转型到生态环境建设等其他中心工作中。

战略发展的目的是实现本地区的竞争优势，这种竞争优势是其他地区无法模仿不可复制的，所以还需要根据江苏各地的自然资源禀赋、经济、人文等基础制定地方特色的发展战略，并由此制定江苏省综合考核的个性指标。

(2) 战略的聚焦性要求关键性指标实现自上而下路径的“抓大放小”

战略的特征要求战略制定是自上而下的路径，同时为了实现阶段性的战略重点，必然会有取舍与整合。于是，江苏省综合指标制定的过程成为优先发展权不断竞争、较量的过程。对体现战略的关键性指标进行提炼就是对重点战略进行聚焦、“抓大放小”、不断剥离非核心目标任务的过程。因为能进入综合指标体系意味着进入政府优先发展事项的行列，所以指标的竞争背后涉及一个或多个部门之间正式或非正式的渠道进行竞争，最后进入江苏省综合考核指标行列的指标不仅是江苏贯彻中央战略部署、江苏重点工作任务的指标体系，同时还是部门利益平衡的结果。

由此，自上而下的“抓大放小”的指标科学论证过程是目前实现指标最大限度聚焦战略目标，通过非人格化的严格的流程规范提高指标进入门槛，对考核指标进行多轮科学论证，在规定的指标数量范围内对指标进行提炼的过程。同时，科学的指标论证流程还是各方面部门利益博弈实现均衡的保障，经过指标一轮轮的论证，各方利益角色在争论、协调、较量、妥协中最后达成一致。综上所述，战略聚焦性要求对关键性指标"抓大放小"，而对指标的多轮论证则成为目标关键指标提炼的"帕累托次优"的解决路径。

3. 问题背后隐藏了什么根本原因？

治理的一个深层次哲学价值就是重新设计体制可以提升政府产出。重视体制的重要性，以体制改革推进政府绩效的持续提升，是一个永不过时的基础性工作[1]。基于中西方学者们对于"管理体制解决论"的深厚研究成果，不可避免的，当本研究发现诸多绩效考核问题时，开始把注意力转向江苏绩效考核问题背后的体制问题。江苏省综合考核管理体制改革是否能解决目前的考核指标困境？在调研中有位访谈对象的一段话否定了"管理体制解决论"："指标体系越到后期要公布阶段，越会存在干预现象，这种干预因素，再完备的管理体制也没法解决。"既然指标设置被干预现象不可避免，如何通过制度的刚性设计构建一个权威的有效力的指标管理制度，让指标被干预现象降到最低似乎成为本研究的深层次探索。

五、 优化路径

基于以上对江苏省综合考核的三个核心问题的讨论，江苏省综合考核指标体系规范化变得非常迫切，是江苏省综合考核指标体系管理突破发展瓶颈，跃上一个新台阶的"助推器"。基于以上分析，本研究提出三个层面的优化路径。

1. 制度层面：亟需"接地气"的考核指标标准化管理制度出台

制度成为解决以上困境的最佳合法性承载，制度学派 Scott（2013）认为制度是规范性（法律要求和强制执行）、标准化（达成什么是合适

1　尚虎平：《合理配置政治监督评估与"内控评估"的持续探索》，《管理世界》2018 年 10 期。

的标准)，认知（理所当然的，如何完成工作的心理模型）的结合体。一套江苏考核指标规范化管理制度可以让高层领导战略、考核牵头部门和责任部门困境、被考核单位诉求等通过制度规定形成固定的制度结构，依靠制度“惯性”实现考核指标管理的稳定性和持久性。同时，标准化管理规范还必须操作性强、务实管用。虽然之前江苏省发布过考核指标管理规范，但是因为管理规定宏观不够务实，又没有动态化更新，对实际考核指标标准化指导意义不大。所以2020年江苏省考核工作委员会颁布的《江苏省高质量发展年度综合考核指标管理办法》，紧扣实际问题提出规范化管理规定，操作性强，能解决实际问题。

(1) 制定考核指标的负面清单

设置指标（包括计分方法）的政策文件依据、原则、规范等，包括对指标的字数篇幅、指标数量都做刚性规定，建立考核指标负面清单，严格规定哪些指标是不能够纳入的。实行负面清单管理，严控一级指标，压减二级指标，不设三级指标，删减“天花板”指标，调整导向性偏弱、操作性不强、区分度不大、精准度不高的指标。只有这样才能为综合考核指标规范化建立一道“防护墙”。

(2) 指标在总量控制基础上保证一定比例指标稳定性

正如以上讨论的，整体考核指标体系需要更加紧密挂钩中央和省委省政府战略目标，战略的聚焦性要求考核指标重点突出，让基层政府有抓手，为基层减负，所以要控制每年考核指标的总量。核定一个相对科学合理的指标总量，每年不管指标内容如何变化都不能突破指标总量。

同时，战略目标是连续性的，这就需要指标结构每年保证大部分比例的相对固定。综合调研中多轮探讨、调查问卷中大样本调查的多方面意见，本研究认为综合考核指标年度固定比例约70%～80%较为合理；根据中央及省委省政府新部署新重点任务的新增指标（变化指标）比例定在20%～30%较为合理，即指标稳定性：变动性＝8∶2，或7∶3实现考核指标可持续性和创新性的平衡。

针对存在问题，2021 年，江苏省高质量发展绩效考核指标进一步优化，压减了指标数量，提高了指标质量，明确规定市县两级年度绩效考核数量原则上不得超过省级考核指标数量等。

（3）严格控制考核指标的一“进”一“出”两道关

指标的“评、进、管、出”要形成规范性制度，尤其是增加指标和退出指标环节。新增指标要严把“进口关”，新增指标要有标准，提出方式要有规范，依据要有标准，时间要有规定。退出指标要有标准化流程：年初的指标评估要做细做实，要列出所有扣分点的测量标准。半年考核后对年度指标进行实效评估，结合指标负面清单管理，评估结果排名靠后的指标进入拟退出指标行列，再经过专家评估论证，确定年度退出指标，实现考核指标进出的刚性、非人格化管理。

（4）考核指标标准化流程实现程序规范化

标准化流程是指对发生在综合考核指标管理环节及决策过程的规范化。本研究认为江苏省综合考核指标标准化流程主要包括以下五个动态管理流程：一是战略目标设定标准化，二是考核指标结构标准化，三是考核指标进退标准化，四是考核指标计分标准化，五是考核指标结果反馈标准化。五个动态管理流程的标准化都需要对更细化的每一个管理环节设置刚性的标准化规范，正如生产型企业的标准化生产流程，只有严格按照生产流程操作，才能保证产品的成品率和质量，违规操作将严重影响产品质量，员工要接受严惩。类似的，考核指标标准化流程刚性规范了考核指标的全过程管理，确保考核指标科学规范。

（5）考核结果反馈和考核数据督查规范化

在绩效管理的任何一本教材里，都可以找到大量的篇幅论述绩效反馈在绩效管理中的重要地位。绩效考核不是目的，通过考核让考核对象的绩效持续改进并最终提升整个组织的绩效才是考核的“初心”。由此看出，考核结果反馈是江苏省综合考核体系能够实现江苏高质量发展和全面加强党的领导战略目标的“最后一公里”，通过书面反馈考核等级、排名、计分点得分及扣分情况、扣分原因等实现考核责任单位和被考评单位的沟通，肯定成绩的同时，指出不足和改进方式，向被考评单位传达中央及省委省政府的期望。

同时，江苏省综合考核过程中被考评单位上报的数据真实性也需要定期督查核实，这项职能是考核结果客观公正的必要条件，但是很容易得罪被考评单位，属于“吃力不讨好”，所以目前这块工作还是空白。本研究已经在探索通过大数据双向印证来检验基层单位上报数据的真实性。

2. 技术层面：亟需考核指标制度设计的科学量化论证

制度层面的规定需要技术层面的定性或定量分析支撑。本研究在实证研究中发展，江苏省综合考核指标管理制度设计中的战略目标提炼、指标实效评估、指标考核数据分析预警三方面需要科学量化的技术支撑。

(1) 战略目标提炼的技术化

江苏省综合考核目标标准化的基本路径是自上而下战略目标设定，所以首先需要对战略目标进行标准化核定。指标分为下级政府申报的指标和国家或省级层面重点战略指标，所以指标产生有“自下而上＋自上而下”两种方式。国家层面的评价指标是体现国家战略方向的自上而下的指标，而各考核责任单位申报的指标则是自下而上的。部门申报指标必须有具体明确的政策文件依据，需要对政策文件依据提出的战略目标进行细化分解。然后根据战略目标体系，由下一级被考核对象、考核主体、综合考核研究学者专家等各方成员组成的专家评估委员会对上报的指标体系进行评估，评估出和战略目标相联的核心指标纳入指标体系，剔除偏离战略目标的非核心指标，并评估出指标权重。

(2) 指标实效评估的技术化

考核指标实效评估技术化包括两块内容，一是每年下半年的年度绩效考核指标满意度评估。由省委组织部牵头，通过大样本调查，定期对设区市及省级机关高质量发展和党的建设考核指标满意度评估，用数据监测每个考核指标计分点的满意度情况，并对满意度排名倒数的指标进行排序，列入拟退出指标库。二是运用专家评估法，对拟退出指标进行打分，运用 AHP 软件计算出指标重要性，排名倒数的指数成为年度退出指标。考核指标实效评估的技术化过程为考核指标进退管理提供技术支持。

（3）深入挖掘信息系统的考核指标管理高级功能

江苏省考核信息系统收集了每年综合考核的大数据，目前还只是数据汇总、查询、存储功能，接下来需要进一步开发信息系统的标准化流程管理功能、数据分析功能与预警功能。第一是标准化流程管理功能：考核的目标规划，考核审核材料、打分，考核结果反馈、指标进退等管理在系统上操作，减少纸质申报的工作量。第二是通过信息系统的数据提取分析，对 13 家设区市、99 家省级机关单位的考核分数、排名进行跟踪，对进位幅度较大、对标找差成绩突出、工作取得较大示范效应的设区市和部门，可以设置单项奖；同时，对于排名退位情况严重设区市和部门，需要进行半年预警和改进意见总结反馈。第三分析比较信息系统考核多年的历史数据，对考核指标的区分度、计分方法等变迁进行分析，查找考核指标问题。

3. 体制层面：亟需组织上保障考核指标的监督管理职能集中统一

地方政府绩效考核体系体现了控制权、激励权在科层制组织上的向上集中和向下分权。目前江苏省考核工作委员会承担综合考核宏观管理职能的管理体制，能很好地把组织层面的绩效考核和领导班子考核结合，以激励带动综合考核体系推进。因为综合考核的战略设有区市的发展高质量、省级机关单位的服务高质量、设区市和省级机关加强党的全面领导、群众满意等多个价值导向，这时，仅仅以激励为驱动力远远不够，顶层设计上还需要让江苏省考核工作委员会协调考核指标各种利益争辩与平衡，整合多方面价值导向，通过刚性的制度规范剔除不合格指标，最大程度控制指标被干预现象，保证最后提交到顶层设计审批的考核指标体系是科学规范、利益平衡的相对成熟体系。

六、 激励与约束并重的指标体系修正探索

1. 江苏省综合考核指标的激励强度

基于激励约束理论，本研究把江苏省综合考核指标分为三类：强激励类指标、弱激励类指标、强约束类指标。

(1) 强激励类指标

强激励的考核指标必须有清晰的测量标准，否则会产生激励歪曲。在江苏省综合考核指标中表现为战略性、牵引性指标，是全省年度重点目标任务的主要抓手类指标，有明确的考核计分方式，能引领全省战略目标实现。对这类指标进行严格考核，采用差序分布法，指标得分要有区分度。

(2) 弱激励类指标

弱激励的考核指标不一定有清晰量化的计分方式，通常是定性指标，因为绩效测量方式较为模糊，所以激励强度不能太强。在江苏省综合考核指标中为一些长期性战略，比如预期平均寿命等指标，对人民生活高质量有重要意义，是一个体现人民幸福感的好指标。但是设定为年度重点目标任务后层层分解的执行难度较大，比如 * * 市 * * 县 2020 年度市民预期平均寿命必须达到 75 岁，县政府无法通过工作推动控制好一年里县市民的平均寿命不低于 75 岁，县政府找不到着力点。平均寿命是个长期持续性战略，不是引领性指标，只要达到某一个目标值，就算通过（满分），不需要用强激励的方式对这类指标进行差序分布法。

(3) 强约束类指标

强约束类指标是和问责紧密相联的指标，如果扣分，被考评单位领导班子可能要被问责，所以这类指标通常是政治性和法律性等性质的指标。比如党建类指标“坚定政治信仰，强化政治领导”，如果扣分，说明被考评单位政治信仰出问题，可是绝大多数（甚至是全部）被考评单位都是保质保量完成这个指标，所以考核计分要有区分度难度很大。其

实只要认真完成这项指标任务，不犯政治错误，不碰“红线”，都是满分，但是如果犯错误，就要按照错误的严重程度进行扣分（负向计分法），问责被考评单位领导班子。

2. 江苏省综合考核指标修正探索

本研究根据2020年考核指标满意度评估数据、收集意见和调研材料，以2020年度设区市高质量发展考核指标和2020年度省级机关单位服务高质量考核指标为例，对指标进行大胆修正。

（1）设区市高质量发展考核指标修正探索

江苏设区市年度高质量发展考核指标主要是指能牵引江苏当年的高质量发展重点目标任务、推动工作有明确抓手的强激励性质指标，并对统计上交叉重复、不能全覆盖、已达准天花板指标、没有明确抓手等一些存在问题指标进行了精简，共梳理了设区市高质量发展考核指标32个。监测类指标需要设置达标值（通常为最低标准），也就是达到监测达标值视为考核通过，没有达到目标值，要根据指标权重进行扣分。比如“人均接受文化场馆服务次数”权重为3分，达标值为5次，如某设区市这个指标达到5次及以上，视为得到3分；没有达到5次，则扣3分。本研究共梳理了设区市高质量发展监测指标修正为36个。

（2）省级机关单位服务高质量发展考核指标修正

本研究把江苏服务高质量发展考核指标分为两类，一类是强激励型指标，包括每年各设区市委、市政府的重点发展的任务目标、机关单位的履职情况、服务高质量发展创新创优项目评审等指标；第二类是强约束类指标，是指省级机关单位不能碰的红线类指标，比如“依法依规履职情况”考核指标中“科学民主决策”指标，明确规定哪些行为违反了科学民主决策规定（通常为严重触犯法律法规、产生违纪、违法的行为，不是具体的行政管理要求），如果某机关行为违反了，即碰到了红线（违法犯规了），根据指标权重扣分。如果在红线范围内，则视为考核通过，计为满分。由此2020年省级机关单位服务高质量指标修正为3个强激励性质的考核指标，3个强约束性质的监测指标。

表 7－1 设区市高质量发展 32 个考核指标（强激励模式）

一、经济发展高质量		四、文化建设高质量	
1	人均地区生产总值	20	社会文明程度测评指数
2	制造业增加值占地区生产总值比重	21	文化产业增加值占地区生产总值比重
3	固定资产投资占全省比重及增速		五、生态环境高质量
4	居民人均消费支出	22	单位地区生产总值能耗
5	研发投入占比	23	PM2.5 年均浓度及空气质量优良天数比率
6	工业战略性新兴产业总产值占工业总产值比重	24	垃圾分类集中处理率
7	普惠型金融领域贷款余额占比	25	单位地区生产总值固定污染源主要水污染物排放量
8	政府性债务率		六、人民生活高质量
9	高技术产业投资占比	26	城镇新增就业人数
10	专利质量	27	居民人均可支配收入
	二、改革开放高质量	28	普通高中资源供给比例
11	营商便利度	29	异地就医门诊费用直接结算率
12	新增规上企业单位数和市场主体	30	城乡居民基本养老保险保障水平
13	货物进出口总额占全省比重及增速	31	食品药品安全水平
14	实际使用外资占全省比重及增速	32	安全生产水平
15	人均高技术产品出口额		
	三、城乡建设高质量		
16	农产品供给水平		
17	乡村振兴实绩水平		
18	美丽宜居城市建设水平		
19	城镇棚户区（危旧房）改造覆盖率		

表 7－2 设区市高质量发展 36 个监测指标（弱激励模式）

一、经济发展高质量		四、文化建设高质量	
1	全员劳动生产率	17	人均接受文化场馆服务次数
2	民间投资占固定资产投资比重	18	全民阅读指数
3	消费品质量合格率	19	注册志愿者人数占城镇常住人口比重
4	每万家企业法人中高新技术企业数	五、生态环境高质量	
5	技术合同成交额与地区生产总值之比	20	单位地区生产总值建设用地使用面积
6	规上工业研发活动企业占比及投入强度	21	地表水达到或好于Ⅲ类水体比例与劣Ⅴ类水体比例
7	亿元地区生产总值企业股权融资额	22	林木覆盖率
8	地区人均生产总值差异系数	23	重点水域禁捕退捕绩效水平
9	规模以上工业企业新产品销售收入占比	24	单位地区生产总值用水量
二、改革开放高质量		25	单位地区生产总值固定污染源主要大气污染物排放量
10	人均货物和服务贸易总额	六、人民生活高质量	
11	人均实际使用外资额	26	城乡居民人均可支配收入之比与差异系数
12	人均对外直接投资额	27	劳动年龄人口平均受教育年限
13	人均知识密集型服务进出口额	28	城市与农村义务教育学校专任教师本科以上学历比例之比
14	每万就业人员中外国高端人才和专业人才来华工作人数	29	平均预期寿命
三、城乡建设高质量		30	每万常住人口疾控人员数
15	常住人口城镇化率	31	退役军人服务保障水平
16	农业劳动生产率	32	养老助困服务保障水平
		33	网格规范达标率

续 表

		34	住房达标率
		35	人均公共服务支出
		36	个人卫生支出占卫生总费用比重

表 7-3 省级机关单位服务高质量考核指标体系修正

指标类型	序号	指标
考核指标（强激励）	1	贯彻落实中央决策部署，完成省委、省政府年度重点工作任务（含省委深改委重点工作任务）情况
	2	按照“三定”规定履行职责情况（含履行安全生产监管职责、公务员平时考核）情况
	3	服务高质量发展创新创优项目评审
检测指标（强约束）	1	依法依规履职情况
	2	财政预算绩效管理情况
	3	服务基层、服务群众情况

第二节 南京市机关考核评估创新实践探索

一、 研究背景

目前，南京市正处于推进“强富美高”新南京建设的关键时刻，一套指向南京战略目标的动态有弹性的机关绩效管理机制将为南京市高质量发展提供强大助力。以“对标找差”为创新点的南京市机关绩效管理制度实施三年来，成效显著，强势引领南京市的经济、文化、环境等飞速发展，“强富美高”新南京的美好蓝图正在南京铺展出动人的现实图景。截至2020年，南京市牢记总书记“只争朝夕的紧迫感，切实把创新抓出实效”，聚力建设创新名城，经济同比实际增长4.6%，GDP超过了1.48万亿元，自改革开放以来GDP首次跻身全国大中城市前十名。2021年是南京市“十四五”规划开局和高质量建设“强富美高”新南京更上一层楼的关键时刻。然而，当前新冠肺炎疫情全国大流行使世界格局加速演变，面对错综复杂的国内外政治经济形势，南京市机关绩效管理制度需要根据时代提出的新挑战、新要求不断进行创新变革。由此，探索灵活有弹性的南京市级机关绩效管理动态化管理研究变得迫切与必要。

本研究要探索的是，目前南京市级机关绩效管理存在着哪些困境？如何通过科学的动态化管理突破这些困境？又如何在南京市级机关绩效管理实践中“落地”？本研究非常荣幸有机会深入南京市级机关绩效管理半年评估工作中，经过实地调研、深度访谈等，大胆探索了南京市机关绩效管理变革与创新研究，以期对南京市级机关绩效管理制度的科学变革作政策参考。

二、南京市机关考核评估调查与分析

（一）实证资料的收集

本研究数据来源于三个渠道：座谈会、一对一深度访谈、政策文件，一手和二手资料形成“三角验证”，确保本研究的有效性和可操作性。

1. 座谈会

为了清晰把握南京市机关考核的现状，课题组有幸参与了南京市编办组织的年度考核流程中的半年评估，参加了8场半年评估座谈会，共听取了13家市级机关单位的半年评估陈述，涵盖了市应急局、市文旅局、市卫健委、市民政局、市规资局、市党校、市红十字会等单位，从面上零距离接触市级机关对标找差绩效考核的考核流程、考核内容、考核监测等管理环节，鲜活立体的一手资料为研究成果的适用性与可操作性提供了坚实基础。

2. 一对一深度访谈

为了深入了解目前南京市机关绩效考核现状及存在问题，倾听责任单位、被考核单位最真实的声音，课题组对南京市应急局、南京市发改委、南京市文化和旅游局等 4 家单位分管绩效考核的处室进行了深度访谈。

3. 政策文件收集

课题组收集了 2019 年、2020 年南京市级机关对标找差考核实施办法、2020 年度市级机关对标找差绩效考核指标考评细则等各类相关政策文件，把握南京市级机关对标找差考核的设计思路、制度架构、实施细节等信息。

（二）市级机关绩效管理制度的演变

2017 年以来，南京市委、市政府创新性地提出通过“对标找差”发现短板、凝聚共识、激发干劲，确定了市级机关部门对标找差核心指标，侧重于把核心指标的完成情况和进退位情况纳入市级机关绩效考核。2018 年，南京市级机关考核把江苏省委高质量发展指导文件中的指标和精神融入到对标找差工作中，将省对市高质量发展考核指标分解到市级各部门进行考核，设置“对标找差”项目排位、进退位情况指标。截至 2019 年，绩效考核实施范围已经完全覆盖市级党群机关、市委市政府直属参公事业单位及部分中央和省在宁垂直管理单位，被考核部门由最初的 80 家扩大到 93 家。2020 年，市级机关对标找差绩效考核进一步优化考核方式，加入了乘数计分法，突出党建引领下的对标找差绩效管理制度。

（三）市级机关绩效考核先进经验

根据访谈调研情况，我们发现，目前南京市正处于推进“强富美高”新南京建设的关键时刻，市级机关绩效管理制度政治站位高，指标架构成熟全面，紧扣服务高质量发展根本要求，突出对标找差对全市各项工作的核心导向作用，主要亮点和先进经验具体表现为：

1. 对标找差为导向的强激励模式

南京市级机关绩效考核以对标找差为第一标尺，体现各部门省内争先进位及向对标城市追赶超越情况，在南京市各部门努力营造对标找差创新实干的浓厚氛围。一是争先进位的强激励。对标项目全省排名前3位的加分，处于省内首位的加分，排名较上年度上升的加分，进位多的多加分。在对标城市追赶超越中，指标增速高于对标地区的加分，对于在省级部门开展的年度系统综合考核中获得全省第一等次或优秀的加分。二是排名退位的强惩戒。对标找差项目排位处于全省第5名以后的部门不得评为第一等次（指标增速位于全省前3的除外）；省内排名退出前3名的，部门不得评为第一等次；省内排名退位3位以上的，根据情况下降考核等次。强度较大的“奖勤罚懒”机制推动着市级机关绩效管理在全市机关发挥着牵引作用。

2. 重点任务为核心的差异性考核

绩效考核以实现组织的战略为第一要务，重点任务实际上是南京市委、市政府部署的推动南京高质量发展的年度战略细分，是南京市级机关年度绩效考核最重要的指挥棒。为了体现各机关部门在完成南京市委、市政府部署的重点任务中贡献度的差异性，体现“干多干少不一样”，考核在制度设计和计分方式上都适当向承担市委、市政府重点工作任务多的部门倾斜。一是指标权重分量重。制度中占比75%的职能工作维度中重点任务占40分，没有承担重点任务的机关单位设置了基准分。二是按照重点任务数量计分。重点任务计分根据工作任务的多少进行评分，任务多的得分高，任务少的得分少，没有重点任务的部门只能得基准分，拉开部门分数档次，使得对战略实现贡献度高、干得多的部门能脱颖而出。

3. 经济改革为引领的谋发展考核

南京市级机关考核推动“四新”行动计划拉动经济，优化营商环境等公共服务为经济发展创造环境，“放管服”改革则从微观环境上为企业发展提供便民服务。一是推进“四新”行动稳增长。为了应对突如其来的新冠疫情，落实南京市委、市政府战疫情、扩内需、稳增长的行动部署，2020 年市级机关绩效考核的专项工作中占比最重的是“‘四新’行动计划工作”。将新基建、新消费、新产业、新都市“四新”行动计划纳入专项工作指标，由市发改委、市工信局、市商务局、市建委四个推进办牵头考核，推进工作。二是打造高质量营商环境。市级机关绩效考核通过“优化营商环境政策落实情况”、“营商环境评价”、“营商环境被国家或省部委表彰或发生极端事件”三个考核指标强势推动南京优质营商环境建设。三是深化“放管服”改革。通过“不见面审批”（服务）、“宁满意”工程重点落实改革任务、“互联网＋政务服务”等任务推进考核，推进南京市“放管服”改革。

4. 群众满意为宗旨的回应性评议

市级机关绩效管理把提升南京老百姓幸福感作为重要的评价指标，这是构建人民满意政府的重要标志。民意评议与回应主要表现为：一是窗口和 12345 政务服务热线的民意评价。运用窗口服务、事项运行、网上服务、好差评等 7 项计分方式对窗口服务质量进行评价；12345 热线则是对民意的受理办理、回访评价等 5 项计分方式进行考核，考核数据由政务系统自动汇总，客观公正，提升南京市机关公共服务的回应性，把外部监督压力转变为治理效能。二是群众满意度评价。南京市级机关工作作风评议从 2001 年的“万人评议”活动开始，20 年时间完成了从治理创新到制度化过程，被南京市委、市政府和南京市民广泛认可。2019 年被纳入南京综合考核体系，占 15％权重。工作作风评议的指标通过大数据采集等方式让民意传达顺畅通达，考核指标越来越科学，从机制上保证了老百姓民意信息传达到政府内部，提升南京市级机关群众满意度。

（四）南京市级机关考核评估存在问题

1. 12345 热线考核中没有剔除无理投诉等干扰因素

12345 热线规定有访必接，目的是为人民服务、提高服务质量，并通过考核推动工作，但是如果一定要达到满意度百分之百，并按照百分之百来排名就需要考虑考核的科学性问题，投诉中有些无理投诉、无理工单，有些反复投诉的电话一打就几十回，反复投诉，不停地打“不满意”，一下子就把分数拉下来。有些机关为了达到 100%，做大量工作也无济于事，浪费了行政资源。究其原因，主要有两个：第一是因为一些历史遗留问题。机关凭借一己之力一时无法解决，但是上访员工不停地打热线，导致机关不知所措。第二是 12345 热线缺乏申诉机制。有些投诉不是因为机关工作不力，而是工作性质本身就得罪群众。比如垃圾场选址工作，会引起上千个 12345 热线投诉电话，但是这是机关的本职工作，履行国家法定职责，投诉电话和机关工作作风没有直接关系。

2. 重点任务和常规工作权重设置平衡性不够

重点工作是年度市委市政府重点目标任务，是战略的分解；常规工作则是机关部门的正常履职，是部门“三定”规定明确的职责履行情况。常规工作是一个部门的本职工作，也是市委、市政府赋予这个部门在推进高质量发展当中的位置所在。机关部门大部分时间在履行常规工作，目前在“职能工作目标”维度中重点任务的权重是常规工作的八倍，这和实际情况中机关在完成这两个指标耗费的工时、行政成本不成正比，没有在凸显重点任务和专项工作考核的同时，兼顾常规工作的分量，常规工作占比较低。

3. 新增指标计分细则不明确

在 2020 年的机关绩效考核制度中，“政务数据共享”和“网络安全工作”是新增指标，考核责任单位是市大数据局和市委网信办。但是两项指标的计分细则没有和考核指标一起公布，过程性考核中也没有进行模拟考核，导致被考核单位不知道从哪几个方面推进工作，找不到工作抓手。这就凸显了目前机关绩效考核的一个困境，当有新增指标时，没有同时公布明确的计分细则，让被考核单位找不到推进工作的具体方向。

4. 亟需制定应对重大公共突发事件的考核应急制度

2020 年是很特殊的一年，突如其来的新冠疫情让市级机关面对巨大的挑战，市卫健委等部门的压力大、责任重、工作量大增，而文旅局等旅游机关部门受疫情冲击，总体旅游收入规模受到严重影响，不可能完成规定指标。为了应对疫情，市级机关工作职能做了较大调整，一些正常状态下的考核指标因为受疫情影响不能正常完成，由此，如何制定应对重大公共突发事件下的市级机关考核应急制度成为重要议题。

三、市级机关考核评估的优化路径

1. 建立无理工单和有效工单区分机制

12345 热线的目的是服务民意，提高服务质量，但个别群众在评价时不可避免地会出现误评现象，从而产生无理工单和投诉，机关因为正常履职尽职被扣分，缺乏科学性。为了准确确定责任主体，解决群众所反映的问题，同时维护政府部门合法公正的权益，本研究探索性提出建立“无理工单”剔除机制，对投诉工单进行有效筛选。宗旨是根据相关的文件要求，机关部门不是因为工作态度、服务差等原因，而是正常履职，但是因为工作性质和工作要求被投诉的工单，应该剔除，不纳入到最终的考核当中。本研究借鉴南京市民意 110 的经验，构建“无理工单”和有效工单区分机制的流程：在剔除“无理工单”时，在接到群众的投诉或者在进行短信回访中，群众选择了“不满意”选项，工作人员将进行电话回访，并形成电子工单，根据群众反映的不满意的具体原因，对该不满意事项进行标签化，明确不满意原因标签为“服务态度差”等，依托工作平台下发至具体责任单位。在办理工单过程中，如果责任单位觉得该单是无理工单，可以进行申诉机制即出示佐证材料如相关行政法规、政策规定等，在出示佐证材料后先由南京市政务办进行第一轮认证，在市政务办第一轮认证后，再提交至市编办，由市编办组成的联席会议进行最后的认证，两轮论证保证有效工单和无效工单的准确筛选。排除无责任的误评，提高考核公平性，节约行政成本。

2. 提升重点任务和常规工作权重的平衡性

常规工作作为机关部门的正常履职，是部门日常所做的本职工作，也是推进高质量发展的基础所在，机关部门的大部分时间是在履行常规工作。目前重点任务和常规工作的权重比不平衡，不仅不能和部门的行政成本成正比，也不能对本职工作努力的政府人员起到真正的激励作用。由此，可以适当增加常规工作的分值，降低重点工作和常规工作的权重比，提升两者平衡性。课题组建议对重点任务和常规工作的权重比可以调整为5∶1或4∶1，也就是说，如果重点任务分值为40，常规工作的分值为8或10。在凸显重点任务和专项工作考核的同时，兼顾常规工作的分量，实现对认真履职政府部门的激励。

3. 过程考核周期的科学设置

为了避免年终考核的“一锤子买卖”，在考核过程中要注重过程监督和过程评估。过程性考核是为了更精准有效地对部门进行一个全方位的评价。过程性考核的周期是很重要的因素，周期太长，会造成“一锤子定买卖”，周期太短，会给基层造成额外的负担，甚至会造成为了不必要的检查而影响日常工作。本研究建议对过程性考核周期要科学设置，除非在公共危机事件的应急状态下，建议考核周期最短为半年一次，不建议以周、月和季度进行考核，让机关忙于过程性考核的各种材料上报，忽略本职工作。但是可以通过信息系统进行日常的追踪和预警。

4. 健全考核指标形成中的科学论证机制

参照江苏省综合考核指标论证流程，每年年初在考核指标形成过程中，需要组织专家评估委员会对指标体系进行规范性、科学性的论证，第一轮对年度新增指标进行专家论证，按照申报人申请、论证会答辩、论证专家评估投票、市考核委员会审议等流程，确定每年年度南京市级机关绩效考核新增指标。第二轮，确定年度考核指标。初步形成年度机关考核指标时，邀请专家评估委员会对初步形成的考核指标进行论证，对重复交叉、不能全覆盖、部门性指标、计分方式不明确的指标进行重点论证，经过几轮专家论证讨论后，对年度指标体系不断优化，淘汰一些明显不科学的指标，完善一些可以进入指标体系但是需要优化完善的指标，最终形成一个相对精简、科学、规范的指标体系，引领南京市级机关高质量发展。

5. 健全新增指标的计分细则动态化改革

严格意义上说，计分点才是实质意义上的考核指标，因为责任单位通过计分点量分后打分，所以计分点在年初不明确，就等于考核指标不明确。由此，本研究对新增指标的计分细则动态化管理作如下建议：在每年的考核制度中，考核评估中都有新增指标，建议参照《江苏省高质量发展年度综合考核指标管理办法》的规定："指标未明确数据来源和考核评价细则的"不得设立为指标。也就是说，当新增指标申报进入年度指标体系时，申报时应该同时公布明确的计分细则和考核标准，接受指标专家评估委员会的论证。新增指标的计分细则不明确，将不予审批获得指标申报资格或在指标论证会上直接否决。

6. 应对突发事件的动态化机制

2020 年，新型冠状病毒的出现，给各级机关的工作带来了较大影响，打乱了整体市级机关绩效考核的节奏。由此，对于应对突发性事件的动态化应对机制，本研究提出三个对策建议：一是指标不变看总量排名。如果考核指标有变动，需要市委常委会重新审议通过，这个流程非常复杂，故而变通的方法是指标保持不变，年底考核时不看具体的数值，只计算排名，比如将总量增速的排名进行同类城市相比。二是在有新冠疫情等公共危机事件情境下，半年评估之前，比如每年 7 月份，每个单位对于因公共危机事件不能完成的考核指标进行上报，由市编办把建议进行汇总，由考核责任单位根据上报意见进行指标修正，最后提交市常委会讨论审议。三是设置机动分，比如每年在百分制之外，还有3—5 分的机动分，机动分设置作为发生公共危机事件时的临时调整机制。例如新冠疫情期间，启动机动分设置，完成新冠疫情任务优秀的，另外加 5 分，5 分的机动分完全能够左右最后的等次和排名。

四、重点任务的综合评估方式探索

（一）重点任务评估评估方式创新的迫切性

实现高质量发展，说到底是要在量的积累的基础上实现质的提升。在市级机关对标找差绩效考核中，最能体现南京市委市政府战略目标任务的指标是“重点任务”指标，在职能工作目标维度（占 75%）中重点任务分值最多（40 分），所以，对重点任务的考核备受南京市委、市政府、责任单位、被考核单位的关注。目前重点任务的测量主要根据承担任务的数量多少来进行计分，比如承担任务多的机关得分就高，承担任务少的机关得分就低，没有承担重点目标任务的机关只能拿到一个基准分。这种对重点任务的测量使得承担市委、市政府任务重的机关得分和排名能相对靠前，实现了“多干多得”的奖勤罚懒机制，也避免出现“某个小指标影响了大格局”的现象出现，体现了公平公正原则。

但是，目前对重点目标任务进行测量的方式却存在着另外一个问题，简单的以数量为单位对重点目标任务进行测量，忽略了重点目标任务的差异性特征，比如有些重点任务完成难度大、复杂程度高，有些重点目标任务完成难度小，复杂程度低，这使得承担重点任务目标复杂程度高、难度大的机关抱怨测量不公平。从测量的科学性来分析，重视目标任务的数量、忽略质量的测量方式有些简单粗放，但是如何对重点任务的差异性特征进行科学区分，进一步实现公平公正，却是一个困扰着南京市级机关考核的困境。由此，本研究根据管理学的评估科学原理，对重点目标任务的测量模型、测量流程进行探索性研究，以期对南京市级机关对标找差绩效管理提供决策参考。

（二）重点目标任务评估模型构建

因为在目前国内外研究中还没有对目标任务进行评估的成熟模型，所以本研究借鉴管理学中通用的岗位评估模型，根据目标任务的分解因素，对模型进行修正。在岗位评估时，通常是运用量化的模型，把岗位分为几个要素，评估出岗位在组织中的相对价值。岗位评估的计量模型有 CRG、IPE、海氏等岗位价值评价模型。

本研究把重点工作任务评估模型分为 5 个要素 9 个维度，清晰直观地衡量工作任务的强度、难易程度和质效标准等方面的差异（见表 7－4），要素分别为：

1. 要素一：对组织的影响（50 分）：主要指目标任务对于整个南京市发展的影响程度。评价指标为对组织的影响（指标 1）。

2. 要素二：解决问题的难度（125 分）：主要指完成目标任务的复杂程度，以及完成目标任务是否需要开拓创新。评价指标为工作复杂性（指标 2）和工作创造性（指标 3）。

3. 要素三：职责范围（50 分）：主要指完成目标任务是否需要多机关部门协调合作，以及工作是否有明确的规范标准。评价指标为责任范围（指标 4）和工作独立性（指标 5）。

4. 要素四：沟通协调（25 分）：主要指完成目标任务的内部沟通要求与外部沟通要求。评价指标为内部沟通（指标 6）和外部沟通（指标 7）。

5. 要素五：环境条件（50 分）：主要指完成目标任务的工作环境是否要出差，以及目标任务的风险系数。评价指标为工作环境（指标 8）和风险系数（指标 9）。

表 7－4　重点工作任务评估模型

要素	指标	分值
一、对组织的影响	1. 对组织的影响	50
二、解决问题的难度	2. 工作复杂性	125
	3. 工作创造性	
三、职责范围	4. 责任范围	50
	5. 工作独立性	
四、沟通协调	6. 内部沟通	25
	7. 外部沟通	
五、环境条件	8. 工作环境	50
	9. 风险系数	
合计		300

（三）重点目标任务评估的计分量表

要素一：对组织的影响

表 7－5

对南京市的影响	小范围协调对南京市产生有限影响	一般职能管理对南京市产生间接影响	重要职能管理对南京市有重要影响	对南京市的战略决策有重大影响	对南京市有全局的战略性影响
等级	10	20	30	40	50

要素二：解决问题的难度

表 7-6

解决问题难度	等级	1	2	3	4	5
等级	复杂性 / 创造性	从事常规工作即可完成	有限难度的工作（问题已确定）	有较多难度的工作（问题已确定，需要一些分析）	难处理的工作（需调查分析确定问题）	复杂工作（问题很复杂，不易发现，需深入分析，详细调查）
1	无需创造或改进	5	20	35	50	65
2	一般性改进	20	35	50	65	80
3	改进和发现现有方法	35	50	65	80	95
4	任务时常需要创新	50	65	80	95	110
5	任务即为开拓创新型	65	80	95	110	125

要素三：职责范围

表 7-7

职责范围	等级	1	2	3	4	5	6
等级	责任范围 / 工作独立性	单一事项	需要同机关不同处室协作	需要2—3个机关协作	需要4—6个机关协作	需要7—10个部门协作	需要南京市绝大多数机关协作
1	任务分工明确，时间节点明确	10	15	20	25	30	35
2	按规范完成任务，时间段明确	15	20	25	30	35	40

续　表

职责范围	等级	1	2	3	4	5	6
等级	责任范围 / 工作独立性	单一事项	需要同机关不同处室协作	需要2—3个机关协作	需要4—6个机关协作	需要7—10个部门协作	需要南京市绝大多数机关协作
3	按总原则完成任务，时间安排需要牵头部门计划	20	25	30	35	40	45
4	根据战略目标完成任务，时间计划需要多部门协商确定	25	30	35	40	45	50

要素四：沟通协调

表 7-8

沟通技巧	等级	1	2	3	4
等级	内部沟通 / 外部沟通	一个人便能完成，不需要与其他人沟通协调	仅与本处室工作人员进行协调	与本机关部分处室有较为密切的工作关系	几乎与机关所有处室有密切关系
1	不需要与外界联系	1	3	5	10
2	需要与外界几个固定机关保持业务联系	3	5	10	15
3	需要与外界机关及群众保持密切联系	5	10	15	20
4	需要与外界机关、群众、企业等多个群体保持密切联系	10	15	20	25

要素五：环境条件

表 7-9

环境条件	等级	1	2	3	4
等级	工作环境 / 工作风险	舒适：无精神和技术上的压力	一般：有业务提高的压力	较困难（偶尔户外）有精神和技术上的压力	很困难（需经常户外或常年户外）有很大精神和技术上的压力
1	任务没有风险	5	10	20	30
2	任务有些风险	10	20	30	40
3	任务风险大	20	30	40	50

（四）重点目标任务评估的流程

重点目标任务评估分为四个步骤：

第一步：在市级机关范围内公布各目标任务名称及具体任务清晰的界定及事项说明；

第二步：由市编办组织责任单位代表、被考核单位代表、分管市领导代表、专家代表进行评价打分；

第三步：由市编办汇总各层面评估数据，计算最终得分，根据得分把重点目标任务分为高、中、低三个等级，并在全市范围内公示。

第四步：市编办根据最终确认的重点工作任务形成重点目标任务等级分布表，确定重点目标任务等级的系数（比如高等级系统=1.5，中等级系统=1.2，低等级系数=1）。

（五）可能出现的实施阻碍

1. 评估模型科学性论证

“用什么来评”是重点任务评估的第一个难点。本研究提出的重点任务评估模型是根据岗位评估的CRG模型修正而来，没有经过大样本的信度和效度检测，如果运用于市级机关考核中，需要经过在市绩效考核处组织下的责任单位、被考核单位、专家等各方力量的充分论证，最后形成一个相对科学、各方力量认可的重点任务评估模型。

2. 评估工作量大

“由谁来评?”是重点任务评估的第二个难点。本研究认为重点任务的评估委员会由考核的各方利益代表及第三方专家代表组成，但是可能遇到重点任务数量大，评估工作量过大，一时间不能及时对接考核安排的困境。这就需要市编办提前布局，运用信息系统，线上评估，自动生成评估统计数据，把评估工作量控制在可以承受的范围内。

3. 评估结果的公信力

“结果可信吗?”是重点任务评估的第三个难点。本研究把重点任务评估结果按照难度系数分为高、中、低三个等级，并分别赋予系数值，但是这必然引起被考核单位对评估结果的质疑，如何让评估结果具有公信力，除了上文提到的评估模型科学论证、评估委员会评估环节的透明公开，还需要有对评估结果进行公示、接受质询的环节，通过机制设计让不同意见得到充分沟通，以提高评估结果的公信力。

五、讨论

南京市级机关绩效管理制度历经多年的发展，已经成为政府、企业、社会和公民良性互动的协商平台，在对标找差的强激励模式下，强势引领南京市委、市政府各项战略目标的实现，以及经济、社会等各领域的服务高质量发展。经过实证研究发现，南京市级机关绩效考核创新性改革其实质是绩效管理制度在大的制度结构基本稳定的前提下，制度细节向精细化、规范化路径发展的过程。本研究最后探索性提出市级机关绩效管理动态化改革的几点讨论意见：

（一）考核指标计分点的审核与管理

从目前的制度来看，市级机关考核指标一共 24 个，但是如果对计分方式进行认真研究，就会发现每个考核指标可以细分为很多小的考核指标，计分方式数量较大。如前所述，计分方式才是最本质意义上的考核指标，如果计分点过多，而且没有经过认真规范的科学论证，就容易出现个别指标变化频繁、计分方式不明晰的问题。所以，本研究建议未来南京市级机关绩效考核制度在年初需要对考核指标，尤其对计分小点进行严格审核，严控计分点的数量，优化计分点的内容，剔除一些明显不科学不规范的计分点，而且规定一旦计分点审核通过，不得有任何变动，让绩效考核的细节部分更加科学规范，为机关减负。

（二）战略性指标和常规型指标的平衡

考核指标首先要体现战略性、引领性。战略的特征要求战略制定是自上而下的路径，同时为了实现阶段性的战略重点，市级机关绩效考核制度的重点目标任务考核得分是考核等次、排名和得分的决定性影响因素。所以，凸显重点任务在考核中的分量是毋容置疑的，但是机关和区县政府不同，机关是公共服务部门，常规型工作占用机关大量时间，或者说这是部门得以存在的根本，重点任务和常规型工作的冲突不仅表现在考核权重上，还会因为这种冲突导致机关内部的注意力配置、工作安排、组织人事等带来一系列管理问题。所以，重点任务和常规工作在绩效考核里的均衡权重，决定着市级机关的资源配置，未来有必要对此进行认真的论证。

（三）考核等次排名的固化和灵活的均衡

在市级机关绩效管理中，重点任务量分、争先进位评分都尽最大可能地在制度设计上考虑机关差异性，体现“干多干少不一样”的强激励原则。因为机关的性质决定有些部门比如市委、市政府“两办”、市纪委、市宣传部、市发改委等核心部门和常委单位在考核等次和排名上一直保持靠前，而一些小部门则一直排名靠后，这种考核等次和排名的固化本质上是管理学的“二八原理”，即南京市战略目标实现是依托于20％的机关部门做了80％的贡献度。当这些核心机关部门的重要性已经通过目前的绩效制度得到保障后，我们需要考虑的是，如何激励那80％的机关部门的工作积极性。所以，把20％的灵活度拿出来对小部门进行激励，是实现南京市级机关绩效管理的精细化的标志。换言之，市级机关绩效考核的等次和排名可以让80％的机关相对固定，特别拿出20％的份额分配给一些“小部门”，激励那些绩效优秀、表现突出的“小部门”，通过制度设计体现考核等次排名固化和灵活的均衡发展。

结语

习近平总书记在庆祝建党 100 周年大会上讲话提出："我们坚持和加强党的全面领导，实现第一个百年奋斗目标，明确实现第二个百年奋斗目标的战略安排。"如何通过学术研究在实践层面上建立科学、规范和精细的地方政府绩效管理，是推进政府治理能力现代化、实现第二个百年奋斗目标的重要激励手段。我国地方政府绩效管理研究的理论范式源起于西方新公共管理，目前，在学术界绩效管理议题还没有形成完整的管理学、政治学的话语体系，学者们在学术争鸣中努力寻求绩效管理议题和国内公共管理或政治学的大问题进行对话。实际上，不论是学术研究还是实践探索，我国地方政府绩效管理的话语体系都是以实践政府需求为导向的自主创新的发展路径，为实现第二个百年奋斗目标的战略让这个政府管理的激励约束制度研究变得任重而道远。然而，地方政府绩效管理议题的学术研究和发展实践存在着断裂，理论研究成果"曲高和寡"，难以运用于地方政府管理实践中，只在学术领域"自娱自乐"。而另一方面，政府绩效管理者在实践中根据经验判断进行制度变革，苦于缺乏从更深层次上提升绩效管理的理论指导。学术理论研究和政府绩效管理实践的断裂，限制了学术界讲好政府绩效管理的"中国故事"。

本研究有幸借助于国家社科基金的资助，笔者带着研究团队跑遍江苏省及周边地区的各个行政层级政府部门进行调研，调研的足迹踏遍了华东地区，深入基层第一线倾听基层干部的心声，努力做一个系统、接地气、对实践有指导意义的地方政府绩效管理理论与实证研究。地方政府绩效管理制度是政府内部管理制度，绩效制度、绩效结果等数据都涉密不能对学者公开，更不能作为研究数据让学者公开发表论文，所以本研究想获得地方政府绩效管理一手数据非常艰难。笔者用了“洪荒之力”通过调研，拿到了一些珍贵的地方政府绩效管理一手数据。回顾这几年的研究历程，笔者完成了从“衣带渐宽终不悔、为伊消得人憔悴”到“梦里寻他千百度，蓦然回首，那人却在灯火阑珊处”的境界提升。在我国地方政府如火如荼地探索绩效管理精准科学的时代大潮中，虽然这本书撰写结束，但是笔者对于地方政府绩效管理的理论与实证研究才刚刚起步，未来的研究笔者将基于数字政府建设的大背景，对地方政府绩效管理的理论话语体系、数字绩效建设等议题进行理论与实证研究，未来议题将涉足：

1. 努力构建中国语境下的政府绩效管理话语体系

本研究一直在探索用西方理论语境来解释中国场景下的绩效管理问题，并试图和中国公共管理学界的“大问题”进行对话。我国政府绩效管理制度及实践的非公开性，使得学术界对于政府绩效管理的研究一直处于“雾里看花”的状态，难以形成中国的政府绩效管理话语体系。然而，如何响应时代号召，研究和帮助解决现实挑战，是中国公共管理的大问题[1]。在中央全国深化改革委员会第四次会议上，习近平总书记提出了“协调建立高质量发展的指标体系、政策体系、标准体系、统计体系、绩效评价和政绩考核办法”的时代号召。由此，接下来的绩效管理的理论与实践研究，应以肩负起完善国家发展的重要政策为学术使命，打通绩效管理学术研究与实践活动的阻碍，讲好政府绩效管理的“中国故事”。

2. 探索数字政府建设背景下的绩效管理的数字变革

在数字政府建设的大背景下，未来的研究需要在技术理性上探索绩

1 蓝志勇:《也谈当代中国公共管理的大问题》,《中国行政管理》2019 年 10 期。

效管理的变革，主要包括以下四点：一是探索开放共享的政府绩效管理智能化研究。构建政务公开的绩效管理信息共享云平台，打破“信息孤岛”，构建基于大数据+云计算的信息共享平台，推进政府部门业务协同，打造一个共享、共治、透明与便捷的云平台，实现地方政府考核信息的包容性与即时性。二是基于大数据的绩效精准测量。大数据测量的精准识别、及时动态等特性能迅速解决评估数据瞒报虚报等信息失真现象，利用大数据库提取客观数据，和上报数据形成数据相互印证，遏制评估上报数据造假。三是全过程评估监测智能化。为了避免年底评估“一锤子买卖”，通过数据资源跟踪精准监测与预警政府绩效行为，权力使用处处“留痕”，过程监测与年度评估相结合，推进绩效管理的“实时动态、无缝对接”。四是评估结果数据挖掘提升科学决策能力。运用大数据、人工智能和地理信息系统（GIS）等新兴技术对评估结果数据进行分析，准确、及时地预判地区发展趋势和地区领导班子发展实绩，提高政府科学决策能力。

最后，借用管理学大师德鲁克的经典名句“如果无法评价，就无法管理!”为本书作结。地方政府绩效管理决定着我国行政管理的发展方向和发展水平。希望本书的系列理论与实证研究能给基于治理能力现代化的地方政府绩效管理创新与变革贡献绵薄之力。

参考文献

一、著作

［1］ 荣敬本，崔元之：《从压力型体制向民主合作体制的转变：县乡两级政治体制改革》，北京：中央编译出版社，1998。

［2］ 王浦劬：《政治学基础》，北京：北京大学出版社，2006。

［3］ 徐庆利：《中西方功利主义政治哲学》，大连：大连海事大学出版社，2010。

［4］ 陈江进：《功利主义与实践理性》，上海：上海人民出版社，2013。

［5］ 高兆明：《制度伦理研究》，北京：商务印书馆，2011。

［6］ 胡晓东：《美国（联邦）政府公务员绩效管理体系研究》，北京：光明日报出版社，2012，第 88 页。

［7］ 约翰·罗尔斯：《正义论》，何怀宏，何包钢，廖申白译，北京：中国社会科学出版社。

［8］ 边沁：《道德与立法原理导论》，时殷弘译，北京：商务印书馆，2000。

［9］ 奥特弗利德·赫费：《政治的正义性》，庞学铨，李张林 译，上海：上海译文出版社，1998，第 227 页。

［10］ 哈贝马斯：《在事实与规范之间》，童世骏译，北京：生活·读书·新知三联书店，2014。

［11］ 道格拉斯·C. 诺斯：《制度、制度变迁与经济绩效》，刘守英 译，上海：上海三联书店，1994，第 16 页。

［12］ 托马斯：《公共决策中的公民参与》，孙柏瑛等译，北京：中国人民大学出版社，2010，第 110 页。

［13］ 哈贝马斯：《在事实与规范之间》，童世骏译，北京：生活·读书·新知三联书店，2014，第 83 页。

［14］ ［美］珍妮特·V. 登哈特，罗伯特·B. 登哈特：《新公共服务》，丁煌译，北京：中国人民大学出版社，2010，第 44 页。

[15] 霍布斯:《利维坦》，黎思复，黎廷弼译，北京：商务印书馆，2010，第131页。
[16] 凯瑟琳·纽科默等:《迎接业绩导向型政府的挑战》，张梦中等译，广州：中山大学出版社，2003，第38页。
[17] 亨廷顿:《变化社会中的政治秩序》，王冠华，刘为译，上海：上海人民出版社，2008。
[18] 戴维·伊斯顿:《政治生活的系统分析》，王浦劬主译，上海：上海人民出版社，2012，第102页。
[19] 托马斯:《公共决策中的公民参与》，孙柏瑛等译，北京：中国人民大学出版社，2010，第110页。
[20] 查尔斯·林德布洛姆:《决策过程》，竺乾威，胡君芳译，上海：上海译文出版社，1988，第42页。
[21] 道格拉斯·C. 诺思:《制度、制度变迁与经济绩效》，杭行译，上海：格致出版社、上海三联书店、上海人民出版社，2014，第98页。
[22] 尼古拉斯·亨利:《公共行政与公共事务》，北京：中国人民大学出版社，2001，第284－285页。
[23] Kathe Callahan. *Elements of Effective Governance: Measurement, Accountability and Participation*. Taylor & Francis Group, LLC, 2007: 281－308; 327－337.
[24] Romp, G. Game. *Theory: Introduction and Applications*. Oxford [England]: Oxford University Press, 1997: 1－4.
[25] Jones, B. D. *Politics and the Architecture of Choice*. London: The University of Chicago Press, 2001: 24－54.
[26] Jones, B. D. and Baumgartner R. F. *The Politics of Attention: How Government Prioritizes Problems*. London: The University of Chicago Press, 2005: 39－42.
[27] John W. Kingdon. *Agendas, Alternatives, and Public Policies*. Second edi. New York: Harper Collins College, 1995: 56.

二、期刊论文

[1] 周志忍. 公共组织绩效评估：中国实践的回顾与反思. 兰州大学学报，2007年1期.
[2] 蓝志勇，胡税根. 中国政府绩效评估：理论与实践. 政治学研究，2008年3期.
[3] 时运生. 论政府效能监察体系的构建. 河北学刊，2007年11期.
[4] 尚虎平. 激励与问责并重的政府考核之路. 中国行政管理，2018年8期.
[5] 庄健. 改革开放以来我国GDP增长因素分析. 中国工业经济，1998年

7 期.
[6] 秦晓蕾. 地方政府绩效评估中的有效公民参与：责任与信任的交换正义. 中国行政管理，2017 年 5 期.
[7] 人民观察：杭州市不满意单位是如何评出的. 人民网，2002 年 11 月 29 日.
[8] 宗新，刘林. 承诺制遍地开花. 北京青年报，1996 年 8 月 21 日.
[9] 蔡立辉，吴旭红，包国宪. 政府绩效管理理论及其实践研究. 学术研究，2013 年 5 期.
[10] 欧阳康，刘启航，赵泽林. 关于绿色 GDP 的多维探讨. 江汉论坛，2017 年 5 期.
[11] 杨宏山. 超越目标管理：地方政府绩效管理展望. 公共管理与政策评论，2017 年 1 期.
[12] 何欣荣，王淑娟. 淡化 GDP 考核后政府应该抓什么. 决策探索，2015 年 5 期.
[13] 胡建兵. “取消 GDP 考核”是为了更多绿色 GDP. 中国能源报，2018 年 1 月 8 日第 004 版.
[14] 李静芳. 对地方政府绩效评估的价值取向分析. 行政论坛，2001 年 9 期.
[15] 臧乃康. 政府绩效评估价值及其实现. 武汉大学学报（哲学社会科学版），2005 年 11 月.
[16] 薄贵利. 政府绩效评估必须确立正确的价值导向. 国家行政学院学报，2007 年 3 期.
[17] 廖晓明，孙莉. 论我国地方政府绩效评估中的价值取向. 中国行政管理，2010 年 4 期.
[18] 陈小华，卢志朋. 地方政府绩效评估模式比较研究：一个分析框架. 经济社会体制比较，2019 年 3 月.
[19] 徐阳. 中国地方政府绩效评估的历史、模式与问题. 哈尔滨工业大学学报（社会科学版），2018 年 5 期.
[20] 丁圣荣，张远庆. 政府绩效管理实践中的“江财模式”. 中国行政管理，2010 年 1 期.
[21] 潘小娟. 关于我国政府绩效管理立法的思考. 理论探讨，2009 年 4 期.
[22] 薄贵利. 建立和推行地方政府绩效管理制度. 国家行政学院学报，2009 年 3 期.
[23] 赵晖. 我国地方政府绩效考核指标要素分析. 南京师大学报（社会科学版），2010 年 11 月.
[24] 秦晓蕾. 地方政府绩效考评指标量化设计创新. 行政论坛，2011 年 6 期.
[25] 吴建南，章磊，李贵宁. 地方政府绩效指标设计框架及其核心指标体系

构建. 管理评论，2009 年 11 期.
[26] 田志锋. 基于科学发展观的乡镇政府绩效管理体系的构建. 理论学刊，2010 年 3 期.
[27] 史传林. 地方政府绩效评估指标体系变动的内在逻辑. 行政论坛，2015 年 3 期.
[28] 马国贤. 论预算绩效评价与绩效指标. 地方财政研究，2014 年 3 期.
[29] 江苏省审计学会课题组. 国家审计与政府绩效管理. 审计研究，2012 年 2 期.
[30] 包国宪，张蕊. 从“预算绩效”到“绩效预算”. 兰州大学学报（社会科学版），2019 年 5 期.
[31] 赵早早，何达基. 绩效预算理论新发展与启示. 中国行政管理，2019 年 3 期.
[32] 马蔡琛，朱旭阳. 从传统绩效预算走向新绩效预算的路径选择. 经济与管理研究，2019 年 1 期.
[33] 袁月，孙光国. 基于国家治理视角的全面预算绩效管理研究. 财经问题研究，2019 年 4 期.
[34] 丁建彪. 公民参与推动政府绩效评估探析. 湖北社会科学，2016 年 11 期.
[35] 倪星，史永跃. 民主评议政风行风的学理逻辑：代议制的视角. 深圳大学学报（人文社会科学版），2010 年 9 期.
[36] 连维良，吴建南，杨宇谦. “四位一体”：地方政府绩效管理体系的案例研究. 西安交通大学学报（社会科学版），2013 年 3 期.
[37] 阎波，高小平. 政府绩效管理创新中的“样本点”. 中国行政管理，2013 年 10 期.
[38] 李文彬，王佳利. 地方政府绩效评价的扩散：面向广东省的事件史分析. 行政论坛，2018 年 6 期.
[39] 孙斐，叶烽. 国际政府绩效管理的研究热点与前沿动态. 公共管理与政策评论，2019 年 5 期.
[40] 何文盛，姜雅婷，唐序康. 行政审批制度改革可以提升地方政府绩效吗. 公共行政评论，2019 年 3 期.
[41] 赵云辉，张哲，冯泰文，陶克涛. 大数据发展、制度环境与政府治理效率. 管理世界，2019 年 11 期.
[42] 卓越、赵蕾. 公共部门绩效管理：工具理性与价值理性的双导效应. 兰州大学学报（社会科学版），2006 年 9 期.
[43] 包国宪，孙斐. 政府绩效管理价值的平衡研究，兰州大学学报（社会科学版），2012 年 5 期.
[44] 彭国甫，张玉亮. 追寻工具理性与价值理性的整合——地方政府公共事业绩效管理的发展方向. 中国行政管理，2007 年 6 期.

[45] 包国宪，王学军. 以公共价值为基础的政府绩效治理——源起、架构与研究问题. 公共管理学报，2012 年 2 期.
[46] 高小平，盛明科，刘杰. 中国绩效管理的实践与理论. 中国社会科学，2011 年 6 期.
[47] 何历宇. 论我国公共伦理研究的三个向度及其基本范式. 道德与文明，2009 年 1 期.
[48] 周雪光. 权威体制与有效治理：当代中国国家治理的制度逻辑. 开放时代，2011 年 10 月.
[49] 陈锋. 分利秩序与基层治理内卷化资源输入背景下的乡村治理逻辑. 社会，2015 年 3 期.
[50] 周黎安. 行政发包的组织边界：兼论“官吏分途”与“层级分流”现象. 社会，2016 年 1 期.
[51] 胡宁生，戴祥玉. 地方政府治理创新自我推进机制：动力、挑战与重塑. 中国行政管理，2016 年 2 期.
[52] 包国宪，周云飞. 政府绩效评价的价值载体模型构建研究. 公共管理学报，2013 年 2 期.
[53] 杨礼银. 从罗尔斯第三方评估模式及其完善. 中国行政管理，2011 年 1 期.
[54] 张娟. 公共领域、商谈民主与政治合法性. 湖北行政学院学报，2011 年 4 期.
[55] 杨礼银：从罗尔斯到弗雷泽的正义理论的发展逻辑. 哲学研究，2015 年 8 期.
[56] 徐双敏. 政府绩效管理中的契约：交易伦理的政治化及其蔓延. 文史哲，2008 年 1 期.
[57] 陈伟. 商谈民主与现实政治. 湖北社会科学，2011 年 4 期.
[58] 周黎安. 行政发包制. 社会，2014 年 6 期.
[59] 胡业飞，敬乂嘉. 优先绩效目标：美国联邦政府绩效管理的新工具. 山东社会科学，2013 年 10 期.
[60] 包国宪，曹西安. 地方政府绩效评价中的“三权”问题探析. 中州学刊，2006 年 6 期.
[61] 赵润娣. 美国开放政府数据范围研究. 中国行政管理，2018 年 3 期.
[62] 陈潭，刘兴云. 锦标赛体制、晋升博弈与地方剧场政治. 公共管理学报，2011 年 5 期.
[63] 闰丙金. 新农村建设中乡镇政府绩效体系框架. 中国行政管理，2009 年 12 期.
[64] 于建嵘. 我国农村基层政权建设亟需解决的几个问题. 行政管理改革，2013 年 9 期.
[65] 张新光. 乡镇政府职能转变：文本制度比较与实践反思. 长白学刊，

2007 年 2 期.
[66] 李晗. 城市郊区化背景下乡镇治理的制度困境. 人民论坛，2014 年 32 期.
[67] 何精华. 乡镇政府的角色冲突：分析框架与表征诊断. 上海师范大学学报（哲学社会科学版），2009 年 3 期.
[68] 张凤阳. 政府职能转变的三重梗阻及其疏通. 上海行政学院学报，2015 年 3 期.
[69] 周黎安. 中国地方官员的晋升锦标赛模式研究. 经济研究，2007 年 7 期.
[70] 周飞舟. 锦标赛体制. 社会学研究，2009 年 3 期.
[71] 周雪光，练宏. 中国政府的治理模式一个控制权理论. 社会学研究，2012 年 5 期.
[72] 田先红. 阶层政治与农民上访的逻辑——基于浙北 C 镇的案例研究. 政治学研究，2015 年 6 期.
[73] 贺雪峰. 论乡村治理内卷化. 开放时代，2011 年 2 期.
[74] 薛澜，李宇环. 走向国家治理现代化的政府职能转变：系统思维与改革取向. 政治学研究，2014 年 5 期.
[75] 马国贤. 论预算绩效评价与绩效指标. 地方政府研究，2014 年 3 期.
[76] 温美琴，徐卫华. 政府绩效审计助推政府绩效评估和行政问责制. 南京社会科学，2009 年 5 期.
[77] 卓越，陈田田. 城市治理现代化的前沿探索. 上海行政学院学报，2018 年 3 期.
[78] 王浦劬，雷雨若. 我国城市治理现代化的范式选择与路径构想. 深圳大学学报（人文社会科学版），2018 年 3 期.
[79] 陈柏峰. 城管执法冲突的社会情境. 法学家，2013 年 6 期.
[80] 毛寿龙. 城市管理和社会善治笔谈. 中国青年社会科学，2018 年 1 期.
[81] 吴建南，郑长旭. 中国城市治理研究的过去、现在与未来. 中国行政管理，2017 年 7 期.
[82] 赵宇峰. 城市治理新形态：沟通、参与与共同体. 中国行政管理，2017 年 7 期.
[83] 林阿妙. 政府绩效管理创新与治理能力提升的契合性——基于地方政府的视角. 经济问题，2015 年 11 期.
[84] 周志忍. 政府绩效管理研究：问题、责任与方向. 中国行政管理，2006 年 12 期.
[85] 郑方辉，廖鹏洲. 政府绩效管理：目标、定位与顶层设计. 中国行政管理，2013 年 5 期.
[86] 臬杰. 中国地方政府绩效评估：研究与应用. 政治学研究，2015 年 6 期.
[87] 杨东奇，李一军. 基于 DEA 的城市管理绩效评价研究. 中国软科学，2006 年 2 期.

[88] 王倩雯．基于价值网视角的天津市城市管理绩效评价研究．东南大学学报（哲学社会科学版），2016年6期．
[89] 王岱凌．基于模糊层次分析法的城市管理绩效评价研究．中国管理信息化，2009年11期．
[90] 彭国甫．应用层次分析法确定政府绩效评估指标权重研究．中国软科学，2004年6期．
[91] 张吉军．模糊层次分析法．模糊系统与数学，2000年2期．
[92] 贺东航，孔繁斌．公共政策执行的中国经验．中国社会科学，2011年5期．
[93] http：//finance. ifeng. com/a/20180903/16483786 _ 0. shtml 中国负债真相2017：苏、鲁债务超万亿，六省债务率超警戒线，2018－09－03.
[94] 李青．经济发达地区地方政府债务的风险防范．改革，2017年12期．
[95] 洪源，张玉灶，王群群．财政压力、转移支付与地方政府债务风险．中国软科学，2018年9期．
[96] 刘伟，李连发．地方政府债务、任期与考核．江淮论坛，2018年1期．
[97] 朱文蔚．稳增长与防风险双重目标下的地方政府债务风险评估研究．当代经济管理，2019年2期．
[98] 熊琛，金昊．地方政府债务风险与金融部门风险的“双螺旋”结构．中国工业经济，2018年12期．
[99] 梁帅．地方政府债务管理、财政政策转向与经济增长．管理世界，2017年4期．
[100] 刘金林，王春明，黄刚．优化我国政府债务管理的政策建议．管理世界，2014年1期．
[101] 王学凯．中国政府债务可持续性研究——基于E29的财政反应函数．国际金融研究，2016年8期．
[102] 刁伟涛，徐匡迪．我国地方政府存量债务化解与债务可持续性分析．地方财政研究，2016年3期．
[103] 徐双敏．公众参与政府绩效管理的现状与思考．行政论坛，2009年5期．
[104] 李景鹏．政府的责任和责任政府．国家行政学院学报，2003年5期．
[105] 彭国甫，陈巍．政府绩效评估问责功能的形成机理与实现途径．湘潭大学学报（哲学社会科学版），2009年1期．
[106] 蔡立辉，吴旭红，包国宪．政府绩效管理理论及其实践研究．学术研究，2013年5期．
[107] 徐双敏．政府绩效管理中的第三方评估模式及其完善．中国行政管理，2011年1期．
[108] 郭庆松．多重博弈下的中国政府绩效管理．国家行政学院学报，2009年1期．

[109] 张成福. 责任政府论. 中国人民大学学报，2000 年 2 期.
[110] 唐皇凤. 常态社会与运动式治理. 开放时代，2007 年 3 期.
[111] 申来津，朱颖慧. “民主评议政风行风”的兴起、瓶颈及路径. 学术交流，2012 年 7 期.
[112] 冯仕政. 中国国家运动的形成与变异：基于政体的整体性解释. 开放时代，2011 年 1 期.
[113] 周雪光. 运动型治理：中国国家治理的制度逻辑再思考. 开放时代，2012 年 9 期.
[114] 欧阳静. 论基层运动型治理. 开放时代，2014 年 6 期.
[115] 徐岩，范娜娜，陈那波. 合法性承载：对运动式治理及其转变的新解释. 公共行政评论，2015 年 2 期.
[116] 吴建南，刘佳，Richard M Walker. 地方政府绩效评估中的利益相关者与绩效数据. 华东经济管理，2011 年 4 期.
[117] 孟庆国，刘翔宇. 地方政府绩效管理工具运用机制对政府绩效的影响. 中国行政管理，2017 年 5 期.
[118] 李景治. 党政一把手权力运行机制的完善. 学术界（月刊），2014 年 4 期.
[119] 郭海，薛佳奇. 领导权变更、创业导向及自主创新间关系的实证研究. 管理学报，2011 年 2 期.
[120] 刘一弘. 应急管理制度：结构、运行和保障. 中国行政管理，2020 年 3 期.
[121] 要注重在疫情防控阻击战一线考察识别领导班子和领导干部. 人民网. http：//cpc. people. com. cn/n1/2020/0130/c431601 - 31564889. html.
[122] 周铭山，张倩倩. “面子工程”还是“真才实干”——基于政治晋升激励下的国有企业创新研究. 管理世界，2016 年 12 期.
[123] 吴少微，魏姝. 官员晋升激励与政策执行绩效的实证研究. 江苏行政学院学报，2018 年 4 期.
[124] 陈雪莲. 改革开放以来干部考核选拔机制变迁研究. 经济社会体制比较，2018 年 3 期.
[125] 刘帮成，陈家喜. 理解新时代“好干部”的工作行为、动机与选拔标准. 公共行政评论，2020 年 1 期.
[126] 盛明科，李悦鸣. 改革开放四十年干部问责制度：历史图景与发展逻辑. 湘潭大学学报，2019 年 1 期.
[127] 张创新，陈文静. 我国党政领导干部问责幅度实证研究. 中国行政管理，2012 年 11 期.
[128] 张海波. 应急管理的全过程均衡：一个新议题. 中国行政管理，2020 年 3 期.
[129] 任轶群，魏玖长. 公共危机事件公众关注度的影响因素分析. 统计与决

策，2010年1期.
[130] 李明，郭庆松. 基于“好干部标准”的干部考核评价：模型建构与指标体系. 中共中央党校学报，2018年2期.
[131] 刘昕. 敢于担当型干部评价体系有何设计重点. 人民论坛，2018年3月中.
[132] Proposals for Improving GPRA Annual Performance Plans. *Public Budgeting & Finance*, Summer 2006.
[133] Donald P. Moynihan, Stéphane Lavertu. Does Involvement in Performance Management Routines Encourage Performance Information Use? Evaluating GPRA and PART. *Public Administration Review*, 2012, Vol. 72, Issue 4, pp. 592 - 602.
[134] Walker, Richard M. and Andrews, Rhys. Local Government Management and Performance: A Review of Evidence. *Journal of Public Administration Research & Theory*, Jan. 2015, Vol. 25, Issue 1, pp. 101 - 133.
[135] Behn, Robert D. The Big Questions of Public Management. *Public Administration Review*, 1995, Vol. 55, pp. 313 - 324.
[136] Marc Holzer, Kathryn Kloby. Public Performance Measurement: An Assessment of the State of - the - art and Models for Citizen Participation. *International Journal of Productivity and Performance Management*, 2005, Vol. 54, Issue 7, pp. 517 - 532.
[137] Xiaohu Wang. Assessing Public Participation in U. S. Cities. *Public Performance & Management Review*, Jun. 2001, Vol. 24, Issue 4, pp. 322 - 336.
[138] Arie Halachmi and Marc Holzer. Citizen Participation and Performance Measurement: Operationalizing Democracy through Better Accountability. *Public Administration Quarterly*, Fall 2010, Vol. 34, Issue 3, pp. 378 - 399.
[139] Metzenbaum, S. H. Commentary: Performance Management: The Real Research Challenge. *Public Administration Review*, 2013, Vol. 73, Issue 6, pp. 857 - 858.
[140] James Downe, Clive Grace, Steve Martin and Sandra Nutley. Theories Of Public Service Improvement. *Public Management Review*, 2010, Vol. 12, Issue 5, pp. 663 - 678.
[141] Murphy, P. Greenhalgh, K. Jones, M. Comprehensive Performance Assessment and Public Services Improvement in England? A Case Study of the Benefits Administration Service in Local Government. *Local Government Studies*, 2011, Vol. 37, Issue 6, pp. 579 - 599.

[142] Alfred Tat - Kei Ho，Tobin Im. Challenges in Building Effective and Competitive Government in Developing Countries：An Institutional Logics Perspective. *The American Review of Public Administration*，2015，Vol. 45，Issue 3，pp. 263 - 280.

[143] H. A. Simon. Human Nature in Politics：The Dialogue of Psychology with Political Science. *American Political Science Review*，1985，Vol. 79，pp. 293 - 304.

[144] Hildreth W. B.，Gerald J. M. Debt and the Local Economy：Problems in Benchmarking Local Government Debt Affordability. *Public Budgeting & Finance*，Winter 2002，Vol. 22，Issue 4，pp. 99 - 113.

[145] Charles Brecher，Kurt Richwerger，Marcia Van Wagner. An Approach to Measuring the Affordability of State Debt. *Public Budgeting & Finance*，Dec. 2003，Vol. 23，Issue 4，pp. 65 - 85.

[146] Larkin，Richard，James C. Joseph. Developing Formal Debt Policies. *Handbook of Debt Management*，2017，p. 277.

[147] Shi Jinchuan，Wang Zhikai，Wang Xiaojiang. Innovations in the Sustainable Management Of Local Government Liabilities in China. *Singapore Economic Review*，Sept. 2018，Vol. 63，Issue 4，pp. 819 - 837.

[148] Bernard Dafflon，Krisztina Beer - Tóth. Managing Local Public Debt in Transition Countries：An Issue of Self - Control. *Financial Accountability & Management*，Aug. 2009，Vol. 25，Issue 3，pp. 305 - 333.

[149] Rogoff，K. S. and Reinhart，C. M. Growth in a Time of Debt. *American Economic Review*，2010，Vol. 100，Issue 2，pp. 573 - 578.

[150] Liang Yousha，Shi Kang，Wang Lisheng，Xu Juanyi. Local Government Debt and Firm Leverage：Evidence from China. *Asian Economic Policy Review*，Jul. 2017，Vol. 12，Issue 2，pp. 210 - 232.

[151] Huang Zhonghua，Du Xuejun. Holding the Market under the Stimulus Plan：Local Government Financing Vehicles' Land Purchasing Behavior in China. *China Economic Review*，Aug. 2018，Vol. 50，pp. 85 - 100.

[152] Dwight V. Denison，Merl Hackbart，Michael Moody. State Debt Limits：How Many are Enough? *Public Budgeting & Finance*，*Winter* 2006，Vol. 26，Issue 4，pp. 22 - 39.

[153] Manmohan Kumar and Jaejoon Woo. Public Debt and Growth. *IMF Working Paper*，Aug. 2010，Vol. 47，Issue 10，p. 174.

[154] Mizrahi，Shlomo，Vigoda - Gadot，Eran，Van Ryzin，Gregg. Public Sector Management，Trust，Performance，and Participation. *Public*

Performance & Management Review, Dec. 2010, Vol. 34, Issue 2, pp. 268 – 312.

[155] Malcolm Aldons. Responsible, Representative and Accountable Government. *Australian Journal of Public Administration*, Mar. 2001, Vol. 60, Issue 1, pp. 34 – 42.

[156] Lyle Wray, Hauer, Jody. Performance Measurement to Achieve Quality of Life: Adding Value through Citizens. *Public Management*, Aug. 1997, Vol. 79, Issue 8, p. 4.

[157] Woods, Neal D. Regulatory Democracy Reconsidered: The Policy Impact of Public Participation Requirements. *Journal of Public Administration Research & Theory*, Apr. 2015, Vol. 25, Issue 2, pp. 571 – 596.

[158] Neshkova, Milena I. Does Agency Autonomy Foster Public Participation? *Public Administration Review*, Jan. 2014, Vol. 74, Issue 1, pp. 64 – 74.

[159] Veronesi, Gianluca, Keasey, Kevin. Patient and Public Participation in the English NHS: An Assessment of Experimental Implementation Processes. *Public Management Review*, Apr. 2015, Vol. 17, Issue 4, pp. 543 – 564.

[160] Dyer, W. G. and Wilkins, A. L. Better Stories, not Better Constructs, to Generate Better Theory: A Rejoinder to Eishenhart. *Academy of Management Review*, 1991, Vol. 16, Issue 3, pp. 613 – 619.

[161] Leighninger, Matt. Want to Increase Trust in Government? Update Our Public Participation Laws. *Public Administration Review*, May. 2014, Vol. 74, Issue 3, pp. 305 – 306.

[162] Zucker, L. G. Institutional Theories of Organization. *Annual Review of Sociology*, 1987, Vol. 13, pp. 443 – 464.

[163] Soojin kim, Hindy Lauer Schachter. Citizen Participation in the Budget Process and Local Government Accountability. *Public Performance & Management Review*, Mar. 2013, Vol. 36, Issue 3, pp. 456 – 471.

[164] Jones, Bryan D. Bounded Rationality and Political Science: Lessons from Public Administration and Public Policy. *Journal of Public Administration Research & Theory*, 2003, Vol. 13, Issue 4, pp. 395 – 412.

[165] Zucker, L. G. The Role of Institutionalization in Cultural Persistence, *American Sociological Review*, 1997, Vol. 42, Issue 5, pp. 726 – 743.

[166] Louise Kloot and John Martin. Strategic Performance Management: A Balanced Approach to Performance Management Issues in Local Government. *Management Accounting Research*, 2000, Vol. 11, pp. 231 - 251.

[167] Palmer, A. Performance Measurement in Local Government. *Public Money & Management*, Oct. - Dec. 1993, Vol. 13, Issue 4, pp. 31 - 36.

[168] Lan Sanderson. Performance Management, Evaluation and Learning in "Modern" Local Government. *Public Administration*, 2001, Vol. 79, Issue 2, pp. 297 - 313.

[169] Mckevitt, D. and Lawton, A. The manager, the Citizen, the Politician and Performance Measure. *Public Money & Management*, 1996, Vol. 16, Issue 3, pp. 49 - 54.

[170] George A. Boyne, Oliver James, Peter John, Nicolai Petrovsky. Democracy and Government Performance: Holding Incumbents Accountable in English Local Governments. *The Journal of Politics*, Oct. 2009, Vol. 71, Issue 4, pp. 1273 - 1284.

[171] Holmstrom, Bengt and Milgrom, Paul R. Multi - task Principal - Agent Analyses: Incentive Contracts, Asset Ownership, and Job Design. *Journal of Law, Economics & Organization*, Jan. 1991, Vol. 7, Special Issue: [Papers from the Conference on the New Science of Organization] pp. 24 - 52.

[172] George P. Baker. Incentive Contracts and Performance Measurement. *Journal of Political Economy*, Jun. 1992, Vol. 100, Issue 3, pp. 598 - 614.

[173] Carolyn J. Heinrich and Gerald Marschke. Incentives and Their Dynamics in Public Sector Performance Management Systems. *Journal of Policy Analysis and Management*, 2010, Vol. 29, Issue 1, pp. 183 - 208.

[174] Edin, M. State Capacity and Local Agent Control in China: CCP CadreManagement froma Township Perspective. *China Quarterly*, 2003, Vol. 173, pp. 35 - 52.

[175] Hui Li & Lance L. P. Gore. Merit - Based Patronage: Career Incentives of Local Leading Cadres in China. *Journal of Contemporary China*, 2018, Vol. 27, Issue 109, pp. 85 - 102.

[176] Jie Chen, Danglun Luo, Guoman She, Qianwei Ying. Incentive or Selection? A New Investigation of Local Leaders' Political Turnover in China. *Social Science Quarterly*, 2017, Vol. 98, Issue 1, pp. 341 - 359.

[177] Liang Ma，Huangfeng Tang，Bo Yan. Public Employees' Perceived Promotion Channels in Local China：Merit - based or Guanxi - orientated? *Australian Journal of Public Administration*，2015，Vol. 74，Issue 3，pp. 283 - 297.

[178] Taylor A. Holroyd，Oladeji K. Oloko，Daniel A. Salmon，Saad B. Omer，and Rupali J. Limaye. Communicating Recommendations in Public Health Emergencies：The Role of Public Health Authorities. *Health Security*，2020，Vol. 18，Issue 1，pp. 21 - 28.

[179] Wlezien，C. The Public as Thermostat：Dynamics of Preferences for Spending. *American Journal of Political Science*，1995，Vol. 39，Issue 4，pp. 981 - 1000.

图书在版编目（CIP）数据

治理能力现代化视阈下地方政府绩效管理变革与创新研究/秦晓蕾著．—上海：上海三联书店，2021．12
ISBN 978-7-5426-7562-0

Ⅰ．①治…　Ⅱ．①秦…　Ⅲ．①地方政府-行政管理-研究-中国　Ⅳ．①D625

中国版本图书馆 CIP 数据核字（2021）第 210997 号

治理能力现代化视阈下地方政府绩效管理变革与创新研究

著　　者 / 秦晓蕾

责任编辑 / 张大伟
装帧设计 / 徐　徐
监　　制 / 姚　军
责任校对 / 朱　强

出版发行 / 上海三联书店
(200030) 中国上海市漕溪北路 331 号 A 座 6 楼
邮　　箱 / sdxsanlian@sina.com
邮购电话 / 021-22895540
印　　刷 / 上海惠敦印务科技有限公司

版　　次 / 2021 年 12 月第 1 版
印　　次 / 2021 年 12 月第 1 次印刷
开　　本 / 640 mm × 960 mm　1/16
字　　数 / 280 千字
印　　张 / 18.25
书　　号 / ISBN 978-7-5426-7562-0/D·513
定　　价 / 65.00 元

敬启读者，如发现本书有印装质量问题，请与印刷厂联系 021-63779028